基于学生成长需要的
学习心理辅导实践研究

主编　梅　洁　魏耀发

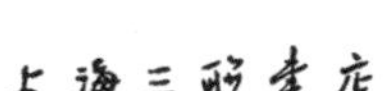

序

关注学生学习研究　让教育从“心”开始

“办学生喜欢的学校，办学人民满意的教育”是黄浦教育人孜孜以求的目标。教育要让学生喜欢，让家长满意，必须关注学生研究，关注学生学习研究，关注学生的学习心理研究。记得当初在上海市第二期“名师”、“名校长”培育工程教育心理基地徐崇文和魏耀发两位导师的基地时，从2008年成为两位导师的学员后，我们的心中就种下了关注学生学习研究的种子。从二十世纪八十年代开始，徐崇文老师为首的研究团队以“学生学习”为研究方向，从“开展学生学会学习和潜能开发研究”开始，到“构建适于脑的中小学生课堂学习模式深化研究”，三十多年来，形成了一条相互联系、逐步深化、系列推进的教育研究链。这一研究方向的意义和价值深深地影响着我们，也顺理成章地成为了我与魏老师共同开展的教育心理工作室的研究方向。

三年来，我们教育心理工作室围绕“基于学生成长需要的学习心理辅导实践研究”开展系列研究活动。工作室成员以项目研究为载体，开展面向全区学生的心理现状调研、基于学生心理发展现状和成长需求结合自己的工作岗位和工作内容，确定自己的实践研究方向推进行动研究，大家围绕项目积极推进教育教学改革，在合作研究中推进区域学生学习研究。

工作室围绕学生研究、围绕学习研究、围绕专业成长定期开展学习和分享活动，开展了系列专题讲座，在专题学习中进一步拓展研究视野；围绕项目研究推介读书书目，如“剑桥学习科学手册”“优秀教师实践智慧案例选粹”等，大家分章节联系自己的工作实践，做读书分享活动，体验着团队合作学习的乐趣。

工作室围绕项目开展问题和研讨活动，以蹲点助教为载体，引导大家结合教育科研和学生学习心理研究中存在的难题和困惑开展研讨，针对问题、突破惯性思维，开展针对问题解决的案例研讨活动，形成有主题、序列化的案例研究报告；工作室围绕项目开展课程和课堂研讨活动，大家针对研究中学生的发展需要，开发区域心理健康教育课程，开展心理辅导活动课的说课、听课和评课活动，在课堂研讨中提升教学的智慧。

工作室开展观摩和考察活动，组织大家参加宁波、成都和金华的全国非智力因素研讨会，参加“教师实践智慧的生成与提升”教育论坛、参加“新课堂新教师新学习”学术活动周系列活动，参加“携手谋发展，共享促共赢”高中生学习与发展研讨会活动，进一步提升眼界与境界，提升专业自觉。

目前工作室学员围绕项目，纷纷形成自己的研究成果：

刘金艳：基于学生成长需要的区域学生心理发展现状调查研究报告

钱锦：基于学生成长需要的区域心理健康教育推进策略研究

周隽：基于学生成长需要的高中生学习心理辅导个案研究

孙琼：基于学生成长需要的小学数学学科思维品质提升策略研究

戴智：基于学生成长需要的高中生物学科学习内驱力提升的

策略研究

刘吉朋:基于学生学习需要的高中语文个性化学习模式的案例研究

方华:基于学生学习需要的小学自然学科学习兴趣提升策略研究

今天,工作室的研究成果《基于成长需要的学生学习心理研究与实践》终于得以修改完善和出版。在此对所有关心指导工作室项目研究的各位专家老师致以诚挚的感谢！关注学生学习研究,让教育从“心”开始,是我们教心工作室所有成员永恒不变的追求！

本书第一章、第二章、第四章由梅洁负责撰写;第三章由刘金艳负责撰写;第五章由钱锦负责撰写;第六章由戴智、刘吉朋、孙琼、方华负责撰写;第七章由周隽负责撰写,全书由梅洁负责统稿。

黄浦区教育心理工作室

2019年10月

目　录

第一章　基于学生成长需要的学习心理研究基本设计

第一节　研究的意义与价值

一、心理健康教育应以满足儿童青少年成长需要为宗旨

当前中小学生心理健康状况不容乐观，实现让每个学生身心健康成长的目标，仍然面临诸多挑战。由于儿童青少年发展的内在因素与外在因素各不相同，致使每个孩子心理发展水平不同，因而他们的心理健康发展需求不同。当前儿童青少年心理健康服务无论是数量上还是质量上，远远不能满足儿童青少年发展的需求。尤其关注学生形成积极的心理状态，提升学生学习有效性有待进一步提升。我们认为，针对学生学习心理问题，有目的、有计划、系统地开展学习心理问题的分类辅导，促进其有效学习，是提高学习心理辅导实效性的重要途径，也是落实减负增效，提升学习有效性的重要突破口。

二、学生学习心理问题凸现的现实要求

多年来从事中小学学校心理辅导，在学校心理档案工作和学

生个别心理辅导实践中，我们发现，学生学习心理问题日益突出，如学习动力不足、学习热情减退、学习策略方式不当、学习意志薄弱、学习考试焦虑等问题，若不能及时解决，不仅制约着他们学习潜能的发挥和学业的成就，而且影响着他们身心的健康成长。一项对上海市 4649 名中小学生的心理现状调查表明：中小学生亟待作心理辅导的问题，居前十位的是：学习动机不正，学习习惯不良，学习能力不够，注意力障碍，自控能力差，自我中心，耐挫力低，学习焦虑，自卑和社交退缩。其中与学习有关的心理问题有七项，可见，学习心理问题是困扰学生最多的心理问题之一。近年来因学业问题带来学生心理危机事件频频发生，也向我们提出了警惕与重视学习心理问题研究的要求。

三、学校学习心理辅导低效现象的积极应对

目前学校学习心理辅导存在低效现象，学习心理辅导内容往往是心理健康教育中最不受学生欢迎的部分。究其原因，辅导内容和形式难以满足学生的发展需要，以班级形式组织的团体心理辅导活动因面向多数学生，难以针对不同类型学生学习心理问题进行有针对性的深入的辅导，因而很难符合学生的心理实际，走进学生的心灵世界，造成心理辅导的效率不高；而以个别咨询形式开展的个别心理辅导因受到学生的求助动机以及一对一个别辅导效率的限制，也很难满足多数学生的心理需要。因此，提升学生学习心理辅导有效性需要积极探索符合学生心理需要的心理教育内容和形式。

四、学习心理辅导实践研究的进一步丰富和充实

当前学习心理研究逐渐成为研究者关注的热点。文献研究发

现,近年来学生学习心理研究呈持续上升的趋势。尤其越来越重视影响学习的非智力因素研究,如学习动机的培养和激发,学习不良情绪的排除,学习抗挫折心理的培养,学习习惯的养成,考试焦虑的辅导等研究。但总体来说,对学生学习心理研究针对职校生和大学生的研究多,针对中学生尤其是高中学生的研究少,且大多数研究限于理论分析和逻辑推理,研究中表现出重复研究和研究的深度不够等问题,研究多限于推论性建议,缺乏深入系统的有针对性的辅导措施和内容,操作性和实效性有待进一步提升,这也正是本课题力图突破的问题。

第二节　研究的基本设计

一、概念的界定

(一) 成长需要

1. 成长需要的概念依据

维果茨基的最近发展区:最近发展区是介于实际发展水平和潜在发展水平之间一种过渡状态,即儿童在自己的这一发展阶段上还不能独立完成解决,但可以在成人或同伴的帮助下比较好的完成。

马斯洛的需要层次理论:生理需要、安全需要、归属与爱的需要、尊重的需要、自我实现的需要。需要是阶梯性的。

埃里克森的人格发展八阶段理论:中学生处于第4、5阶段,第4阶段学龄期(6—12岁),勤奋对自卑;第5阶段青春期(12—18岁),同一性对角色混乱。

从维果茨基的最近发展区我们可以得出社会和教育对学生提

出的要求所引起的学生新的发展水平与学生已有的心理水平之间的矛盾，是学生不断向前发展的根本动力。这可以理解为外部条件引发的成长需要。而马斯洛提出的需要层次理论也指出人的需要分为基础性的需要和成长性的需要，这里的成长性需要更多的是从人的自身成长成熟的角度来叙述的，即内部的成长需要。埃里克森的人格八阶段理论从时间顺序上说明了每个阶段的中心任务即主要要解决的冲突矛盾是什么，只有在解决了这个阶段的冲突矛盾之后，就可以顺利地发展到下一个阶段。这些理论为我们学生的成长及成长中每个阶段的主要冲突及矛盾提供了依据。

2. 对“学生成长需要”的认识

对成长需要的界定及概念的表达还没有形成一个大家都认可的、并较少提出质疑的概念，但我们还是可以从众多表述中找出成长需要的共同特性：

第一，学生成长需要往往是通过学生在成长过程中遇到的问题、困惑表现出来，引导学生突破一些问题行为就是基于和满足学生的成长需要。“学生成长需要”不等同于“学生需要”。学生的需要不一定都能引导学生走向发展。成长被忽略，一味满足其需要会放弃对学生发展的引导。

第二，成长需要是指向未来状态的发展性需要；成长需要具有发展的可能性，能够在当下状态基础上产生新的成长；学生的成长需要是师生双方构建的。

第三，成长需要是能够通过学生的主观能动性积极培育的。分析学生的成长需要，要充分认识学生内在固有的基本需要，那就是每个学生都具有自尊和自主的需要，希望得到关注和认可，需要受到赞赏和好评，期望得到独立和表现的机会。内在需要是形成学生成长的内在动力，有效展开教育工作的立足点。

第四,成长需要的研究不仅仅表现在研究问题,解决问题,还要分析成长的潜能,拓展他们的潜能,创造条件使学生在实践活动中产生内在成长需要。

(二) 学习心理:指围绕学生学业出现的影响学习潜能发挥和身心健康发展的心理要素。包括学习中的智力因素,也包括学习动力、学习目的、学习态度、学习兴趣、学习情感、学习意志等非智力因素。本课题通过调研影响学生学习的主要因素,并有针对性地进行干预,以提升学生良好的学习心理品质。

(三) 实践研究:指针对学生学习心理存在的主要问题或发展潜能制定的学习心理辅导方案并实施的实践研究,包括通过对学生开展的有针对性的团体、小组或个体辅导,以促进学生提高学习有效性。

二、研究目标

1. 调查分析学生在心理发展和学习心理方面存在的问题和缺失,针对问题开展基于学生成长需求的学校心理教育行动方案设计和实践探索。

2. 从学生学习心理和成长需要出发,确定学校学习心理辅导的目标体系和系列化的学习心理辅导内容,制定学校学习心理辅导的团体和个体实施方案。

3. 通过方案的实施,针对不同学习心理问题类型的学生采取有针对性的教育辅导,积累通过辅导提高学生学习有效性的实践性经验,形成基于学生心理发展特点和发展需要的学习心理辅导案例。

三、研究内容

1. 基于学生成长需要的学生心理发展现状调查。通过班主任访谈、学生自我评价和意向、结合心理调查中学习心理相关测试结果了解和分析学生学习心理主要问题类型。

2. 基于学生成长需要的学校教育心理辅导方案的整体规划与设计。在文献研究和调查研究的基础上，从学生学习心理现状特点和问题类型出发，确定学校学习心理辅导的体系，研究和制定学习心理辅导方案，建立系列化的学习心理辅导方案，对不同类型学习心理问题进行分类辅导。

3. 基于学生成长需要的学校心理教育的系列化课程开发和建设。根据学生的学习问题类型分别设计分类辅导方案。如：学习动机不强学生的学习动机激发辅导方案；学习方式不良学生的学习策略辅导方案；学习情绪不良学生的学习情绪辅导方案；学习意志薄弱学生的意志品质训练方案；考试焦虑学生的辅导方案等。

4. 基于学生成长需要的学校教育心理教育实践探索和行动策略。推进辅导的实践干预，主要包括面向同类学习心理问题的团体或小组心理辅导和对有典型学习心理问题采取的个别心理辅导干预方案。按照计划、行动、考察、反思、调整的过程展开行动实施，以提升高中学生学习的有效性。

5. 基于学生成长需要的区域心理健康教育实践和探索。开发和设计多维度的面向班主任、家长、学科教师等多元参与的学习心理辅导的具体教育内容，创设全员心育的教育氛围，培养学生学习的积极心理状态。使每一位家长、教师、班主任在教育学生中能够尊重学生的心理发展需要，营造有利于学生学习的积极心理氛围。

四、研究方法

1. 行动研究法将作为贯穿研究始终的主要方法，同时辅以文献分析法、调查研究法、自然实验法、案例分析法、经验总结法等。

研究开始阶段，进行系统的文献资料搜集分析，为研究确定逻辑和事实起点。在研究实施阶段，根据不同类型学习心理问题，分类实施辅导方案，并按照计划、行动、考察、反馈与调整的程序来开展研究，其中，特别重要的是要抓好定期反馈与调整这两个环节。同时综合运用其他研究方法，以达到适度的理论概括和实际总结的双重研究目标。

2. 文献分析法。本课题通过查阅国内外相关文献资料，对前人的研究成果和中学生的学习心理特点做出理性的分析，以期站在前人的基础上，做出客观的分析。

3. 问卷和访谈调查法。通过对本校学生、有关家长和教师进行访谈，了解学生学习心理现状和主要问题；并在此基础上，调查分析筛选学生主要学习问题和类型。

4. 自然实验法。通过设计并实施系列团体心理辅导活动方案进行干预，引导中学生以一种积极的心态正确地面对学习问题，并对实验干预的效果作出评价。

5. 案例分析法和经验总结法。

五、研究过程和步骤

1. 文献分析和调研阶段。查阅资料，进行文献研究，设计研究方案。

2. 确立辅导对象阶段。通过班主任访谈、学生自我评价和意向、结合学习心理相关测试结果了解和分析高中生学习心理主要问题类型，确立相关辅导对象，为分类开展有针对性的学习心理辅导做好准备。

3. 行动研究阶段。制订学习心理分类辅导行动方案，以有效提升高中生学习有效性为价值取向，探索推进学校学习心理辅导的有效策略和模式。

4. 总结和提炼成果阶段。总结提炼研究结果，撰写研究案例和课题研究报告。

第三节 研究的成效和反思

一、开展了学生学习心理的相关理论研究，为行动方案的制定奠定基础

课题组从什么决定学生的高效率学习和影响学生高效率学习的学习心理因素两方面进行了大量的文献研究。通过文献研究，对科学学习的高效率学习观；策略性知识学习的高效率学习观；数学学科的高效率学习观；信息加工的高效率学习观；积极情绪的高效率学习观；自我调控的高效率学习观；积极心理学的高效率学习观等进行了进一步研究和分析，对如何促进学生高效率学习有了进一步认识和思考。

通过对学习策略与中学生高效率学习；自我效能感与学生高效率学习；元认知与中学生高效率学习；学习动机与中学生高效率学习；学习情绪与学生高效率学习；意志水平与中学生高效率学习；性格特征与中学生高效率学习等学习心理与高效率学习关系的研究，为本课题的学生学习心理分类辅导实践方案的研究和制定提供了理论依据，奠定了理论基础。

二、开展了面向区域学生的学习心理现状调研，分析了解了学生的发展需求

本研究学生心理发展现状不是基于强迫、偏执、敌对、抑郁、焦

虑等因子的检出率，而是基于学生的成长需要，着眼于未来潜能发展的当下心理状态，包括学习心理现状（含学习动机、学习策略、学习意志、考试焦虑、自我效能感、学习倦怠）、心理压力现状（含压力源、压力反应、应对方式）、人际关系现状（含同伴关系、师生关系、亲子关系）等内容。

调研中发现，学生学习动机问题令人担忧：具体表现在学习动机过弱；学习动机过强；学习目标困扰等。学生的考试焦虑水平需要关注，中学生考试焦虑比较高和非常高的比例高达15%。高中生比初中生更易产生学习倦怠，研究结果表明，中学生学习倦怠的学段差异极其明显，在倦怠总分和各个因子上均是高中生比初中生更倦怠。学生心理压力最大来源为学习，其次为自我身心问题，表现为身体明显变化，情绪不稳定，意志不坚强，学习习惯不良，睡眠出现问题等。亲子关系和师生关系有待于进一步提升。

根据调研结果与分析，我们提出以下建议：一是推进学习心理团体辅导系列设计，提升全体学生心理健康素养；二是推进学生小组辅导和个别辅导，关注问题倾向学生心理健康；三是推进家庭教育分类辅导设计，创设学生心理成长的家庭环境；四是推进教师心理辅导课程设计，营造学生心理发展的校园氛围。

三、开展了基于需求的学习心理团体辅导方案的设计，推进行动研究落实

本课题在现状调查研究的基础上，从学生学习心理现状特点和发展需求出发，确定了学校学习心理辅导的体系，建立了系列化的学习心理问题分类辅导方案，对不同类型学习心理问题进行了分类辅导。

学习心理团体辅导框架

辅导主题	理论基础	辅导内容	辅导目标
积极成长：自主规划主动学习	自我决定论相关理论 目标设置理论	活动一：成为自己最崇拜的人 活动二：梦想照见未来 活动三：目标金字塔 活动四：为了梦想准备出发 活动五：我的成功公式	活动一目的：认识自己内心的愿望 活动二目的：认识目标的重要性 探索自己的长期目标与短期目标 活动三目的：认识目标层级，规划人生目标 活动四目的：促进目标的行动力 活动五目的：开发成功的心理潜能
积极认知：认识优势高效学习	元认知的学习理论	活动一：我的智能中心 活动二：我的学习风格 活动三：我的学习策略 活动四：我的学习归因 活动五：我的学习资源	活动一目的：认识并利用自己的多元智能 活动二目的：认识并利用自己的学习风格 活动三目的：认识并利用良好的学习策略 活动四目的：学会利用归因理论促进学习 活动五目的：开发和利用多方面的学习资源
积极情绪：放飞心情快乐学习	积极心理学的理论 罗扎诺夫的情绪心理学理论 理性情绪理论	活动一：情绪脸谱 活动二：情绪 ABC 活动三：情绪魔方 活动四：面对不良情绪 活动五：温馨行动	活动一目的：认识不同情绪及情绪对学习生活的影响 活动二目的：明白情绪的来源不是外界的人事物，而是自己内心的信念系统 活动三目的：学会用积极的心理对话替代消极的自我对话 活动四目的：学会调适管理自身的情绪，学会快乐学习的秘诀 活动五目的：营造良好环境，在集体中体会积极情绪对学习的积极影响

（续表）

辅导主题	理论基础	辅导内容	辅导目标
积极应对：挑战自我笑对学习	发展心理学关于心理弹性、韧性的研究	活动一：压力来临时 活动二：美丽的发现 活动三：不轻言放弃 活动四：压力管理 活动五：我能行	活动一目的：认识压力状态下不同反应，学会以积极的心态面对压力 活动二目的：认识压力的两面性，体验雨后见彩虹的美丽 活动三目的：培养学生不屈不挠、顽强拼搏的意志品质 活动四目的：学会压力管理，面对压力，学会适当地放松，以便更好地面对压力 活动五目的：突破心理极限，激发心理潜能，提高自我效能，积极面对挑战
积极策略：掌握技巧聪明学习	迈克尔（Mckeachie）的学习策略结构理论通用的学习策略理论	活动一：时间管理策略 活动二：预习和复习策略 活动三：笔记的策略 活动四：科学记忆的策略 活动五：应考策略	活动一目标：掌握时间管理策略 活动二目标：掌握预习和复习策略 活动三目标：掌握笔记的策略 活动四目标：掌握科学记忆的策略 活动五目标：掌握应考策略
积极创新：开启智慧创新学习	创新思维的相关理论	活动一：转换思维视角 活动二：突破思维定势 活动三：学会异想天开 活动四：培养创意想象 活动五：促进问题解决	活动一目的：培养学生突破常规，创新性解决问题的能力 活动二目的：学会克服思维定势，在探究中寻找快乐，创造中体验成就感 活动三目的：培养学生发散性思维，创新性解决问题的能力 活动四目的：训练与展示学生的创新能力和想象能力 活动五目的：学会多角度思考解决问题的方法

四、开展了面向区域教师、家长、学科教师等多元参与的学习心理辅导实践，进一步积累了实践经验

课题组从区域家长心理健康教育课程的系统研发；区域教师心理教育培训课程的开发；区域学生心理健康教育课程的推进；学校家庭社会合力营造心育生态系统；基于学生成长需要的学科心理辅导实践；基于学生成长需求的学习心理个案辅导研究的推进，通过生命科学教学中激发学生认知内驱力的实践研究；高中语文教学中提升学生自我效能感的实践研究；小学数学教学中培养学生良好学习习惯的实践研究；小学自然学科提升学生认知内驱力的实践研究；学校适应不良学生个案研究；学习拖延学生的个案研究；学习策略不良学生个案研究；学习焦虑学生个案研究；学习敌对情绪学生的个案研究对学科推进学习心理辅导研究和学习心理辅导个别辅导开展了深入实践，积累了一定的辅导经验。课题研制和开发的学生学习心理团体辅导方案以及实践中积累的辅导经验期望对同类学校开展学习心理辅导，提升学生学习心理品质和学习有效性能有一定的参照性和实践借鉴意义。

五、实践反思

学习心理问题研究虽然不是一个新话题，但本课题立足提升学校学习心理辅导的实效性，强调调研基础上针对学生的学习心理需求进行辅导；强调根据学生年龄特点开发适应学生发展需要的系列化学习心理分类辅导方案并付诸实施，这是一种积极的尝试。学生学习心理品质的培养和完善是学校班主任、任课教师和家长全方位立体作用的结果，需要开发和设计多维度的学习心理辅导的具体教育内容，创设全员心育的教育氛围，培养学生学习的

积极心理状态。使每一位家长、教师、班主任在教育学生中能够尊重学生的心理发展需要，营造有利于学生学习的积极心理氛围。本课题中班主任根据班级情况分析，开展了面向全班学生的教育辅导；学科教师面向全体高一年级学生开展了学科学习策略的辅导；面向典型类型学生，班主任也开展了有针对性家庭教育辅导，但限于时间和经验，本课题在这方面工作尚有待进一步深入探索，这也是我们今后进一步努力的方向。学习心理辅导绝不是一蹴而就的过程，必然会出现实践中的反复性，有待我们进一步作跟踪研究，做好典型个案的实践和反思工作。

第二章　学生学习心理的相关理论研究

第一节　关于高效率学习的相关研究

一、科学学习的高效率学习观

刘善循先生认为①，所谓高效率学习，是在科学的学习理论指导下，依据学习规律和心理发展规律，应用科学的学习策略、方法和技巧，发挥学生学习的个人主观能动性，从而在单位时间内能够更轻松愉快地获得更多、更完善的知识，达到培养能力和促进全面发展的良好学习效果的过程。

他认为，高效率学习具有以下特点：(1)高效率学习符合学习的心理规律；(2)高效率学习是科学的学习，既重视学生学习心理的智力因素，如观察力、记忆力、想像力、思维力和创造力的培养与发展，又重视学生非智力因素中学习动机、学习兴趣、学习热情、学习毅力和性格等因素的培养与发展；(3)高效率学习能增强心理素质；(4)高效率学习可促进人的全面发展。

---

① 刘善循主编. 高效率学习与心理素质训练. 商务印书馆 2002 年版，第 10—15 页。

二、策略性知识学习的高效率学习观

谢钢认为[①],策略性知识的掌握和应用是学生进行高效率学习的关键。所谓策略性知识有三个特点:一是认知操作过程性;二是目标指向搜索性;三是问题策略启发性。策略性知识有效学习具有以下表现形式:一是学习的归因与自我效能感。学习成败的归因是学生对策略性知识学习的一个特殊表征,在此基础上的自我效能感是学生对策略性知识学习最关键的表征。二是学习的效益。注意从学习效率上去达到成功的学生,有两个明显的特征,其一是学习具有明显的节奏感,能制订比较实在的学习计划并按计划学习,劳逸结合。其二是有自己的一套学习方法模式,并能随时调控。三是任务难度的认识。对策略性知识学习有所意识的学生,能正确认识学习任务的总难度,即使功课难也充满信心。四是学习的元认知水平。善于进行策略性知识学习的学生习惯于螺旋式学习,经常反思和自我评价学习效果,总结经验教训。五是探究学习问题的解决。策略性知识学习与学生探究学习问题的最佳解决有关。六是学习方法的意识。善于进行策略性知识学习的学生不仅注意自己的学习方法,而且对他人的学习方法也感兴趣,有意识地了解他人的学习方法。

三、数学学科的高效率学习观

廖晶,王光明等研究认为[②]:(1)高效率数学学习学生的元认知策略较为突出,认知策略与资源管理策略仅显著高于低效组学

---

① 谢钢.论知识的有效学习.重庆教育学院学报.2001,3(25—28)。

② 廖晶、王光明、黄倩、王兆云.高中生高效率数学学习策略特征及对数学学业水平的影响路径,数学教育学报,2016,5。

生，与普通组学生无显著性差异。(2)高效率学生善于运用监视策略、反馈调节策略、时间管理策略、环境管理策略与心境管理策略，而在求助策略上与其他学生没有显著性差异。(3)高中生高效率数学学习策略与数学学业水平呈显著正相关。(4)元认知策略、资源管理策略对数学学业水平有正向直接影响，认知策略则通过影响元认知策略和资源管理策略对数学学业水平产生间接影响；就影响效果而言，认知策略、元认知策略以及资源管理策略均为中效果。

四、信息加工的高效率学习观

根据沈德立研究①，信息加工理论高效率学习具有如下特征：学习的高速度；学习方法科学；运用适当的学习策略；学习结果高质量；学习有乐趣；学习有创造性。他认为，高效率学习的心理结构主要包括五个心理要素：一是选择性注意。即根据特定的学习任务和要求，学生将注意力指向学习的内容，同时还能够对与学习无关刺激的干扰加以抑制。二是元认知。即学生在对自身认知过程意识的基础上，对其认知过程进行自我反省、自我控制与自我调节。元认知包括三个要素：元认知知识、元认知监控和元认知技能。三是学习策略。即在学习过程中学生所使用的信息加工方式、方法和调控技能的综合。前者是指在认知加工过程中，学生编码、分析、保持、提取信息的一系列方式或方法，后者则是指学生在学习过程中使用的控制和调节信息加工行为的方式和方法。四是非智力因素。指那些不直接参与认知活动，但对认知活动起直接制约作用的心理因素。包括动机、兴趣、情绪、意志、性格等。五是

---

① 沈德立.高效率学习的心理学研究.教育科学出版社，2006，2(37—42)。

内隐认知。是一种不需要意识努力而完成的认知加工活动，包括内隐记忆和内隐学习两部分。要想实现高效率学习，必须让参与高效率学习的心理要素按一定层次构成一个适当的结构，这样才能实现高效率学习。

五、积极情绪的高效率学习观

罗扎诺夫(G. Lozanov)认为，高效率学习与个体的情绪有密切的关系。所谓高效率学习就是个体在积极的情绪状态下的学习。人的心理活动总是伴随着情绪状态，并且这种情绪状态又总是处于无意识之中，情绪对学习的影响人们只是偶尔才能意识到，更多的时候，人们意识到对学习产生影响的是个体的智力。但从本质上讲，情绪才是真正决定个体学习行动的原因。在教学过程中，教师不仅要尽可能避免重新刺激学生想象那些容易产生消极情感的问题，而且还要激发学生进入一种最佳的心理状态，即积极情绪状态。①

六、自我调控的高效率学习观②

自20世纪50年代以来，自我调控学习观成为教育心理学领域内研究的一个热点。自我调控学习(self-regulated learning)指学生在学习过程中能够通过自觉、自主地选择和利用相应的元认知和动机策略来提高他们的学习能力，学生通过主动选择去建构、创造适合自己的学习环境，并且能够在选择教学形式方面扮演重要的角色。众多的心理学家，如维果茨基学派、操作主义学派、社

① 沈德立.高效率学习的心理学研究.教育科学出版社，2006，2(30—31)。

② 同上。

会认知学派、意志理论学派及信息加工理论心理学，都对这一问题从不同的角度和层面进行了探讨，并取得了大量的研究成果。

社会认知学派的 Zimmerman 总结、提出了系统研究自我调控学习的框架，他指出，自我调控学习强调学生完全能够使用各种不同的学习策略和动机策略来促进自己学习，学习不是对学生发生的事(Happen to student)，而是由学生发生的事(Happen by student)。

自我调控学习的研究框架

科学的问题	心理维度	任务条件	自主的实质	自主过程
为什么学	动机	选择参与	内在的或自我激发的	自我目标、自我效能、价值观、归因
如何学	方法	选择方法	有计划的或自动化的	策略使用、方法等
何时学	时间	控制时限	定时而有效	时间计划和管理
学什么	学习结果	控制学习结果	对学习结果的自我意识	自我监控、自我判断、行为控制、意志等
在哪里学	环境	控制物质环境	对物质环境的敏感和随机应变	选择、组织学习环境
与谁一起学	社会性	控制社会环境	对社会环境的敏感和随机应变	选择榜样、寻求帮助

七、积极心理学的高效率学习观

学习心理辅导的目标是什么？不是为了发现“学生的问题”，更不是为了发现“问题的学生”，而是发掘学生自身具有的优势与潜能。所以，作为教师我们不仅要了解学生学习心理可能存在的问题，还要帮助学生找到自己身上存在的积极力量和潜能，让学生发现自己身上正向的力量，通过积极力量和潜能的发掘，积极品质的培养来帮助他们获得或激发积极的力量从而克服学习生活中的问题或困难。

积极心理学认为，人类的积极心理包含着复杂的内在认知、情绪和情感，并反应在可观察的外显行动上，它可概括为五个分析水平：期望积极心理引导个体对过去、现在或未来都能较朝向积极思维，态度乐观与怀抱希望；使个体较容易产生或体验积极情绪；在行为上，表现出积极调适的过程；在特质上，具有更多的良好的品质；在社会环境方面，建立人类的优势与公民美德。因此积极心理学包括积极认知、积极情绪、积极行为、积极特质和积极组织五个结构。

第二节　学习心理与高效率学习关系的研究

一、学习策略与中学生高效率学习

黄淑芳认为①，高效率学习是根据学习的规律和有关心理活动规律，运用有效学习策略、方法和心理训练技术，发挥学生个人主观能动性，从而达到良好的学习效率和效果。高效率学习符合学习的心理规律，能增强学生的心理素质，可促进人的全面发展。新课改中高效率学习需要掌握高效率方法，提升学习的策略水平。需要掌握理解策略，学会听讲，提高听课效率；掌握保持策略，减少遗忘；运用归纳策略，学会组织材料。

乔惠娟(2008)认为②，学习策略是高效率学习的关键。课前

---

①　黄淑芳.新课改中高效率学习的重要性及方法指导.新课程(上)2011.1。

②　乔惠娟.学习策略是高效率学习的关键.太原师范学院学报(社会科学版)。2008,4。

学习策略的应用是高效率学习的第一要素。课前学习的准备工作是课堂学习的基础。课前学习的准备工作分为两个部分：一个是学习准备，另一个是知识的准备。课堂学习策略是高效率学习的关键因素。专心上课要求做到三点：一是集中精力听课，注意是对一定对象的指向和集中，所谓指向性就是心理活动的选择性，所谓集中性就是对注意对象专心致志，对其他事物视而不见。二是处理好听课和笔记的关系，正确的策略是以听为主，以记为辅。三是积极回答和提出问题。课后的学习策略是高效率学习的保证。课后学习包括两点：一是学习需要及时复习。二是学会系统组织学习材料。

谷生华等人(1998)考察了学习策略与学习成绩的相关关系，结果表明①，学习策略与学习成绩关系密切，学生的学习策略水平越高，成绩就越好；反之，学生的成绩越好，学习策略水平就越高。

周国韬等人(2001)探讨了初中生自我调节学习策略的运用与学业成就的关系。② 研究表明，策略运用的三种水平都与学生的学业成绩有显著的相关，高成就组学生在策略的运用、频率、坚持性这三个维度的成绩都显著高于低成就组学生。其中，策略使用的坚持性与学习成绩的相关最大。

二、自我效能感与学生高效率学习

魏秀超③探讨了在新课程改革的背景下，高中生学业自我效

---

① 谷生华、辛涛、李荟.初中生学习归因、学习策略与学习成绩关系的研究.心理发展与教育.1998,2(21—25)。

② 周国韬、张林、付桂芳.初中生自我调节学习策略的运用与学业成就的关系研究.心理科学.2001,5(612—619)。

③ 魏秀超.新课程背景下高中生学业自我效能感、学习归因方式与学业成绩关系的研究.中国基础教育博硕士论文库.2014(06)。

能感、学习归因方式的特点、它们与学业成绩之间的关系及它们对学业成绩的影响。得出了以下结论：高中生学业自我效能感存在文理、城乡差异；学生在对语文、数学、英语学科进行归因时都是以内部可控归因为主，其次为内部不可控归因，再次为外部不可控归因，最后为外部可控归因。具体学科的分析发现，语文学科的内部可控因子在文、理科上存在显著的差异，数学学科的内部可控因子在文、理科及是否班干部上均存在显著的差异。另外，高中生学业自我效能感、学习归因与学业成绩存在显著相关关系。高中生学业自我效能感、学习归因对学业成绩有预测作用。

刘纯纯、桑青松研究[①]结果表明，自我效能感是影响个体学习的重要因素。研究特别选择初中英语专业为研究背景，探究英语学业情绪、自我效能感和学业成绩之间的关系。结果显示，英语学业情绪、自我效能感和学业成绩三者之间的关系显著：积极学业情绪与学业成绩显著正相关，且对学业成绩有显著预测作用；消极学业情绪对学业成绩有显著的预测作用。英语自我效能感和学业成绩显著正相关，而英语自我效能感能显著预测学业成就。

何艳研究认为[②]：初中生总体存在中等程度的学习倦怠问题，而低效能感问题尤为突出；初中生自我效能感总体处于中等偏下的水平；初中生应对方式总体处于中等偏高的水平；初中生自我效能感与学习倦怠及其各因子之间存在显著负相关；指向问题的应对与学习倦怠及其各因子存在显著负相关，指向情绪的应对与学习倦怠及其各因子存在显著正相关；自我效能感、指向情绪的应

---

① 刘纯纯、桑青松. 初中生英语学业情绪、自我效能感与学业成绩的关系. 第十七届全国心理学学术会议论文摘要集. 2014. 10。

② 何艳. 初中生学习倦怠与自我效能感、应对方式的关系研究. 中国基础教育博硕士论文库. 2014(1)。

对、指向问题的应对均对学习倦怠预测作用显著，其作用分别为负向、正向和负向；自我效能感、指向问题的应对、指向情绪的应对都是通过低效能感、耗竭和疏离三个因子的共同作用对学习倦怠产生影响的。

平特奇(Pintrich)[①]对自我效能感与学习策略及学习成绩的关系进行了多次研究，结果表明，无论是对中学生被试还是对大学生被试来说，自我效能感与认知策略的使用及学习成绩都呈现非常显著的正相关。自我效能感水平较高的学生比那些自我效能感水平较低的学生使用了更多的认知策略，且取得了较好的学习成绩。

三、元认知与中学生高效率学习

李晓东、张向葵、沃建中(2002)运用实验法和临床谈话法研究了数学学优生与学差生在解决比较问题时差异及元认知对解题成绩的影响。结论表明，学优生与学差生在元认知知识和监控技能上均有显著差异，元认知监控技能对解决问题的成绩有显著预测作用。

黄亚元认为[②]，元认知结构包括三个方面，元认知知识、元认知体验和元认知控制。元认知知识对中学生高效率学习作用表现在三方面：一是个体元认知知识对中学生高效率学习主要体现在自我效能感上，自我效率感高的学生，能确定合理的学习目标，能展示出更高的学习策略，并能更多地对学习结果进行监控。二是元认知知识中的任务变量对学习的影响表现在学生通过对学习任

---

① 转引自沈德立.高效率学习的心理学研究.教育科学出版社，2006，2(206)。

② 黄亚元.元认知在中学生高效学习中的作用.教育理念研究，2005.10。

务的难度、性质的分析，决定他在该任务上分配的精力和时间，影响到他对认知策略的选择。三是策略元认知知识对影响学生学会学习有直接的影响，策略元认知包括认知策略（如记忆中的复述策略、精细加工策略和组织策略）和元认知策略（包括计划策略、控制策略和调节策略）两部分，策略元认知知识促进学生学会学习还表现在，当他们认识到策略的价值后，他们会积极的在学习中使用策略。元认知体验在学生学习中的作用三个方面：一是确定新目标，修改或放弃旧目标。二是元认知体验可以补充、删除和修改元认知知识。三是元认知体验能够激活策略。元认知监控在学习中的作用表现在学生学习的自我意识和自我控制上。

四、学习动机与中学生高效率学习

张学民、申继亮（2002）以初一至高三的 1180 名学生为被试，考察了中学生的学习动机、成就归因、学习效能感与其学业成就之间的关系，结果表明，[①]学习动机、成就归因、学习效能感与学业成就之间是相互联系和相互影响的，学习动机，成就归因、学习效能感直接或间接地影响着个体的学业成就状况。

五、学习情绪与学生高效率学习

泽尔勒（Zeller）就不同情绪状态对学习的影响进行了实验研究。他让甲乙两组学习能力相等的大学生先完成排列图形的工作，然后学习一些无意义音节，并测量了他们对所排列图形的记忆效果和记忆无意义音节的效果。当甲组学生排列图形时，给予赞

---

① 张学民、申继亮. 中学生学习动机、成就归因、学习效能感与成就状况之间因果关系的研究. 心理学探新. 2002，4(33—37)。

美的评语，接着再让他们继续学习无意义音节；而乙组学生在排列图形时，却给予非常严厉的批评，随后也让他们再学习无意义音节。结果发现，乙组学生受到批评后，心情沮丧、紧张，图形测验成绩差，无意义音节的学习效果也大大降低；而甲组学生却积极性高涨，学习效率大大提高。这表明，愉快而热烈的情绪，能使人的大脑处于最佳活动状态，精力集中，记忆效果好。相反，如在痛苦、烦躁不安的心情下学习，则注意涣散，记忆效果差。

六、意志水平与中学生高效率学习

张一雄、马加乐(1993)[①]曾就四种意志品质与中学生学习成绩的关系进行过研究，结果发现：一，中学生的意志品质与其学习成绩之间存在着一定程度的正相关，其中有三分之一强的被试，其意志品质与学习成绩之间有着较高的相关。二，在意志的四种品质中，自觉性、坚持性和自制性与中学生学习成绩的相关程度都比较显著。

七、性格特征与中学生高效率学习

张艳宁、秦金华关于高职学生乐观人格与学习动机、学业成绩的关系研究表明[②]，高职学生乐观人格与内生学习动机、学业成绩呈显著正相关。回归分析表明，高职学生乐观人格及其维度显著预测内生学习动机；乐观人格正向预测学业成绩，悲观维度显著负向预测学习成绩。结论高职学生的乐观人格是预测其内生学习动机和学业成绩的重要因素。

---

① 李洪玉、何一粟. 学习动力. 湖北教育出版社，1999，248—249。

② 张艳宁、秦金华. 高职学生乐观人格与学习动机、学业成绩的关系研究. 湖北函授大学学报，2014(03)。

钱含芬(1996)曾分析影响中小学和学业成就的主要性格变量,通过比较3119名中小学生中497名学习优等生和531名学习差生的性格特征差异,结果发现,学优生在稳定性、恃强性、有恒性、敢为性、独立性和淳朴性等6项性格特征的得分,明显高于学差生;而在兴奋性和幻想性上,学优生的得分明显低于学差生。

基于以上学习心理学相关研究综述,为本课题的高中学生学习心理分类辅导实践方案的研究和制定提供了理论依据,奠定了理论基础。

第三章　学生学习心理现状调查与分析

第一节　调查的内容和工具

近年来,学习心理研究已成为教育心理学家和学校教师所关心的课题。人们越来越认识到学生的学习心理状态对其未来发展的重要意义。本研究中的学习心理现状是基于学生的成长需要,着眼于未来潜能发展的当下学习心理状态,包括学习心理现状(含学习动机、学习策略、学习意志、考试焦虑、自我效能感、学习倦怠)以及与学习心理相关的心理压力现状(含压力源、压力反应、应对方式)和人际关系现状(含同伴关系、师生关系、亲子关系)等内容。

一、学习心理现状调查

学习心理现状调查采用自编《中学生学习心理状况调查问卷》。问卷由被试的背景信息、学习动机、学习策略、学习意志、考试焦虑、自我效能感和学习倦怠组成。问卷项目采用宋专茂和陈伟①编著的

① 宋专茂,陈伟.心理健康测量[M].成都:四川大学出版社,2003.

《心理健康测量》中的《中学生学习动力测验问卷》、《学习技能自我诊断量表》、《意志力测验问卷》、《中学生考试焦虑测验问卷》、《一般自我效能感量表》以及邢强和陈丹丹[①]编制的《中学生学习倦怠量表》。

学习动机部分包括20道题目。原题目形式为是非题,选“是”记1分,选“否”记0分。本研究中改为5级记分,从“完全不符”到“完全符合”分别记作1到5分。1—5题测查学习动机是不是太弱,6—10题测查学习动机是不是太强,11—15题测查学习兴趣是否存在困扰,16—20题测查学习目标上是否存在困扰。将各题得分相加,再除以20题,可得学习动机总分。14—20分,说明学习动机上有严重问题和困扰,需调整;5—14分(不含5和14分),说明学习动机上有一定的问题和困扰,可调整;0—5分,说明学习动机上有少许问题,必要时可调整。

学习策略部分包括25道题目,采用5级记分,从“完全不符”到“完全符合”分别记作1到5分。将各题得分相加得该项目总分。101分以上,说明学习技能很好;86—100分,说明学习技能较好;66—85分,说明学习技能一般;51—65分,说明学习技能较差;50分以下,说明学习技能很差。

学习意志部分包括20道题目,采用5级记分,正向题目从“完全不符”到“完全符合”分别记作1到5分。反向题目,反则反之。将各题得分相加得该项目总分。20—35分,说明意志力很弱;36—51分,说明意志力较弱;52—68分,说明意志力一般;69—84分,说明意志力较强;85—100分,说明意志力很强。

考试焦虑部分包括33道题目,原问卷采用4级记分,从“很不

---

① 刑强,陈丹丹.初中生学习倦怠的现状调查及教育建议[J].教育测量与评价(理论版),2011年7月.

符合”到“很符合”分别记作 0 到 3 分。本研究采用 5 级记分，从“完全不符”到“完全符合”分别记作 1 到 5 分。将各题得分相加得该项目总分。33—58 分，说明属于镇定水平；59—85 分，说明属于轻度焦虑水平；86—112 分，说明属于一般焦虑水平；113—139 分，说明属于比较焦虑水平，140—165 分，说明属于非常焦虑水平。

自我效能感部分包括 10 道题目，原问卷采用 4 级记分，从“很不符合”到“很符合”分别记作 1 到 4 分。本研究采用 5 级记分，从“完全不符”到“完全符合”分别记作 1 到 5 分。将各题得分相加得该项目总分。10—17 分，说明自信心很低；18—25 分，说明自信心较低；26—34 分，说明自信心一般；35—42 分，说明自信心较高；43—50 分，说明自信心很高。

学习倦怠部分包括 23 道题目，采用 5 级记分，从“完全不符”到“完全符合”分别记作 1 到 5 分，被试的得分越高，表明其学习倦怠感越强烈。问卷分为身体耗竭、心理耗竭、学习的冷漠、人际关系的疏离、低效能五个维度。身体耗竭：学生由于学业过度压力产生的生理资源耗尽的感觉，4 道题目；心理耗竭：学生因为学业过度压力产生的情感资源耗尽的感觉，6 道题目；学习的冷漠：学生对学业的冷漠态度，5 道题目；人际关系的疏离：学生对他人（同学、教师和家长）疏离、冷漠的态度，5 道题目；低效能感：学生对自我的学习效能认知，认为自己缺乏承担正常学习的能力，3 道题目。据检验，该量表各维度的同质性系数在 0.72～0.88 之间，全量表信度为 0.844；5 个维度与全量表的相关都达到了 0.01 的显著水平，符合心理测量学指标。

二、学生心理压力现状调查

本调查使用《中学生应激源量表》、《心理压力反应问卷》、《中学生应付方式量表》。

1. 心理压力源调查

心理压力源的评定采用郑全全、陈树林[①]编制的中学生应激源量表，该量表有7个维度，分别评估学生的学习问题、教师问题、家庭环境问题、父母教养方式问题、同学朋友问题、社会文化问题及自身生理心理问题，采用0—4级评分。量表的Cronbach'α系数为0.93，重测信度为0.86。该量表高分表示心理压力源多，低分则相反。

2. 心理压力反应调查

心理压力反应的评定根据陈全红[②]编制的心理压力反应问卷进行了修订，共包括20个条目，4个种反应方式，分别为认知反应(5个条目)、生理反应(4个条目)、情绪反应(6个条目)和行为反应(5个条目)。采用四级评分，得分越高说明压力反应越强烈。

3. 心理压力应对方式调查

心理压力应对方式的评定采用陈树林、郑全全[③]编制的中学生应付方式量表，有36个条目，两个分量表：指向问题的应付和指向情绪的应付，前者包括解决问题、寻求支持和合理化的解释等3个因子，19个条目；后者有忍耐、逃避、情绪发泄、幻想/否认等4个因子，17个条目，采用1—4级评分。量表的Cronbachα系数为0.92，重测信度为0.89。每个因子的高分表示此应付方式经常被

---

① 郑全全，陈树林. 中学生应激源的初步研究[J]. 心理科学，2001，24(2).

② 陈全红. 农村示范性高中学生的心理压力现状分析与缓压对策研究[D]. 河北师范大学，2006.

③ 陈树林、郑全全. 中学生应对方式量表的初步编制[J]. 中国临床心理学杂志，2000，23(4)：211

采用，低分则表示很少采用。

三、人际关系现状调查

人际关系现状使用《高中生人际关系问卷》。采用缪祝意[①]编制的《高中生人际关系问卷》。包括与同伴关系、与老师关系和与父母关系三个维度。由27个自我报告形式的项目评价条目组成，采用5级记分，记为1—5分。在题目当中设置了一定数量的反向计分题。转换后，所得分数越高，表明人际关系质量越好。经检验，该问卷有较高的信度和效度。各维度的内部一致性Cronbach α系数分别为：同伴关系0.836，师生关系0.787，与父母的关系0.876。

第二节 调查的对象和施测过程

本研究从上海市黄浦区中学生中分层抽样，将高中和初中学校分别分为三档，每档抽取一个代表性学校。除毕业班外，其余年级均施测。考虑到问卷内容比较多，将问卷分为三部分：学习心理现状调查、心理压力现状调查、学习倦怠和人际关系现状调查，分别发放到一组高中和初中，共18所学校。详见表1。从这18所学校中再按年级以自然班为单位随机抽样开展问卷调查。

问卷调查通过学习科学研究所在线调研平台进行。施测前对抽样学校的德育教导、心理老师进行了专门培训，然后由心理老师利用课堂时间专门组织学生实施网上调查，有统一的指导语，两周内完成。问卷完成后，从在线调研平台导出原始数据，用社会科学

① 缪祝意.高中生人际关系问卷编制及相关研究[D].华南师范大学，2009.

统计软件包 SPSS22.0 进行统计分析。

本次调查共回收问卷 7140 份，有效问卷 6640 份，有效率 93%。调查对象分布情况如表 1。

表 1 问卷抽样情况

问　卷	抽样学校	问卷网址	登录密码	回收问卷
学习心理现状	大同中学	http://vote.hpe.cn/invote/vote/183	357664	547
	市八中学	http://vote.hpe.cn/invote/vote/184	643334	402
学习心理现状	市南中学	http://vote.hpe.cn/invote/vote/185	872500	232
	向明初级中学	http://vote.hpe.cn/invote/vote/186	607520	664
	中山学校	http://vote.hpe.cn/invote/vote/194	783632	264
	兴业中学	http://vote.hpe.cn/invote/vote/187	132981	226
心理压力现状	向明中学	http://vote.hpe.cn/invote/vote/177	287778	328
	敬业中学	http://vote.hpe.cn/invote/vote/178	282332	529
	五爱高级中学	http://vote.hpe.cn/invote/vote/179	705010	467
	大同初级中学	http://vote.hpe.cn/invote/vote/180	631513	608
	李惠利中学	http://vote.hpe.cn/invote/vote/181	389160	455
	黄浦学校	http://vote.hpe.cn/invote/vote/182	711181	300
学习倦怠和人际关系	格致中学(奉贤)	http://vote.hpe.cn/invote/vote/195	549790	273
	光明中学	http://vote.hpe.cn/invote/vote/172	809216	558

（续表）

问　卷	抽样学校	问卷网址	登录密码	回收问卷
学习倦怠和人际关系	市十中学	http://vote. hpe. cn/invote/vote/173	651204	238
	卢湾中学	http://vote. hpe. cn/invote/vote/174	511143	490
	市八初级中学	http://vote. hpe. cn/invote/vote/175	478431	319
	敬业初级中学	http://vote. hpe. cn/invote/vote/176	542449	240

第三节　调查结果分析

一、中学生学习心理现状

1. 学习动机

（1）学习动机的描述统计

表 2　中学生学习动机等级的描述统计结果

		有少许问题		有一定问题		有严重问题	
		频数	百分比	频数	百分比	频数	百分比
总　体		116	5.5	1901	90.6	82	3.9
学段	初中	65	6.2	960	91.1	29	2.8
	高中	51	4.9	941	90.0	53	5.1
年级	预备	24	6.2	357	92.0	7	1.8
	初一	11	3.8	266	90.8	16	5.5
	初二	11	3.8	266	90.8	16	5.5
	高一	30	6.3	423	88.9	23	4.8
	高二	21	3.7	518	91.0	30	5.3
性别	男	82	7.2	995	87.7	58	5.1
	女	34	3.5	906	94.0	24	2.5

由表2可以看出，绝大多数同学(94.5%)学习动机有一定问题或严重问题，需要调整；从学段来看，学习动机有严重问题的高中生(5.1%)明显多于初中生(2.8%)；从年级来看，预备年级学生学习动机存在严重问题的比例最少(1.8%)，其他年级看上去无明显差异；从性别来看，男生有严重问题的(5.1%)明显高于女生(2.5%)。

根据耶克斯-多德森律，动机唤起水平与学习成绩之间的关系是一种倒"U"形曲线关系，唤起水平太高或太低都不能引起最佳的皮质工作状态，从而也不能得到最佳绩效。由此，不少心理学家认为，动机的中等程度的激发或唤起，对学习具有最佳的效果。在我们的数据统计中明显看出学习动机存在问题的学生占绝大多数。这需要引起教师和家长的重视，如何让学习动机保持在最佳水平需要我们共同努力。

表3　中学生学习动机存在问题统计

		学习动机太弱		学习动机太强		学习兴趣困扰		学习目标困扰	
		频数	百分比	频数	百分比	频数	百分比	频数	百分比
总　体		104	5.0	169	8.1	59	2.8	73	3.5
学段	初中	32	3.0	78	7.4	21	2.0	23	2.2
	高中	72	6.9	91	8.7	38	3.6	50	4.8
年级	预备	8	2.1	26	6.7	9	2.3	8	2.1
	初一	11	2.9	25	6.7	7	1.9	8	2.1
	初二	13	4.4	27	9.2	5	1.7	7	2.4
	高一	27	5.7	37	7.8	15	3.2	18	3.8
	高二	45	7.9	54	9.5	23	4.0	32	5.6
性别	男生	70	6.2	90	7.9	44	3.9	52	4.6
	女生	34	3.5	79	8.2	15	1.6	21	2.2

注：在学习动机四个维度上，每个维度5题，每题五点计分，每个维度共计25分，将得分超过20分(含20分)的记为学习动机有问题。

表3显示了中学生学习动机存在问题具体表现的描述统计，学习动机太强的学生比例最高(8.1%)，其次是学习动机太弱

(5.0%)，最后是学习目标困扰(3.5%)和学习兴趣困扰(2.8%)。从数据中我们发现，学生学习动机过强的问题明显需要引起关注，这可能与当前社会上家长教育焦虑现象有关，家长的焦虑通过语言或行为显性或隐性地让学生对自己有高期待。因此适度期望，建立适合自己的学习目标对学生来说是重要的。

从学段上来看，高中生学习动机太弱(6.9%)、学习兴趣困扰(3.6%)和学习目标困扰(4.8%)的比例明显高于初中生(分别为3.0%、2.0%、2.2%)。从年级上来看，高二年级在四个维度上的比例高于其他年级；学习动机太弱和学习目标困扰的学生随着年级的升高，比例也明显增加；在学习动机太强的维度上，初二(9.2%)和高二年级(9.5%)显著高于其他年级。无论是高中还是初中学校，一个普遍的现象是学业压力提前，从黄浦区未成年人心理健康辅导中心接到的热线咨询和面询个案中我们也发现初二和高二学生较其他年级更多出现学习动机过强，一旦无法实现学习目标，心理上就不能接受自己的现象。

从性别上来看，男生学习动机太弱(6.2%)、学习兴趣困扰(3.9%)和学习目标困扰(4.6%)的比例明显高于女生(分别为3.5%、1.6%和2.2%)。处于青春期的中学生，女生心理年龄明显成熟于男生，在学习上的优势也显而易见，因此男生学习动机问题高于女生就很好理解。

(2) 学习动机与性别的关系

表4　中学生学习动机的性别差异检验

	N	M	Sd	t	p
男生	1135	9.81	2.896	1.581	0.114
女生	964	9.62	2.436		

从表4可以看出，总体上男生和女生在学习动机水平上没有显著差异。

（3）学习动机与学段的关系

表5　中学生学习动机水平的学段差异检验

	N	M	Sd	t	p
初中	1054	9.21	2.602	−8.958	0.000
高中	1045	10.24	2.690		

注:学习动机分数越高表示越存在问题。

表5显示中学生动机水平有极其显著的学段差异,即高中生学习动机上存在的问题显著多于初中生($p<0.01$)。相较于初中,高中的学业难度更大,学生的自我认识和目标定位更加明确,在人们看来高考比中考更加重要,所以学习动机过强的学生不少见,一旦受挫,动机很弱或产生目标困扰或兴趣困扰的学生也可能比初中多。

（4）学习动机与学习成绩的关系

表6　中学生学习动机水平与学习成绩的相关检验

	N	M	Sd	r	p
学习动机	2099	1.98	0.307	−0.139	0.000
学习成绩	2099	3.24	0.951		

表6可以看出,中学生学习动机水平和学习成绩有显著负相关($p<0.01$),即是说学习动机水平越高,学习成绩越不令人满意。

2. 学习策略

（1）学习策略的描述统计

表7　中学生学习策略的描述统计

		学习策略很好		学习策略较好		学习策略一般		学习策略较差		学习策略很差	
		频数	百分比	频数	百分比	频数	百分比	频数	百分比	频数	百分比
总体		439	20.9	570	27.2	898	42.8	103	4.9	89	4.2
学段	初中	280	26.6	298	28.3	393	37.3	53	5.0	30	2.8
	高中	159	15.2	272	26.0	505	48.3	50	4.8	59	5.6

（续表）

		学习策略很好		学习策略较好		学习策略一般		学习策略较差		学习策略很差	
		频数	百分比	频数	百分比	频数	百分比	频数	百分比	频数	百分比
年级	预备	113	29.1	94	24.2	151	38.9	25	6.4	5	1.3
	初一	92	24.7	108	29.0	139	37.3	16	4.3	18	4.8
	初二	75	25.6	96	32.8	103	35.2	12	4.1	7	2.4
	高一	77	16.2	122	25.6	221	46.4	27	5.7	29	6.1
	高二	82	14.4	150	26.4	284	49.9	23	4.0	30	5.3
性别	男	221	19.5	281	24.8	510	44.9	63	5.6	60	5.3
	女	218	22.6	289	30.0	388	40.2	40	4.1	29	3.0

表7显示，总体上来看中学生学习策略水平较差(4.9%)和很差的(4.2%)将近十分之一(9.1%)，需要提供专门辅导；从学段上看，高中生中学习策略很好的学生(15.2%)比初中生(26.6%)少，而学习策略很差的学生(5.6%)比初中生(2.8%)多，可见高中生更需要学习策略指导；从年级上看，学习策略很好的比例最占比最高的是预备年级(29.1%)，学习策略很差占比最高的是高一(6.1%)，其次是高二(5.3%)和初一(4.8%)，同样看出需要关注高中生的学习策略指导；从性别上看，男生学习策略很差的占比(5.3%)明显高于女生(3.0%)，在学习策略很好和较好维度，女生也比男生多，可见，男生的学习策略更需要帮助。

(2) 学习策略与性别的关系

表8　中学生学习策略的性别差异检验

	N	M	Sd	t	p
男生	1135	84.89	20.852	−3.123	0.002
女生	964	87.54	17.959		

表 8 显示，中学生的学习策略水平存在非常明显的性别差异，女生显著优于男生（$p<0.01$）。总体上说，女生心理上成熟于男生，在学习策略上优于男生也是意料之中，教师或家长要特别关注男生特别是那些学习策略很差的男生（见表 7）。

（3）学习策略与学段的关系

表 9　中学生学习策略的学段差异检验

	N	M	Sd	t	p
初中	1054	89.01	19.375	6.893	0.000
高中	1045	83.18	19.430		

表 9 可以看到，初中生的学习策略水平显著高于高中生（$p<0.01$）。这是本研究让人困惑的地方。初中和高中学习策略显然是不同的，初中偏重于知识点的记忆，而高中更加注重知识的理解和综合运用。出现这样的统计结果，是否和问卷内容的设置有关，后续研究值得进一步思考。

（4）学习策略与学习成绩的关系

表 10　中学生学习策略水平与学习成绩的相关检验

	N	M	Sd	r	p
学习策略	2099	3.56	1.009	0.292	0.000
学习成绩	2099	3.24	0.951		

表 10 显示，中学生的学习策略水平与学习成绩存在显著正相关（$p<0.01$），即学习策略越好，学习成绩就越好。这与以往大量研究结果一致。

3. 学习意志

（1）学习意志的描述统计

表 11　中学生学习意志的描述统计结果

		学习意志很强		学习意志较强		学习意志一般		学习意志较弱		学习意志很弱	
		频数	百分比	频数	百分比	频数	百分比	频数	百分比	频数	百分比
总体		34	1.6	350	16.7	1592	75.8	118	5.6	5	0.2
学段	初中	25	2.4	239	22.7	741	70.3	48	4.6	1	0.1
	高中	9	0.9	111	10.6	851	81.4	70	6.7	4	0.4
年级	预备	9	2.3	104	26.8	261	67.3	14	3.6	0	0.0
	初一	5	1.3	67	18.0	279	74.8	21	5.6	1	0.3
	初二	11	3.8	68	23.2	201	68.6	13	4.4	0	0.0
	高一	7	1.5	55	11.6	386	81.1	28	5.9	0	0.0
	高二	2	0.4	56	9.8	465	81.7	42	7.4	4	0.7
性别	男	19	1.7	170	15.0	905	79.7	37	3.3	4	0.4
	女	15	1.6	180	18.7	687	71.3	81	8.4	1	0.1

表 11 中可以看到，从总体来看，有四分之三的中学生学习意志水平一般(75.8%)，学习意志较弱(5.6%)和很弱的(0.2%)共有 5.8%。从学段上来看，学习意志很强和较强的初中生占比(25.1%)比高中生(11.5%)高，学习意志很弱和较弱的高中生占比(7.1%)比初中生高(4.7%)。从年级上来看，初二学生学习意志很强的占比最高(3.8%)，高二最低(0.4%)。从性别上来看，学习意志水平很弱的学生占比很低，男生(0.4%)高于女生(0.1%)。

当前，学生学习中遇到困难就退缩甚至放弃学习、不愿去学校的个案也越来越多。学习意志薄弱大多是由于缺乏学习兴趣和学习责任感以及惧怕失败造成的。因此，在培养学习意志的过程中，要注意激发学生良好的学习情感和学习兴趣。

(2) 学习意志与性别的关系

表 12 中学生学习意志的性别差异检验

	N	M	Sd	t	p
男生	1135	62.73	7.751	1.079	0.281
女生	964	62.34	8.910		

表 12 显示中学生的学习意志水平不存在性别差异($p>0.05$)。青春期是意志品质形成的关键时期,同样处于青春期的男生和女生,学习意志水平是没有差别的。

(3) 学习意志与学段的关系

表 13 中学生学习意志水平的学段差异检验

	N	M	Sd	t	p
初中	1054	64.11	8.812	8.820	0.000
高中	1045	60.98	7.435		

表 13 看出,中学生的学习意志水平有学段差异($p<0.01$),初中生高于高中生。很多初中生的学习需要父母和老师的监督,相比于高中生,初中生在外力的作用下更能坚持学习,而高中生的学习主要靠自觉,如果学习主动性不高,学习意志力就会明显不强,又加之学习内容增多,学习难度变大,也可能导致学习的意志力水平低于初中。

(4) 学习意志与学习成绩的关系

表 14 中学生学习意志水平与学习成绩的相关检验

	N	M	Sd	r	p
学习意志	2099	3.14	0.528	0.190	0.000
学习成绩	2099	3.24	0.951		

表 14 可以看到中学生的学习意志水平与学习成绩存在显著正相关($p<0.01$),即学习意志越强,学习成绩就越好。

4. 考试焦虑

(1) 考试焦虑的描述统计

表 15　中学生考试焦虑的描述统计结果

		镇定水平		有点焦虑		一般焦虑		比较焦虑		非常焦虑	
		频数	百分比	频数	百分比	频数	百分比	频数	百分比	频数	百分比
总体		507	24.2	474	22.6	795	37.9	213	10.1	110	5.2
学段	初中	301	28.6	252	23.9	329	31.2	114	10.8	58	5.5
	高中	206	19.7	222	21.2	466	44.6	99	9.5	52	5.0
年级	预备	120	30.9	94	24.2	128	33.0	38	9.8	8	2.1
	初一	105	28.2	92	24.7	103	27.6	49	13.1	24	6.4
	初二	76	25.9	66	22.5	98	33.4	27	9.2	26	8.9
	高一	103	21.6	109	22.9	196	41.2	43	9.0	25	5.3
	高二	103	18.1	113	19.9	270	47.5	56	9.8	27	4.7
性别	男	300	26.4	240	21.1	443	39.0	99	8.7	53	4.7
	女	207	21.5	234	24.3	352	36.5	114	11.8	57	5.9

表 15 中，总体上看，中学生考试焦虑比较高和非常高的比例高达(15.3%)。学段上看，在镇定水平维度上，初中生(28.6%)高于高中生(19.7%)，在一般焦虑水平上高中生(44.6%)高于初中生(31.2%)，其他水平上没有明显区别。年级上看，比较焦虑和非常焦虑水平的占比以初一(19.5%)、初二(18.1%)最高，而且初二年级非常焦虑的学生(8.9%)明显高于其他年级。

面临中考和高考的压力，学生有适度的考试焦虑是正常的，但是焦虑水平较高的有 15.3%，明显超出了我们的预期。镇定水平和一般水平上初、高中生的占比表明高中生更焦虑。从年级上看，最需要引起注意的是初二学生，非常焦虑水平的学生占比最高。为了中考，初中学校大多会在初二全部完成或基本完成初中学业，我们能够想到孩子们的学业压力以及由此而产生的紧张情绪。

(2) 考试焦虑与性别的关系

表 16　中学生考试焦虑的性别差异检验

	N	M	Sd	t	p
男生	1135	82.71	32.263	−2.855	0.004
女生	964	86.69	31.330		

表 16 可以看出，中学生考试焦虑存在显著的性别差异($p<0.01$)，女生比男生焦虑水平高。在人格特质上，女生比男生更敏感，在对学习效果的追求上，女生比男生更在意，这些可能使得女生比男生更焦虑。

(3) 考试焦虑与学段的关系

表 17　中学生考试焦虑水平的学段差异检验

	N	M	Sd	t	p
初中	1054	82.25	33.275	−3.316	0.001
高中	1045	86.85	30.274		

表 17 显示，中学生考试焦虑存在显著的学段差异($p<0.01$)，高中生比初中生焦虑水平高。虽然都面临中考和高考的压力，但是高中生心理上更加成熟，更加能感受到高考成绩对于自己的重要性，特别是高考新政实施后，高二学生下学期面临多门等一级考和合格考，对于考试可能更加紧张。

(4) 考试焦虑与学习成绩的关系

表 18　中学生考试焦虑水平与学习成绩的相关检验

	N	M	Sd	r	p
考试焦虑	2099	2.50	1.119	−0.203	0.000
学习成绩	2099	3.24	0.951		

表 18 显示，中学生的考试焦虑水平与学习成绩存在显著负相

关($p<0.01$),即考试越焦虑,学习成绩就越糟糕。根据已有研究,焦虑水平和成绩存在倒U型的关系。本研究还需细化,将考试焦虑水平划分为几个等级,然后分别检验与学习成绩的相关关系。

5. 自我效能感

(1) 自我效能感的描述统计

表19 中学生自我效能感的描述统计结果

		自信心很高		自信心较高		自信心一般		自信心较低		自信心很低	
		频数	百分比	频数	百分比	频数	百分比	频数	百分比	频数	百分比
总体		407	19.4	560	26.7	912	43.4	149	7.1	71	3.4
学段	初中	227	21.5	307	29.1	414	39.3	76	7.2	30	2.8
	高中	180	17.2	253	24.2	498	47.7	73	7.0	41	3.9
年级	预备	90	23.2	108	27.8	162	41.8	20	5.2	8	2.1
	初一	71	19.0	109	29.2	141	37.8	34	9.1	18	4.8
	初二	66	22.5	90	30.7	111	37.9	22	7.5	4	1.4
	高一	83	17.4	120	25.2	216	45.4	34	7.1	23	4.8
	高二	97	17.0	133	23.4	282	49.6	39	6.9	18	3.2
性别	男	250	22.0	284	25.0	483	42.6	71	6.3	47	4.1
	女	157	16.3	276	28.6	429	44.5	78	8.1	24	2.5

表19中,总体来看,中学生自信心水平很高和较高的比例(46.1%)远高于自信心很低和较低的比例(10.5%),说明中学生总体上是比较自信的。

年级上来看,自信心很低的占比以初一和高一两个年级最高,均为4.8%。初一的学生刚刚进入青春期,高一的学生刚刚进入高中阶段,他们对自我的认识和定位还不清晰,还处于逐渐适应的阶段,更容易出现一些自信心很低的同学。

性别上来看,自信心水平很高(22.0%)和很低(4.1%)的男生多于女生(16.3%和2.5%)。

虽然我们普遍认为女生成绩好于男生,但是男生心态更豁达,更易接受自己,所以自信心水平很高的男生更多;这个时期,学习成绩垫底的也往往是男生,被批评和指责更多的也往往是男生,所以自信心水平很低的男生也会多于女生。

(2) 自我效能感与性别的关系

表20　中学生自我效能感的性别差异检验

	N	M	Sd	t	p
男生	1135	34.88	9.334	1.653	0.099
女生	964	34.25	8.139		

表20中发现,中学生自信心水平不存在性别差异($p>0.05$)。这可能和表19的数据结果有关,因为自信心水平两端都是男生多于女生,使得数据统计男女生没有明显差异。

(3) 自我效能感与学段的关系

表21　中学生自我效能感的学段差异检验

	N	M	Sd	t	p
初中	1054	35.31	8.753	3.765	0.000
高中	1045	33.87	8.809		

从表21我们发现,中学生自信心水平存在显著的学段差异($p<0.01$),初中生比高中生更加自信。

(4) 自我效能感与学习成绩的关系

表22　中学生自我效能感与学习成绩的相关检验

	N	M	Sd	r	p
自信心	2099	3.52	0.991	0.211	0.000
学习成绩	2099	3.24	0.951		

表22,中学生的自信心水平与学习成绩存在显著正相关(p<0.01),即中学生越自信,学习成绩就越优秀,但也可能是学习成绩越优秀就越自信。

6. 中学生学习倦怠现状

(1) 学习倦怠的描述统计

表23　中学生学习倦怠的描述统计结果

	N	Minimum	Maximum	Mean	Sd	排序
总　分	2033	1.00	5.00	2.3998	0.77585	
身体耗竭	2033	1.00	5.00	2.6537	1.09832	2
心理耗竭	2033	1.00	5.00	2.3751	1.03096	3
学习的冷漠	2033	1.00	5.00	2.2643	0.95441	4
人际关系的疏离	2033	1.00	5.00	2.1594	0.96456	5
低效能	2033	1.00	5.00	2.7372	1.00820	1

表23中,中学生学习倦怠的五个维度上,学习倦怠最高的表现是低效能,其次是身体耗竭,最后依次是心理耗竭、学习的冷漠和人际关系的疏离。初中和高中阶段,重复的、大量的学习活动最易让学生身体疲累和产生低效能感,因而需要减轻学生课业负担,保证其有足够的休息时间。

(2) 学习倦怠与性别的关系

表24　中学生学习倦怠的性别差异检验

	分组	N	M	Sd	t	p
总分	男	1031	2.4390	0.83753	2.319	0.020
	女	1002	2.3595	0.70493		
身体耗竭	男	1031	2.6157	1.13453	−1.587	0.113
	女	1002	2.6929	1.05891		
心理耗竭	男	1031	2.4329	1.12035	2.577	0.010
	女	1002	2.3155	0.92686		

（续表）

	分组	N	M	Sd	t	p
学习的冷漠	男	1031	2.3775	1.03944	5.477	0.000
	女	1002	2.1479	0.84298		
人际关系的疏离	男	1031	2.2019	1.01396	2.023	0.043
	女	1002	2.1156	0.90937		
低效能	男	1031	2.7132	1.09337	−1.089	0.276
	女	1002	2.7618	0.91219		

表24中，中学生的学习倦怠总体水平存在性别差异（$0.01<p<0.05$），男生比女生更倦怠。具体来说，在心理耗竭、学习的冷漠和人际关系的疏离上，男生比女生表现出更明显的倦怠。

（3）学习倦怠与学段、年级的关系

表25　中学生学习倦怠的学段差异检验

	分组	N	M	Sd	t	p
总分	初中	1012	2.1433	0.76049	−15.706	0.000
	高中	1021	2.6540	0.70425		
身体耗竭	初中	1012	2.3503	1.07511	−12.893	0.000
	高中	1021	2.9545	1.03712		
心理耗竭	初中	1012	2.0754	0.98495	−13.627	0.000
	高中	1021	2.6721	0.98918		
学习的冷漠	初中	1012	1.9555	0.89294	−8.133	0.000
	高中	1021	2.5704	0.91430		
人际关系的疏离	初中	1012	1.9874	0.96310	−7.259	0.000
	高中	1021	2.3299	0.93575		
低效能	初中	1012	2.5761	1.05962	−15.706	0.000
	高中	1021	2.8968	0.92780		

表 26　不同年级学习倦怠的方差分析表

	分组	N	M	Sd	F	P
总分	预备	341	2.0393	0.73542	69.550	0.000
	初一	350	2.0837	0.80438		
	初二	320	2.3190	0.70861		
	高一	548	2.6703	0.69834		
	高二	474	2.6343	0.71077		
身体耗竭	预备	341	2.2632	1.09184	49.544	0.000
	初一	350	2.2271	1.06916		
	初二	320	2.5789	1.03174		
	高一	548	3.0401	1.03844		
	高二	474	2.8534	1.02744		
心理耗竭	预备	341	1.9482	0.93511	52.712	0.000
	初一	350	2.0143	1.01679		
	初二	320	2.2781	0.97410		
	高一	548	2.7214	1.02167		
	高二	474	2.6136	0.94744		
学习的冷漠	预备	341	1.8311	0.81622	64.532	0.000
	初一	350	1.9069	0.93288		
	初二	320	2.1413	0.90060		
	高一	548	2.5723	0.90820		
	高二	474	2.5671	0.92168		
人际关系的疏离	预备	341	1.8979	0.93703	19.110	0.000
	初一	350	1.9611	1.03325		
	初二	320	2.1112	0.90064		
	高一	548	2.2967	0.91147		
	高二	474	2.3675	0.96179		
低效能	预备	341	2.5054	1.10808	15.633	0.000
	初一	350	2.5305	1.11037		
	初二	320	2.6969	0.93397		
	高一	548	2.8613	0.93580		
	高二	474	2.9402	0.91804		

表25可以看出，中学生学习倦怠的学段差异极其明显，在倦怠总分和各个因子上均是高中生比初中生更倦怠。表26进一步表明中学生学习倦怠的年级差异也非常明显，在倦怠总分和各个因子上有显著差异($p<0.01$)，并且在倦怠总分和各个因子上分数最高的均为高一和高二。高中阶段，更加注重自我体验与感受，依靠外力提升学习热情变得困难，因此激发和培养学生对学习本身的兴趣就显得尤为重要。一旦产生学习倦怠，学生就会厌学、网络成瘾、甚至长期休息在家。

(4) 学习倦怠与学习成绩的关系

表27　学习倦怠与学习成绩的关系

	总分	身体耗竭	心理耗竭	学习的冷漠	人际关系的疏离	低效能
r	−0.350	−0.238	−0.313	−0.285	−0.229	−0.266
p	0.000	0.000	0.000	0.000	0.000	0.000

表27表明，中学生的学习倦怠水平与学习成绩存在显著负相关($p<0.01$)，即中学生学习倦怠水平越低，学习成绩就越优秀。

二、中学生心理压力现状

1. 心理压力源

(1) 压力源的描述统计

表28　中学生心理压力源的描述统计结果

	N	Minimum	Maximum	Mean	Std. Deviation	排序
学　习	2508	0.00	4.00	1.4472	0.94852	1
教　师	2508	0.00	4.00	0.8151	0.9428	4
家庭环境	2508	0.00	4.00	0.7228	0.91752	6
父母管教方式	2508	0.00	4.00	0.7244	0.85689	5
同学朋友	2508	0.00	4.00	0.8915	0.88934	3
社会文化	2508	0.00	4.00	0.5954	0.7691	7
自我身心	2508	0.00	4.00	1.0541	0.8319	2

从表 28 可以看出，根据心理压力源各因素的总体均分统计，对心理压力影响程度由大到小的排序依次为学习、自我身心、同学朋友、教师、父母管教方式、家庭环境、社会文化。其中学习问题和自我身心问题对中学生的影响最大，但是均未达到 2 分。

（2）压力源与性别的关系

表 29　中学生心理压力源的性别差异检验

	分组	N	M	Sd	t	p
学习	男	1238	1.3512	0.99963	−5.021	0.000
	女	1270	1.5408	0.88633		
教师	男	1238	0.8580	1.01189	2.244	0.025
	女	1270	0.7733	0.86857		
家庭环境	男	1238	0.7766	0.96794	2.898	0.004
	女	1270	0.6704	0.86271		
父母管教方式	男	1238	0.7765	0.93787	3.002	0.003
	女	1270	0.6736	0.76677		
同学朋友	男	1238	0.9305	0.94128	2.169	0.030
	女	1270	0.8534	0.83423		
社会文化	男	1238	0.6734	0.85697	5.021	0.000
	女	1270	0.5194	0.66408		
自我身心	男	1238	1.0288	0.90472	−1.506	0.132
	女	1270	1.0789	0.75373		

表 29 中，除自我身心外，其他六个压力源都有明显的性别差异，在学习方面女生压力比男生大，而在教师、家庭环境、父母管教方式、同学朋友、社会文化方面，男生压力均比女生大。由此可以说明，女生的心理压力更多来自于学习本身，而男生的压力则来自于外部。

（3）压力源与学段、年级的关系

表 30 中学生心理压力源的学段差异检验

	分组	N	M	Sd	t	p
学习	初中	1252	1.2883	0.88474	−8.494	0.000
	高中	1256	1.6056	0.98321		
教师	初中	1252	0.7462	0.89332	−3.662	0.000
	高中	1256	0.8838	0.98525		
家庭环境	初中	1252	0.6796	0.88320	−2.360	0.018
	高中	1256	0.7659	0.94889		
父母管教方式	初中	1252	0.7302	0.83618	0.341	0.733
	高中	1256	0.7186	0.87734		
同学朋友	初中	1252	0.8692	0.84983	−1.251	0.211
	高中	1256	0.9137	0.92686		
社会文化	初中	1252	0.5799	0.74605	−1.011	0.312
	高中	1256	0.6109	0.79141		
自我身心	初中	1252	0.9195	0.77046	−8.201	0.000
	高中	1256	1.1884	0.86870		

表 30 显示，中学生压力源在学习、教师、家庭环境、自我身心四个维度上有学段差异，且高中生压力大于初中生。

表 31 不同年级心理压力源的方差分析表

	分组	N	M	Sd	F	p
学习	预备	409	1.2895	0.89482	19.338	0.000
	初一	413	1.3390	0.86762		
	初二	430	1.2386	0.89061		
	高一	644	1.5630	0.93692		
	高二	612	1.6503	1.02854		
教师	预备	409	0.7035	0.86991	5.501	0.000
	初一	413	0.7471	0.87655		
	初二	430	0.7860	0.93068		
	高一	644	0.9519	0.99505		
	高二	612	0.8121	0.97049		

（续表）

	分组	N	M	Sd	F	p
家庭环境	预备	409	0.7516	0.96594	3.778	0.005
	初一	413	0.7056	0.88663		
	初二	430	0.5860	0.78612		
	高一	644	0.8031	0.94810		
	高二	612	0.7268	0.94891		
父母管教方式	预备	409	0.7647	0.86324	2.727	0.028
	初一	413	0.8002	0.87633		
	初二	430	0.6302	0.75949		
	高一	644	0.7473	0.87100		
	高二	612	0.6883	0.88367		
同学朋友	预备	409	0.9165	0.89319	2.479	0.042
	初一	413	0.9035	0.84944		
	初二	430	0.7914	0.80313		
	高一	644	0.9579	0.91624		
	高二	612	0.8672	0.93640		
社会文化	预备	409	0.6736	0.83335	3.135	0.014
	初一	413	0.5767	0.73307		
	初二	430	0.4938	0.65626		
	高一	644	0.6128	0.76855		
	高二	612	0.6089	0.81540		
自我身心	预备	409	0.8836	0.78400	17.625	0.000
	初一	413	0.9787	0.75577		
	初二	430	0.8967	0.76991		
	高一	644	1.1879	0.84030		
	高二	612	1.1889	0.89830		

表31显示，在七个压力源上都存在着年级差异。具体来说，

学习方面高二压力最大，其次是高一；教师方面高一压力最大，其次是高二；家庭环境方面高一压力最大；父母管教方式方面，初一压力最大；同学朋友方面高一压力最大；社会文化方面预备年级压力最大；自我身心方面高一和高二压力最大。

（4）压力源与学习成绩的关系

表 32　压力源与学习成绩的关系

	学习	教师	家庭环境	父母管教方式	同学朋友	社会文化	自我身心
r	−0.174	−0.058	−0.067	−0.117	−0.084	−0.071	−0.154
p	0.000	0.003	0.001	0.000	0.000	0.000	0.000

表 32 中，中学生的压力源水平与学习成绩存在显著负相关（$p<0.01$），即中学生学习压力越小，学习成绩就越优秀。

2. 心理压力反应

（1）压力反应的描述统计

表 33　中学生心理压力反应的描述统计结果

	N	Minimum	Maximum	Mean	Std. Deviation
认知反应	2508	1.00	4.00	1.9679	0.74604
生理反应	2508	1.00	4.00	1.8773	0.75245
情绪反应	2508	1.00	4.00	1.9553	0.79631
行为反应	2508	1.00	4.00	1.9181	0.75210

表 33 中，在中学生的心理压力反应的四个维度上，学生心理上过重的压力感表现在认知和情绪两个维度上最强烈。不过每种因素的得分均不到 2 分。

（2）压力反应与性别的关系

表 34　中学生心理压力反应的性别差异检验

	分组	N	M	Sd	t	p
认知反应	男	1238	1.8911	0.76700	−5.113	0.000
	女	1270	2.0428	0.71745		
生理反应	男	1238	1.7742	0.75535	−6.834	0.000
	女	1270	1.9778	0.73615		
情绪反应	男	1238	1.8446	0.79761	−6.938	0.000
	女	1270	2.0633	0.78038		
行为反应	男	1238	1.9026	0.79194	−1.019	0.308
	女	1270	1.9332	0.71111		

表 34 中，中学生压力反应中的认知反应、生理反应和情绪反应均有显著的性别差异，且女生比男生反应明显。

(3) 压力反应与学段、年级的关系

表 35　中学生心理压力反应的学段差异检验

	分组	N	M	Sd	t	p
认知反应	初中	1252	1.7759	0.65853	−13.321	0.000
	高中	1256	2.1594	0.77850		
生理反应	初中	1252	1.7508	0.70314	−8.526	0.000
	高中	1256	2.0034	0.77866		
情绪反应	初中	1252	1.8192	0.74047	−8.674	0.000
	高中	1256	2.0910	0.82659		
行为反应	初中	1252	1.7438	0.69455	−11.913	0.000
	高中	1256	2.0919	0.76717		

表 36　不同年级心理压力反应的方差分析表

	分组	N	M	Sd	F	p
认知反应	预备	409	1.6880	0.60284	47.128	0.000
	初一	413	1.8436	0.65998		

（续表）

	分组	N	M	Sd	F	p
认知反应	初二	430	1.7944	0.69896		
	高一	644	2.1441	0.74665		
	高二	612	2.1755	0.81096		
生理反应	预备	409	1.6718	0.62866	20.599	0.000
	初一	413	1.8226	0.70443		
	初二	430	1.7570	0.76048		
	高一	644	1.9833	0.74709		
	高二	612	2.0245	0.81064		
情绪反应	预备	409	1.7368	0.71294	22.241	0.000
	初一	413	1.9044	0.71991		
	初二	430	1.8159	0.77735		
	高一	644	2.0479	0.77863		
	高二	612	2.1364	0.87256		
行为反应	预备	409	1.6313	0.64534	39.275	0.000
	初一	413	1.8077	0.67690		
	初二	430	1.7893	0.74332		
	高一	644	2.0885	0.73053		
	高二	612	2.0954	0.80452		

表35中，中学生压力反应中的四个维度均有显著的学段差异，且高中生比初中生反应明显。表36中，中学生压力反应中的四个维度均有显著的年级差异，具体来看在四个维度上均是高一和高二年级的反应大于初中三个年级的。

(4) 压力反应与学习成绩的关系

表 37 压力反应与学习成绩的关系

	认知反应	生理反应	情绪反应	行为反应
r	－0.250	－0.154	－0.175	－0.236
P	0.000	0.000	0.000	0.000

表 37 中,中学生的压力反应水平与学习成绩存在显著负相关($p<0.01$),即中学生压力反应越小,学习成绩就越优秀。

3. 心理压力应对方式

(1) 压力应对方式的描述统计

表 38 中学生心理压力应对方式的描述统计结果

		N	Minimum	Maximum	Mean	Sd
问题应对	问题应对均分	2508	1.00	4.00	2.6621	0.73453
	解决问题	2508	1.00	4.00	2.7405	0.78380
	寻求支持	2508	1.00	4.00	2.5591	0.78492
	合理化解释	2508	1.00	4.00	2.6963	0.82221
情绪应对	情绪应对均分	2508	1.00	4.00	2.1696	0.64060
	忍耐	2508	1.00	4.00	2.4407	0.75959
	逃避	2508	1.00	4.00	2.0959	0.72595
	情绪发泄	2508	1.00	4.00	2.1051	0.77214
	幻想/否认	2508	1.00	4.00	2.0635	0.79006

表 38 中,中学生压力应对方式中采用的问题应对明显高于情绪应对。在问题应对中,解决问题的得分最高,而在情绪应对中,忍耐的得分最高。

(2) 压力应对方式与性别的关系

表 39 中学生心理压力应对方式的性别差异检验

		分组	N	M	Sd	t	p
问题应对	问题应对均分	男	1238	2.6411	0.7987	−1.411	0.158
		女	1270	2.6826	0.6658		
	解决问题	男	1238	2.7247	0.8451	−0.999	0.318
		女	1270	2.7560	0.7190		
	寻求支持	男	1238	2.5267	0.8374	−2.043	0.041
		女	1270	2.5908	0.7291		
	合理化解释	男	1238	2.6842	0.8765	−0.730	0.465
		女	1270	2.7082	0.7658		
情绪应对	情绪应对均分	男	1238	2.1994	0.7109	2.293	0.022
		女	1270	2.1406	0.5625		
	忍耐	男	1238	2.4600	0.8138	1.256	0.209
		女	1270	2.4219	0.7026		
	逃避	男	1238	2.1454	0.7866	3.371	0.001
		女	1270	2.0476	0.6583		
	情绪发泄	男	1238	2.1078	0.8342	0.177	0.859
		女	1270	2.1024	0.7068		
	幻想/否认	男	1238	2.1074	0.8404	2.75	0.006
		女	1270	2.0206	0.7355		

表 39 中,中学生压力应对方式中的问题应对及其寻求支持因子存在显著性别差异,且女生高于男生;情绪应对及其逃避因子和幻想/否认因子也存在性别差异,且男生高于女生。

(3) 压力应对方式与学段的关系

表 40　中学生心理压力应对方式的学段差异检验

<table>
<tr><th colspan="2"></th><th>分组</th><th>N</th><th>M</th><th>Sd</th><th>t</th><th>p</th></tr>
<tr><td rowspan="8">问题应对</td><td rowspan="2">问题应对均分</td><td>初中</td><td>1252</td><td>2.7296</td><td>0.7339</td><td rowspan="2">4.616</td><td rowspan="2">0.000</td></tr>
<tr><td>高中</td><td>1256</td><td>2.5947</td><td>0.7292</td></tr>
<tr><td rowspan="2">解决问题</td><td>初中</td><td>1252</td><td>2.8225</td><td>0.7922</td><td rowspan="2">5.253</td><td rowspan="2">0.000</td></tr>
<tr><td>高中</td><td>1256</td><td>2.6589</td><td>0.7670</td></tr>
<tr><td rowspan="2">寻求支持</td><td>初中</td><td>1252</td><td>2.6200</td><td>0.7729</td><td rowspan="2">3.891</td><td rowspan="2">0.000</td></tr>
<tr><td>高中</td><td>1256</td><td>2.4984</td><td>0.7924</td></tr>
<tr><td rowspan="2">合理化解释</td><td>初中</td><td>1252</td><td>2.7530</td><td>0.8260</td><td rowspan="2">3.456</td><td rowspan="2">0.001</td></tr>
<tr><td>高中</td><td>1256</td><td>2.6398</td><td>0.8148</td></tr>
<tr><td rowspan="10">情绪应对</td><td rowspan="2">情绪应对均分</td><td>初中</td><td>1252</td><td>2.1156</td><td>0.6206</td><td rowspan="2">−4.234</td><td rowspan="2">0.000</td></tr>
<tr><td>高中</td><td>1256</td><td>2.2235</td><td>0.6557</td></tr>
<tr><td rowspan="2">忍耐</td><td>初中</td><td>1252</td><td>2.4155</td><td>0.7506</td><td rowspan="2">−1.656</td><td rowspan="2">0.098</td></tr>
<tr><td>高中</td><td>1256</td><td>2.4658</td><td>0.7679</td></tr>
<tr><td rowspan="2">逃避</td><td>初中</td><td>1252</td><td>2.0471</td><td>0.7117</td><td rowspan="2">−3.366</td><td rowspan="2">0.001</td></tr>
<tr><td>高中</td><td>1256</td><td>2.1445</td><td>0.7369</td></tr>
<tr><td rowspan="2">情绪发泄</td><td>初中</td><td>1252</td><td>2.0397</td><td>0.7696</td><td rowspan="2">−4.245</td><td rowspan="2">0.000</td></tr>
<tr><td>高中</td><td>1256</td><td>2.1702</td><td>0.7695</td></tr>
<tr><td rowspan="2">幻想/否认</td><td>初中</td><td>1252</td><td>1.9911</td><td>0.7908</td><td rowspan="2">−4.602</td><td rowspan="2">0.000</td></tr>
<tr><td>高中</td><td>1256</td><td>2.1357</td><td>0.7830</td></tr>
</table>

表 40，中学生在问题应对和情绪应对两种应对方式中都存在学段差异，前者初中生高于高中生，后者高中生高于初中生。

（4）压力应对方式与学习成绩的关系

表 41　压力应对方式与学习成绩的关系

	问题应对均分	解决问题	寻求支持	合理化解释	情绪应对均分	忍耐	逃避	情绪发泄	幻想/否认
r	0.152	0.177	0.114	0.128	−0.003	−0.046	−0.007	−0.019	−0.022
p	0.000	0.000	0.000	0.000	0.899	0.021	0.724	0.346	0.275

表 41 中，中学生的问题应对均分及其三个因子均与学习成绩存在明显正相关，而情绪应对方式中的忍耐与学习成绩存在显著负相关。越是采用问题应对的方式，学习成绩就越优秀，而越是情绪忍耐，学习成绩就越糟糕。

三、中学生人际关系现状

1. 中学生人际关系的描述统计

表 42　中学生人际关系的描述统计结果

	N	Minimum	Maximum	Mean	Std. Deviation
与同伴关系	2033	1.00	5.00	3.8932	0.95309
与老师关系	2033	1.00	5.00	3.6115	1.03737
与父母关系	2033	1.00	5.00	3.6714	1.01491

表 42 中，在中学生人际关系中最好的同伴关系，其次是亲子关系，最后是师生关系。这与已有的研究结论相符，青春期的学生最看重同伴关系，最容易受同伴的影响。

2. 中学生人际关系与性别的关系

表 43　中学生人际关系的性别差异检验

	分组	N	M	Sd	t	p
与同伴关系	男	1031	3.8626	1.00092	−1.469	0.142
	女	1002	3.9246	0.90065		
与老师关系	男	1031	3.5289	1.12384	−3.659	0.000
	女	1002	3.6964	0.93309		
与父母关系	男	1031	3.6001	1.02774	−3.225	0.001
	女	1002	3.7448	0.99673		

表 43 中，中学生的师生关系和亲子关系存在明显性别差异，且女生高于男生。在同伴关系上没有性别差异。看上去女生与教师和家长相处更加融洽一些，青春期的男女生在同伴关系水平上是相同的。

3. 中学生人际关系与学段、年级的关系

表 44　中学人际关系的学段差异检验

	分组	N	M	Sd	t	p
与同伴关系	初中	1012	4.0915	0.94728	9.545	0.000
	高中	1021	3.6966	0.91790		
与老师关系	初中	1012	3.7875	1.07241	7.726	0.000
	高中	1021	3.4369	0.97091		
与父母关系	初中	1012	3.8467	1.03290	7.867	0.000
	高中	1021	3.4977	0.96635		

表 44 中，中学生的同伴关系、师生关系和亲子关系均存在明显学段差异，且初中生高于高中生。

表 45　不同年级人际关系的方差分析表

	分组	N	M	Sd	F	p
与同伴关系	预备	341	4.1962	0.91528	26.981	0.000
	初一	350	4.1102	0.98725		
	初二	320	3.9628	0.92317		
	高一	548	3.7553	0.91196		
	高二	474	3.6273	0.92052		
与老师关系	预备	341	4.0062	1.02825	22.495	0.000
	初一	350	3.7197	1.17519		
	初二	320	3.6313	0.96146		
	高一	548	3.4966	0.96599		
	高二	474	3.3671	0.97214		

（续表）

	分组	N	M	Sd	F	p
与父母关系	预备	341	4.0212	0.98516	22.147	0.000
	初一	350	3.8670	1.06563		
	初二	320	3.6413	1.01337		
	高一	548	3.5288	0.98613		
	高二	474	3.4606	0.94191		

表45显示，中学生的同伴关系、师生关系和亲子关系均存在显著的差异，并且随着年级的提升，人际关系得分均越来越低。随着年龄的增长，中学生的自我意识发展逐渐由指向内，他们会更加注重自我体验，而逐渐会体验越来越强烈的孤独感。

4. 中学生人际关系与学习成绩的关系

表46　中学生人际关系与学习成绩的关系

	与同伴关系	与老师关系	与父母关系
R	0.174	0.188	0.188
p	0.000	0.000	0.000

表46显示，中学生的三种人际关系与学习成绩均呈显著正相关。人际关系水平越高，学习成绩越好。

第四节　主要调查结论

一、学习动机问题令人担忧

95%的学生学习动机有一定问题或严重问题，具体表现在学习动机过弱，如极少主动学习，一读书就感觉疲劳和厌烦，不想额外多看书等；学习动机过强，如总想短时间超越别人，废寝忘食地学习,放弃了很多感兴趣的活动等;学习目标困扰,如目标太难,目标毫不费力,目标太多,目标不能循序渐进等。

从学段来看,学习动机有严重问题的高中生(5.1%)明显多于初中生(2.8%);高中生的学习动机问题主要表现在学习动机过强(8.7%),学习动机过弱(6.9%)和学习目标困扰(4.8%)。从性别来看,男生学习动机有严重问题的(5.1%)是女生(2.5%)的2倍,男生主要问题是动机过强(7.9%)和过弱(6.2%),女生主要问题是动机过强(8.2%)。这与我们心理辅导老师的实践发现相吻合。初中阶段老师和家长干预和管制较多,学习的自主性相对弱一点,在学习动机方面问题相对少一些。而高中学习自主性相对较高,他们对学习有自己的看法,所以存在过于追求目标、学习动力不足和对目标比较茫然的问题。由此可见对高中生实施学习动机和学习目标的引导是多么重要。

二、考试焦虑水平需要关注

研究发现,中学生考试焦虑比较高和非常高的比例高达15%。面临中考和高考的压力,学生有适度的考试焦虑是正常的,但是15%的学生需要关注,明显超出了我们的预期。如何缓解学生的焦虑情绪,需要学校、家庭和社会的共同重视。

从学段上看,高中生比初中生更加焦虑。虽然都有升学的压力,但是高中生心理上更加成熟,更加能感受到高考成绩对于自己的重要性,特别是高考新政实施后,高二学生下学期面临多门学科等级考和合格考,学习时间可能更加紧张。

从年级上看,初二年级非常焦虑的学生明显多于其他年级,达到8.9%。无论是教师、家长还是初中学生的过来人,大家都明显感受到初二不同于初一和预备年级。为了中考,初中学校大多会在初二全部完成或基本完成初中学业，可想而知孩子们的学业压力以及因此而产生的紧张情绪。

从性别上来看，女生比男生焦虑水平高，特别是比较焦虑和非常焦虑的女生(17.7%)比例高于男生(13.4%)。在心理成熟度上女生比男生更成熟，在人格特质上女生比男生更敏感，在对学习效果的追求上女生比男生更在意，这些可能使得女生比男生更易对学习成绩产生紧张情绪。

三、高中生比初中生更易产生学习倦怠

研究结果表明，中学生学习倦怠的学段差异极其明显，在倦怠总分和各个因子上均是高中生比初中生更倦怠。具体在每个年级的分数比较上，我们也发现倦怠总分和各个因子上分数最高的均为高一和高二。高中生更加注重自我体验与感受，依靠外力提升学习热情变得困难，因此需要激发和培养学生对学习本身的兴趣。一旦产生学习倦怠，学生会厌学、网络成瘾、甚至长期休息在家。

四、心理压力最大来源为学习

中学生心理压力最大来源是学习问题，表现为考试前紧张，成绩不理想，学习任务重，评优落选等；其次为自我身心问题，表现为身体明显变化，情绪不稳定，意志不坚强，学习习惯不良，睡眠出现问题等。

除自我身心外，其他六个压力源因子都有明显的性别差异，在学习方面女生压力比男生大，而在教师、家庭环境、父母管教方式、同学朋友、社会文化方面，男生压力均比女生大。由此可以看出，女生的心理压力更多来自于学习本身，而男生的心理压力则主要来自于外部。

五、亲子关系和师生关系有待于进一步提升

在中学生人际关系中分数最高的是同伴关系，这与以往的研究结果一致。与之相比，师生关系和亲子关系有待于提升。家庭经济情况、家庭气氛、父母关系、教养方式、沟通方式以及教师的品行、教育方式、评价方式等都会对学生的成长产生影响。特别是男生，亲子关系和师生关系水平都低于女生，且更不愿意寻求心理支持。

第五节　研究对策和建议

根据调研结果与分析，我们提出以下建议：

一、推进学习心理团体辅导系列设计，提升全体学生心理健康素养

学习问题是学生最大的压力来源，绝大多数同学学习动机存在一定问题或严重问题，大多数同学考试焦虑水平偏低或偏高，将近十分之一的学生学习策略运用不当或学习效能感偏低。因而，心理教师有必要围绕学习心理开设团体辅导课，帮助全体学生掌握科学的学习方法，培养积极的学业情绪。

二、推进学生小组辅导和个别辅导，关注问题倾向学生心理健康

数据表明，中学生学习动机存在严重问题、学习策略运用最不当、学习意志薄弱、考试焦虑水平最高、自我效能感最低、学习倦怠水平最高的学生各有5%左右，对这部分学生的心理干预宜采用同质性小组辅导和个别辅导相结合的形式，针对又高效地提升问

题倾向学生的心理素养。

三、推进家庭教育分类辅导设计，创设学生心理成长的家庭环境

研究发现，父母的教养方式、家庭教育氛围以及夫妻关系都会成为学生的心理压力源，使学生产生心理困扰，并对学习心理产生不良影响。建议对不同年级、不同需要的家长进行分类分组辅导，为学生的健康成长营造良好的家庭氛围。

四、推进教师心理辅导课程设计，营造学生心理发展的校园氛围

本研究发现，教师的品行、教育方式、师生关系会给学生带来心理压力。我们知道，教师的人格特质、心理素养、教育方式、沟通能力等都会影响到学生的学习兴趣、学习情感和师生关系等，可能使学生产生心理困扰，甚至导致有些学生的心理健康问题，让人担忧。所以教师心理辅导不容忽视。鼓励教师参加学校心理咨询师、生涯规划师和家庭教育指导师等相关心理培训，也可根据本校教师的实际需要，开设专题心理辅导。教师心理辅导水平的提高，最终会助力学生健康幸福成长。

第四章　基于学生成长需要的学习心理团体辅导方案设计

基于学生学习心理现状调查与分析结果；学习心理学相关理论学习与分析；高中学生学习与成长需要，在大量学习和借鉴前人理论和实践经验基础上，我们建立了学习心理辅导框架：本课题组本着边学习边研究边实践的原则，围绕六大专题系统开发和设计：专题一，积极成长：自主规划　主动学习；专题二，积极认知：认识优势　高效学习；专题三，积极情绪：放飞心情　快乐学习；专题四，积极应对：挑战自我　笑对学习；专题五，积极策略：掌握技巧　聪明学习；专题六，积极创新：开启智慧　创新学习。我们设计和开发了三十个分类辅导实施方案，针对学生学习心理发展现状和成长需要，有目的有计划地开展了分类辅导方案的实践和实施。每一辅导活动方案包括如下部分：一是理论分析；二是活动主题；三是活动目标；四是活动准备；五是活动过程；六是活动分享；七是活动反思和注意事项等。

第一节 积极成长:自主规划 主动学习

辅导目标:激发内在动机,实现成长目标

理论分析

动机对处于成长与发展中的青少年学生来说无疑是至关重要的,尤其是对处于强烈独立意识和叛逆心理的高中生来说,他们不是不愿听从教师和家长的建议,而是他们更多地希望自己独立,希望能够按照自己的想法去行动。

20世纪80年代兴起的自我决定理论,作为一种新的动机理论,它认为人是一种积极的生命体,生来就具有心理成长和自我决定的潜能。自我决定是个体在充分认识个人需要和环境信息的基础上,对行为做出的自由选择。这种自我决定的潜能可以引导人们从事感兴趣的、有益于能力发展的行为,这种对自我决定的追求就构成了人类行为的内在动机。美国心理学家德斯和雷亚在早期的动机理论基础上提出了自我决定论的动机理论,强调我们要充分发挥和利用青少年自主决定能力的优势,并给以他们相应的指导,以促使他们正确地发挥自决能力。

自我决定理论强调人类行为的自我决定程度,将动机按自我决定的程度的高低视作一个连续体,认为社会环境可以通过支持自主、胜任、关系三种基本需要的满足来增强人类的内部动机、促进外部动机的内化、保证人类健康成长。自主性需要是指个体在活动中能自主支配自己行为的需要;胜任需要是指个体对自己的学习行为或行动能够达到某个水平的信念,相信自己能胜任该活动;而关系需要即个体需要来自周围环境或其他人的关爱、理解和

支持，体验到归属感。满足这些需要就可激发人的动机，因为这些需要是自我发展的基础。

德国哲学家费希特曾说："教育必须培育人的自我决定能力，不是首先要去传授知识和技能，而是有'唤醒'学生的力量。"毋庸置疑，动机对个体的认知、情绪和行为都有重要影响。尤其是内在动机能促使个体增强对学习的注意力，提高学习的兴趣和满意度，产生积极愉悦的情绪，增强学习行为的坚持性，从而提高学习的效率。所以，教师要提高学生的学习动机，需要努力创设一定的的条件，满足学生的三种基本的内部的心理需要。一要满足青少年学生自主需要，给予他们适当的选择的权利；二要在自主需要满足的基础上，满足青少年胜任需要，给以他们力所能及的活动任务，使他们可以充满信心地发挥自己的能力，激发他们的潜能；三要满足他们的关系需要，使他们所处的社会环境支持他们所选择和致力的活动，活动中减少矛盾和压力，在和教师学生建立良好关系中促进其内部动机的发展。

心理学洛克在前人研究的基础上于 1968 年提出目标设置理论。他认为目标本身就具有激励作用，目标能把人的需要转变为动机，使人们的行为朝着一定的方向努力。并将自己的行为结果与既定的目标相对照，及时进行调整和修正，从而能实现目标。目标的明确性可以提高工作的绩效，减少行为的盲目性，提高行为的自我控制程度，同时通过目标的完成，个体获得成就感，也满足了自我成长的需要。

辅导内容

本专题分为五个单元活动：

单元活动一：倾听自己内心的声音，成为自己最崇拜的人，目的是帮助学生认识没有目标的危害性，认识自己内心的目标；

单元活动二：梦想照见未来，目的是帮助学生认识目标的重要性，探索自己的长期目标与短期目标；

单元活动三：目标金字塔，目的是帮助学生认识目标层级，学会规划人生目标；

单元活动四：为了梦想　准备出发，目的是帮助学生促进目标的行动力；

单元活动五：我的成功公式，目的是激发学生未来成功的心理潜能

单元活动一：倾听自己内心的声音，成为自己最崇拜的人

辅导目标

认识没有目标的危害性，认识自己内心的目标。

活动过程

一、故事导入

在非洲和地中海一带，有一种被昆虫学家称之为行列蛾类的毛毛虫。这些毛毛虫从卵里孵化出来之后，就成百只地集结在一起生活。在外出觅食时，通常是一只队长带头，其他的毛毛虫头顶着前一只伙伴的屁股，一只贴着一只排成一列前进。为了防止不小心走岔路跟丢了，它们还一边爬行一边吐丝。等到吃饱了肚子，它们又排好队原路返回。

法国科学家约翰·法伯用毛毛虫做过一个著名的实验。他在

一只花盆的边缘摆放了一些毛毛虫，让它们首尾相接，围成一个圈，与此同时，在离花盆周围6英寸的地方撒了一些它们最爱吃的松针。由于这种毛毛虫天生有一种"跟随者"的习性，因此它们一只跟着一只，盲目地跟随着前面的毛毛虫走，一圈圈地绕着花盆，一面吐丝一面爬行。令法伯感到惊讶的是，这群毛毛虫在花盆边缘一直走到精疲力竭才停下来，其间曾经稍作休息，但是没吃也没喝，它们连续走了十多个小时。

时间慢慢过去，一天，两天……守纪律的毛毛虫队列丝毫不乱，依然没头没脑地兜着圈子。连续7天7夜之后，它们饥饿难当，精疲力竭。一大堆食物就在离它们不到6英寸远的地方，结果它们却一个个饿死了。[①]

二、思考与讨论

毛毛虫为什么会出现一个个都饿死的局面？

三、分享与感悟

生活中许多人也像毛毛虫一样在不断地辛勤劳作，然而因为没有明确的目标，到头来，却发现自己最终是碌碌无为。可见，没有目标的行动是多么的可怕！不仅如此，没有目标有时使你失去的不只是正确的方向，更是会化解你的意志与勇气。

四、视频分析

在撒哈拉沙漠的西部有一个叫比塞尔的小村庄，位于一块1.5平方公里的绿洲旁，从这里走出沙漠一般需要三昼夜的时间。然而，在肯·莱文发现它之前，这里的人没有一个走出沙漠。据说，不是他们不想离开那里，而是他们很多次试着走出去，但都失败了。

---

① 陈书凯编著.动物实验的人生启示.哈尔滨:哈尔滨出版社.2004,14。

肯·莱文对此表示难以置信，于是他亲自做了一次他们中根本没有人想过的尝试。他带着一个叫阿古特尔的青年，从比塞尔朝着北斗星的方向走，白天休息，晚上行走，结果三天就走了出来。

思考与分析：为什么前人难以走出这片沙漠，而阿古特尔成功了？

我思我悟

原来，在一望无际的沙漠里，一个人如果只凭着感觉往前走，他会走出许多大大小小的的圆圈，最后的足迹十有八九又返回了原点。比塞尔位于浩瀚的沙漠中间，方圆上千公里没有一点参照物，若不认识北斗星又没有指南针，确实难以走出沙漠。

肯·莱文的行为使得比塞尔人惊悟：原来他们中从来也没有人想过要沿着自己选定的目标路线行进。

如今的比塞尔已经成了一个旅游胜地，每一位到达比塞尔的人都会发现一座纪念碑：新生活是从选定方向开始的。[①]

五、主题活动

倾听自己内心的声音

花一些时间好好想一想，你一生最热切希望和渴求的是什么？你想成为什么样的人，希望从事什么样的职业？以下一些方法可以帮助你了解自己，认识自己内心真实的渴求。

闭上眼睛，展开想象，发现你内心的体验！

——在你的人生中，对你最有影响最令你崇拜的人是谁？想一想，你希望具备他身上的哪些品质？

——当你进入垂暮之年时，你们当地的一家有名的报纸要做一

① 刘燕敏. 女子文学. 2001.(7)。

篇关于你的报道,他们要采访你的亲人、朋友、同学、老师、邻居,仔细地想,去听一听,大家将如何来评价你的一生和你这个人,不要去揣摩他人会怎么说,而是好好想想,你希望听到他们说你的是什么?

——当你从医院体检回来,意外地听到医生告诉你,你不幸地得了不治之症,最多只有五年的生活时间,那么在这有限的五年时间内,你最想实现的三个愿望是什么?

——给你1000万元参加拍卖,拍卖的物品有:你最想买到的是什么?你会不惜一切代价希望买到的是什么?

——想象一下,20年后,在你的身边都是你生活中最重要的人。他们是谁?你在做些什么?你希望他们能做些什么?

——如果你能在一座大型的图书馆里度过一天,研究你想研究的任何东西,你会研究些什么?

——如果你可以花一天的时间与有史以来的任何人共处,你会选择谁?为什么会选择这个人?你会向他提出什么问题?

——列举出你最喜欢做的10件事。可以是上网、看杂志、听音乐、游戏……任何你绝对喜欢做的事。

——每个人都有自己擅长的东西:演讲、写作、幽默、记忆、艺术、足球、交际……等等,想一想,自己有哪些擅长?我希望发展哪些擅长?

我的梦想是:________________________________;

我最崇拜最想成为的人是________________________;

我最希望具备的品质____________________________;

我最想做的事________________________________;

……

凡事不怕做不到,就怕想不到。你的梦想是什么?你最崇拜最想成为的人是什么？写下一切你的梦想、一切你想得到的东西、一切你想做的事。先别想要怎样实现这些愿望，你只管不停地写，千万别限制自己的思维。

单元活动二：梦想照见未来

辅导目标

认识目标的重要性，探索自己的长期目标与短期目标。

活动过程

一、热身活动：心想事成

二、调查分析

哈佛大学曾经做过一个非常著名的跟踪调查，了解目标对人生的影响。调查的对象是一群智力、学历、家庭环境类似的年轻人，调查结果发现，在2000多名调查对象中，其中：27%的人，没有人生目标；60%的人，目标模糊；10%的人，有清晰但比较短期的目标；3%的人，有清晰且长期的目标。25年的跟踪调查研究显示：那些占3%有清晰且长期的目标的人，25年后，他们几乎都成了社会各界的顶尖成功人士，他们有的是社会精英，有的是行业领袖，有的是商界巨头。25年来他们一直在不懈地努力，几乎没有更改过自己的人生目标；那些占10%有清晰但比较短期目标的人，25年后大都成为社会的中上层人物。他们的共同特点是，短期目标不断被达成，生活状态稳步上升，最后成为各行各业不可或缺的专业人士，如律师、医生、工程师等；那些占60%目标模糊的人，25年后几乎都生活在社会的中下层，他们能安稳地生活与工作，但都没有什么特别的成绩；那些占27%没有人生目标的人，25年后几乎都生活在社会的最底层，他们的生活都过得不如意，常常失业，并且常常都在抱怨社会，抱怨他人，抱怨世界。

我思我悟

我的人生梦想是什么？

为了实现自己的未来梦想，我现在的目标是什么？

三、主题活动：梦想之旅

梦想之旅

设想你现在乘坐着自己的"梦想"列车，向着未来驶去，在你人生的旅途上，希望在什么时间停靠什么站点？在你人生的各个停靠站，你会看到一幅幅生动的景象，想象你可能在做什么或在想什么？你会和谁在一起？把你看到的情景写下来。

	时间	地点	和谁在一起	所做和所想
第一站				
第二站				
第三站				
第四站				
……				

四、分享和交流

分享你所在人生的各个停靠站，你所看到的一幅幅生动景象，是否你所期待的样子？你的心情如何？此时此刻你最想说的是什么？

单元活动三:目标金字塔

辅导目标

认识目标层级,规划人生目标。

活动过程

视频导入:

日本有一个叫山田本一的马拉松选手,曾在 1984 年和 1986 年的国际马拉松比赛中夺得冠军。当记者请他谈经验时,他透露了一句:“用智慧战胜对手。”人们对他说的智慧甚是迷惑。

10 年后,这个谜底被揭开,山田本一在他的一本自传中说:“每一次比赛之前,我都要乘车把比赛的路线仔细看上一遍,并把沿途比较醒目的标志画下来,比如,第一个标志是银行,第二个标志是一棵大树,第三个标志是一座红房子……这样一直画到赛程的终点。比赛开始后,我就以 100 米的速度奋力向第一个目标冲去;等到达第一个目标后,我又以同样的速度冲向第二个目标;四十多千米的赛程,就被我分解成这么几个小目标轻松地跑完了。起初,我并不懂这个道理,我把我的目标定在 4000 多千米以外终点线上的那面旗帜上,结果我跑了十几千米就疲惫不堪了。我被前面那段遥远的路给吓倒了。”

我思我悟

用智慧将大目标分解成小目标,并不断从中获得激励,这是山田本一“分段论”给我们的启示。

主题活动

为了使你的行动更为有效，请思考你的目标和分阶段目标

A. 我的人生总目标是________________________________；

B. 我的长期目标是________________________________；

C. 我的中期目标是________________________________；

D. 我的短期目标是________________________________；

E. 我的近期目标是________________________________；

分享交流

各小组同伴间分享与交流你的目标和分步实施的计划，听了大家的分享，你有什么新的发现？

智慧贴士

并非所有的目标对人们的意义是相等的。能促进有效行动的目标，必须符合以下五个条件：

1. Specific ——具体的
2. Measurable ——可以量化的
3. Achievable ——能够实现的，即能够评估的
4. Result—oriented ——注重结果的
5. Time—limited ——有时间期限的

我思我悟

现在审视你所写的目标，是否具体，是否可以量化，是否能够实现，是否注重结果，是否有时间期限，你希望它们何时实现？把不合要求的目标重新修正。

为了使你的目标更加具体化，可操作化，不妨认真分析一下你

的目标金字塔，目标金字塔由五个层面组成：

A层：人生总目标。这是核心，是你一生为之奋斗的最高目标，最高理想。

B层：长期目标。这是为实现人生总目标而制定的，一般是一个人十年、二十年甚至更长时间能够做到的事情。没有长期的目标，在实现人生总目标时有可能会产生短期的失败感。长期目标的制定有利于发挥自己的潜能。但由于某些不确立因素的存在，不一定非常具体详细，只要有一个明确的方向或领域就可以了，如我想成为一名优秀的老师；我想成为世界500强的企业家；我想成为上海市最有名气的医师。

C层：中期目标。是为达到长期目标而设定的。一般是5年内要做的事情。离中期目标越近越是具体明确，限定时间，这样既具有激励价值，又现实可行。如五年后，考取北京大学文学专业学习；通过GRE水平考试。

D层：短期目标。是为达到中期目标而设定的。一般是1年内要做的工作。可以按照学年或学期来制订，短期目标的制订要和学校规定的学习任务相一致，并且要学会分析自己的学习现状，自己的优势和不足；自己的各科学习潜能；如何发挥优势，克服不足；如何改进学习方法，提高学习效率等。

E层：近期目标。是为一年内的目标而设定的每半年，每三个月或每个月要做的事情。根据自己的学习潜能、学习成绩、学习方法、努力程度等实际情况制订自己目标，明确自己的努力方向。

F层：日常计划。即每周、每天要做的事情。按主次先后排列，做完一个，划掉一个，直到全部完成。

单元活动四:为了梦想　准备出发

辅导目标

促进目标的行动力。

活动过程

故事导入

安东尼·罗宾是美国著名的潜能开发大师,他的女儿在大学念书时有一个梦想:去纽约百老汇找自己的一席之地。一天,罗宾问女儿:“你今天去跟毕业以后去有什么差别?”女儿一想:“没错,所学的专业并不能帮助我争取到在百老汇工作的机会。”于是她又对父亲说,准备一年后到百老汇闯一闯。罗宾听后又问:“你一年后去跟今天去有什么不同?”女儿想了想,又决定下学期去。于是,父亲又问:“下学期去跟现在去有什么不同呢?”女儿说:“好了,爸爸,给我一个星期打包的时间,我就出发。”罗宾并没有就此罢休,一直等到女儿说“我现在就去”的时候,才对女儿说:“机票我已经买好了。”于是,女儿立刻前往纽约百老汇。经过激烈的竞争,她终于在百老汇实现了自己的梦想——成为一名出色的演员。

我思我悟

生活中,我们常常会像罗宾女儿起初的想法一样,心中有了一个目标,或一个梦想,但并不愿意立刻采取行动,总希望等完成了手边的事后再去实现那个目标。可是,时常等我们完成了身边的事后,或许又会出现一些新的事情,于是,又要等到新的事情完成后再去实现,这样日复一日,实现梦想的时机被不断的推后,动力也被不断地消解。请务必记住:当你有了明确的目标,请立即采取行动,不要拖延,千万不能让你的梦想在等待中消退。

主题活动

个人宣言书

制订目标为自己的未来勾画了一个蓝图,描绘了到达最终目的地的时间和驿站,但如何起步,还需从分析自己的现状出发,了解自己的优势和不足,弄清自己现在所处的环境和条件。为了实现目标,要不断完善自己,确认达到目标所需的知识和技能,做好充分的准备。

个人宣言

我的近期目标:______________________________

我的短期目标:______________________________

我的中期目标:______________________________

我的长期目标:______________________________

我的行动计划:______________________________

我的优势:__________________________________

可能遇到的阻碍与困难:______________________

需要培养哪些新的能力:______________________

单元活动五:我的成功公式

辅导目标

开发学生成功的心理潜能。

活动过程

游戏导入

全班同学8人左右分为一组，围成一个圈，分别用你的左手抓住圈内不相邻任一同学的右手，再用你的右手抓住圈内任一不相邻另一同学的左手，注意不要抓住同一个同学的两只手，也不要两个同学抓住同一个同学的某只手，这样形成一个纵横交错的大圈，代表成功的道路上充满了曲折，我们能不能冲破这些曲折，走出一条成功的平坦的大道呢？请大家的双手紧紧抓住，不要松开，尽可能地想出各种办法，走出充满曲折的道路，形成一个手拉手的活动自由的大圈。

你能成功吗？

心灵激荡

1. 你所在的小组成功地走出了曲折的道路吗？为什么？

____。

2. 在通往成功的道路上，你们走得顺利吗？

____。

3. 通过成功圈游戏，你认为成功的关键是什么？

____。

我思我悟

成功的26个字母

A-advance（前进）	B-believe（信念）	C-chance（机会）
D-dream（梦想）	E-entertainment（娱乐）	F-friend（朋友）
G-give（付出）	H-habit（习惯）	I-interest（兴趣）
J-job（工作）	K-knowledge（知识）	L-learn（学习）
M-model（模范）	N-nice（友善）	O-observe（观察）

P-patience(耐心)	Q-quiet(安宁)	R-respect(尊重)
S-smile(微笑)	T-target(目标)	U-understand(理解)
V-velocity(效率)	W-way(方法)	X-“x”(未知数)
Y-young(朝气)	Z-zest(热情)	

主题活动

策划我的成功公式

爱迪生:天才=1%的灵感+99%的汗水

爱因斯坦:成功=艰苦的劳动+正确的方法+少说空话

丹尼尔·戈尔曼:成功=80%情商+20%智商

你有自己的成功公式吗?你认为你成功的关键在于什么?请对照自己的现状和个性特点,写出你认为成功的最重要的要素,形成你的成功公式,这一点对你来说很重要,成功的品质的培养需要一个较长的自觉地培养的过程,你只有清楚地意识到,才可能一步步地向成功迈进。

我的成功公式:

成功=

分享你的成功公式。

兴趣小制作

为你的成功公式设计一张精美的卡片,它将成为你的座右铭,伴随着你通向成功的道路!

第二节:积极认知:认识优势　高效学习

辅导目标:发掘学习优势,发现并利用个人特长,提升学习有效性

理论分析

美国心理学家弗拉维尔(Flavell)在其著作《认知发展》中提出了元认知的概念和理论。他认为元认知包含两个层面的内容:一是认知主体关于自己的认知过程及认知结果或是其他相关事情的知识,即认知主体对自身的心理状态、能力、任务目标、认知策略等各方面的认识;二是个体为完成某一具体的目标或任务,对自己的认知过程以及认知活动进行主动的监控与调节,即元认知主体对自身各种认知活动计划、监控以及调节。

研究表明,个体的思维水平、智力水平在很大程度上都与元认知相关。[①] 元认知能够提高学生的自我调控学习能力,使学生学会学习;能够提升学生的思维品质,使学生学会思考;能够完善学生的认知能力,提高学生的智力水平。在具体学习中,元认知能够对学什么、如何学、何时学、何地学及达到何种学习结果产生明晰的自我意识和自我体验,对学生的高效学习具有促进作用[②]。

第一,可以使学生意识和体验到学习情境有哪些变量,这些变量包括自己的学习能力水平、原有基础、学习目的、学习任务、学习要求和自己的个性特点以及学习风格、自己所拥有的学习时间、所

---

① 王亚南:元认知的结构、功能与开发.南京师范大学学报.2004(1)。

② 沈德立.高效率学习的心理学研究.教育科学出版社,2006,2(149)。

在的学习环境、学习材料和学习的测验类型等，同时意识和体验这些变量之间的关系及它们的变化情况。

第二，可以使学生意识和体验到自己拥有哪些可供选择的学习方法，并且明白这些学习方法和变量之间的关系；意识和体验到自己在学习过程中，必须根据学习变量之间的关系与它们的变化情况，自觉地选择、安排、使用和调整学习方法；知道自己所拥有的各种学习方法的作用、适用范围与适用条件，并且能选用最有效的学习方法。

第三，可以使学生根据学习任务的我跑中，激活学习方法的使用；根据学习任务的变化，及时地调节和控制学习方法的使用；根据学习的效果，客观地评价所采用的学习方法是否适当，并把对学习效果的评价作为改进自己学习方法的重要手段。

辅导内容

本专题分为五个单元活动：

单元活动一：我的智能中心，目的是帮助学生认识并利用自己的多元智能；

单元活动二：我的学习风格，目的是帮助学生认识并利用自己的学习风格；

活动三：我的学习策略，目的是帮助学生认识并利用良好的学习策略；

活动四：我的学习归因，目的是帮助学生学会利用归因理论促进有效学习；

活动五：我的学习资源，目的是帮助学生学会开发和利用多方面的学习资源。

单元活动一：我的智能中心

辅导目标

学会认识并利用自己的多元智能。

活动过程

情感共鸣

如果你不能……

道格拉斯・马拉斯

如果你不能做一棵山巅上的松树，
那么，就做一棵山谷旁的灌木，
但是，你要成为一棵坚强有力的灌木。
如果你不能成为一棵灌木，
那么，就做一片青绿色的森林。
如果你不能成为一片森林，
那么，就做一席草地吧，
带给人们春意和昂然。
如果你不能做一条马斯基鱼，
那么，就做一条巴斯鱼，
但要快乐的游于湖中。
我们不可能都做统帅，
但我们可以做个尽职的部属。
没有伟大的任务让我们担当，
但我们可以对分内的事，尽职尽责。

如果你不是一条宽广的公路，
那么，你就做一条充满诗意的羊肠小路。
如果你不是一颗火热的太阳，
那么，就做一颗幽柔的星星。
失败与成功并没有一定的标准，
只要以真诚面对生活就是最美的表现。

我思我悟

每个人都有巨大的潜能，每个人都有自己独特的个性和长处，每个人都可以选择自己的目标，并通过不懈的努力去争取属于自己的成功。关键在于你是不是相信自己，相信自己能够成为那个"最好"的你；在于你是不是了解自己，了解自己擅长什么，如何将自己所长与目标结合在一起。

心理小测试

研究成果证明，每个人都至少有七种智能，这些智能组合将构成各自的特点，就好像同一幅拼板经过不同的组合也可以拼出各具特色的形状。你知道你的智能优势中心吗？

多元智能类型检测表

请你在符合自己智能表现的项目前打"√"，然后统计这种智能类型的符合项数，分析自己属于哪个智能中心。

一、语言智能：有关阅读、说话、写作、写字的能力

(　　)1. 我的写作能力比同龄人要好一些。

(　　)2. 我常讲故事给别人听。

(　　)3. 大家都爱听我说笑话。

(　　)4. 我很快就能记住人名、地点、日期和发生的事情。

(　　)5. 我喜欢玩文字接龙、猜谜游戏或填字游戏。

(　　)6. 我喜欢看书。

(　　)7. 我不会写错字。

(　　)8. 我喜欢绕口令、俏皮话、双关语或儿歌。

(　　)9. 我爱听故事、相声或广播节目。

(　　)10. 我所用的说话语词，超过同龄人。

(　　)11. 我很会用语言和别人沟通。

(　　)12. 我很会编故事。

(　　)13. 我写过一些文章，能得到他人的注意和赞赏，这使我很自豪。

(　　)14. 我能说服别人同意我的想法。

(　　)15. 在学校，学习语文、历史对我来说比数理化容易。

二、数理逻辑智能：有关自然科学、数学的能力

(　　)1. 我常问一些关于做事程序或怎么做的问题。

(　　)2. 我的心算能力很好。

(　　)3. 我喜欢数学课或自然课。

(　　)4. 我对数学游戏或电脑感兴趣。

(　　)5. 我爱玩象棋或其他策略游戏。

(　　)6. 我喜欢做一些逻辑推理或智力挑战的难题。

(　　)7. 我喜欢把事物分类或分等级。

(　　)8. 我喜欢做高难度的实验或过程复杂的思考。

(　　)9. 我比同龄人更会进行抽象的思考。

(　　)10. 我比同龄人更了解事物的因果关系。

(　　)11. 我常喜欢对事物提出假设,再想办法证明对不对。

(　　)12. 我喜欢玩与逻辑有关的游戏或智力测验。

(　　)13. 我对被测量、归类、分析、确定过的事物比较容易相信。

(　　)14. 我喜欢寻找事物的规律、形式及逻辑顺序。

(　　)15. 我崇拜很多科学家。

三、视觉空间智能:有关美术、劳作、雕塑的能力

(　　)1. 当我闭上眼睛时,我可以在脑子里想像出清晰的影像。

(　　)2. 我喜欢看有很多图解的阅读材料。

(　　)3. 我喜欢图画、劳作或雕塑。

(　　)4. 在美术的学习上,我比同龄人表现得更好。

(　　)5. 我爱看电影。

(　　)6. 我喜欢玩拼图、走迷宫。

(　　)7. 我爱玩积木,或有趣的立体模型。

(　　)8. 我爱看美术作品。

(　　)9. 我喜欢随手涂画,拿笔画画。

(　　)10. 我常用照相机或录像机拍下我周围的事物。

(　　)11. 我能在脑子里想像各种可能的新事物。

(　　)12. 在学校,学习几何对我来说比代数容易。

(　　)13. 我认识道路的能力很棒,即使在陌生的地方也很容易找到路。

(　　)14. 我能用简单的图,说明去某一个地点要怎么走。

(　　)15. 我能适当地搭配颜色,让人觉得好看。

四、身体运动智能：有关运动、舞蹈、戏剧、操作的能力

(　　)1. 我能用脸部表情和身体动作代替说话，表达我的想法。

(　　)2. 我喜欢参加体育活动，或进行体育练习。

(　　)3. 我坐不了多久，就想起来活动。

(　　)4. 我喜欢缝纫、编织、雕刻、木工或做模型等需要动手的活动。

(　　)5. 我喜欢拆开物品或组装物品。

(　　)6. 学习新事物时，我常利用触摸、操作的方法。

(　　)7. 我喜欢跳舞。

(　　)8. 我喜欢演戏。

(　　)9. 我的动作比同龄人更协调。

(　　)10. 我的身体协调能力比同龄人更好。

(　　)11. 我喜欢不断练习，让自己跑得快、跳得高。

(　　)12. 动手做能让我学得更快、更好。

(　　)13. 我最好的想法常出现在我走路、跑步或做一些肢体活动时。

(　　)14. 我常喜欢在户外活动。

(　　)15. 我与人谈话时，常用手势或肢体语言。

五、音乐智能：有关唱歌、演奏、填词、作曲的能力

(　　)1. 我能听出别人唱歌唱得不准。

(　　)2. 我的歌声很好听。

(　　)3. 如果我听一曲音乐一遍到两遍，一般能准确地唱出来。

(　　)4. 我会弹奏一种乐器。

(　　)5. 我参加一种音乐团体,如节奏乐、合唱团。

(　　)6. 我能跟着音乐,拍打正确的节奏。

(　　)7. 我喜欢听音乐。

(　　)8. 我走路的时候,脑子里自然出现某种我熟悉的旋律。

(　　)9. 我喜欢自编旋律。

(　　)10. 我喜欢改变歌词。

(　　)11. 我能辨别不同音乐所表达的情绪。

(　　)12. 我经常在写作业或走路的时候,哼唱熟悉的曲子。

(　　)13. 我对生活环境中的声音很敏感。

(　　)14. 如果没有音乐,我的生活会很无聊。

(　　)15. 我知道很多歌曲和乐曲的旋律。

六、人际交往智能:有关了解别人、与人相处、交朋友的能力

(　　)1. 我常带领一些同学一起玩游戏。

(　　)2. 我喜欢和别人一起运动,例如打篮球、打羽毛球、打棒球。

(　　)3. 我会给碰到问题的朋友提供意见。

(　　)4. 我有两三个最要好的朋友。

(　　)5. 我喜欢教别人学习新事物。

(　　)6. 我周围的人都很愿意向我征求意见和建议。

(　　)7. 我能从脸部表情察觉别人是不是喜欢我。

(　　)8. 我能从声音察觉别人是不是喜欢我。

(　　)9. 我能从身体或手的动作,判断别人是不是在攻击我。

(　　)10. 当我碰到问题时,我愿意先主动找别人帮忙而不

先试图自己解决。

(　　)11. 我会关心别人的心情好不好。

(　　)12. 当别人反对我时，我会考虑他为什么会这样做。

(　　)13. 我在人群中感到很舒服。

(　　)14. 我喜欢参加单位、地区的社会活动。

(　　)15. 我愿意晚上参加聚会而不愿一人呆在家里。

七、内省智能：有关沉思、反省、了解自己的能力

(　　)1. 我常常静下来，想一想自己所遇到的问题。

(　　)2. 我可以一个人独自玩耍或学习。

(　　)3. 我从各种反馈渠道中，清楚了解我的优缺点。

(　　)4. 我喜欢独自工作，而不是和别人合作。

(　　)5. 我清楚地知道自己喜欢什么，不喜欢什么。

(　　)6. 我能察觉到自己快要发脾气了。

(　　)7. 我清楚地了解自己的兴趣和嗜好。

(　　)8. 我能正确说出自己的感觉。

(　　)9. 我不做自己完成不了的事。

(　　)10. 我按照自己的标准完成工作。

(　　)11. 我确信自己是一个有价值的人。

(　　)12. 我的个性独立、意志坚强，不依赖别人。

(　　)13. 我每天都记日记或静静地反省自己做过的事。

(　　)14. 我喜欢接近大自然，不喜欢热闹的人群。

(　　)15. 我经常思考我的重要人生目标。

心灵激荡

请根据上面的测试结果填写下表，发现自己所属的智能中心。

我的才能中心

智能类型	符合项数	才能表现方式	智能中心
语言智能		喜欢语言文字以及进行阅读、写作和谈话等活动；喜欢与文字有关的游戏、外语、讲故事、拼写、写作或阅读。	莎士比亚中心
数理逻辑智能		喜欢计算、理解数字和数学概念，喜欢寻找模式，对于科学感兴趣。喜欢解谜、出谜、解难题、计算机、编创自己的密码或做科学实验。	爱因斯坦中心
视觉空间智能		对色彩、形状、空间位置等感受准确，表达精确。喜欢观察周围世界，寻找其中有趣的图形，喜欢通过绘画、设计、照相、建筑等艺术形式表现出来。	毕加索中心
身体运动智能		身体的协调、平衡能力强，具备运动的力量、速度、灵活性，你身体健美，运动自如，善于利用身体学习和表达技能，或者善于艺术舞蹈或艺术表演。	奥林匹克中心
音乐表现智能		善于感受、辨别、记忆、表达音乐的韵律、旋律和模式。喜欢欣赏各种不同的音乐，喜欢参加各类演唱、弹奏乐器表演、音乐会等活动	贝多芬中心
人际交往智能		善于与人交往，你对人以及人们如何打交道感觉兴趣，你善于结交朋友，乐于帮助他人，也许你已经成为一名学生干部或者成为社团活动的积极分子。	华盛顿中心
内省智能		你善于认识、洞察和反省自己，你了解、理解自己的感情、自己的擅长和自己的不足。你对自己的了解经常比别人对你的了解更准确。	狄更斯中心

智慧贴士

以上测试，你属于什么样的智能中心？

每个人都是具有多种能力的个体。我们的智能是多元的，人除了言语——语言智能和逻辑——数理智能两种基本智能外，还有其他一些智能，它们彼此没有长短，同样是我们成长和发展的重要能力。我们可以从多角度认识自己的能力，发现自己的长处，勇于接受各种不同能力，并在实践中充分施展。

找到潜在自我。潜在的自我总会以某种方式呈现出来，发现了这个潜在的自我也就发现了自己独特的个性，离成功之路也不远了。当一个人喜欢某事或某物时，便已说明了这个事物本身与他有着情调合一的意境，说明他对这种事物有着天然的理解、感悟和洞察能力，这就是你独一无二的才能，是你身上潜在的力量。

成功无规律。很多人认为自信就是成功。一个学生老得第一名，他有了自信。一个员工总是被提升，他也有了自信。但这只是一元化的成功和一元化的自信。真正的成功应该是多元化的。成功可以是你创造了新的财富或技术，可以是你为他人带来了快乐，可以是你在自己的岗位上得到了别人的信任，也可以是你找到了回归自我、和谐坦然的生活方式。每个人的成功都是独一无二的，每个人都有自己成功的标尺，成功就是按自己的意思过一生，成功就是做最好的自己。

单元活动二：我的学习风格

辅导目标

1. 认识每个人都有适合自己智能特点的学习方式；

2. 了解自己的学习风格类型，找到适合自己特点的学习方式；

3. 学习运用自己的优势特点提高学习效率。

活动过程

热身活动 抓与逃

案例分析

给你20个单词，你会用什么怎样的方法记住？

一位女孩，放学回家带回老师发的一张有20个单词的词汇表，说明第二天要测验。妈妈让她回房间去背，背好后帮她测验。过了一会儿，女孩背好的，家长一测验，只对了50%；于是，家长让她回到房间把每个单词和它们的意义解释各抄5遍，并让她做的时候把注意力集中在做的事情上。过了很久，女孩终天把抄好单词拿给家长。家长也确信这次肯定没问题了，但令人沮丧的是她只有一点点的进步。最后，她恼怒地对家长说："你们这样让我学，我学不会，我必须要动起来，我必须要用我的身体来学习。"

在接下来的二三十分钟内，奇怪而神奇的事发生了。大家开始运用身体来解释单词的意义，看到一个单词，她会编排各种身体动作和手势，表达她所理解的单词意义。一会儿在地板上爬，一会儿腾空跳起，一会儿做出各样稀奇古怪的动作。最后，不一会儿，竟用身体把这20个单词记住了。

这则故事给我们什么启示？

我思我悟

每个人在智能类型或学习风格类型上存在着差异。我们每个人应该以自己智能特点或学习风格方式来学习，就可以取得较好的效果。你了解自己的学习风格类型吗？

主题活动

心理小测试：你的学习类型是什么？

1. 你愿意采用哪种方法来了解计算机是如何工作的？

A. 看一部这方面的电影

B. 听人对它的解释

C. 把计算机拆开并试图自己发现规律

2. 为了寻找乐趣，你喜欢阅读什么样的书？

A. 带有很多图片的旅游书

B. 有很多圣诞的神秘的书

C. 你能回答问题和谜的书

3. 当你不能确定如何去拼写一个单词时，你最有可能做什么？

A. 把它写出来，看它是否像是对的

B. 把它读出来

C. 查字典

4. 你参加了一次宴会，第二天你最有可能回忆起什么？

A. 参加宴会人的脸，而还是名字

B. 参加宴会人的名字而不是面孔

C. 在宴会上你所做的事和说的话

5. 为了准备考试，你会如何学习？

A. 读笔记,读书的标题,看图示和图解

B. 让别人问你问题,或者默默地对自己稞一些事实要点

C. 在索引卡片上记录并模型和图示

6. 当你看到一个单词 D—O—C,你首先做什么?

A. 想到一个特定的狗的图片

B. 默默对自己说"DOG"这个单词

C. 出现一个牵着狗的感觉(抚摸它,遛狗等)

7. 当你想集中精力时,你深得最让人分心的是什么?

A. 视觉干扰

B. 噪音

C. 其他一些感觉,如饿、鞋子紧,或担心等

8. 你喜欢用什么方式解决问题?

A. 列一个清单,把每一步组织好,做完手检查

B. 打几个电话,跟朋友或专家聊聊

9. 在电影院门口,排长队时,你最有可能做什么?

A. 看其他电影广告宣传海报

B. 跟站在你边上的人聊天

C. 跺脚或用其他方式慢慢向前移动

10. 你刚进了一家科学博物馆,你会首先做什么?

A. 四下张望,找一幅显示不同展位的地图

B. 向博物馆的向导询问,请教有关展览的事情

C. 先走进一个看着有趣的展位,以后再看说明

11. 当你生气的时候,你最有可能做什么?

A. 沉着脸

B. 喊叫或大发雷霆

C. 跺着脚出去并甩门

12. 高兴的时候,你最有可能做什么?

A. 露齿而笑

B. 高兴地喊叫

C. 高兴地跳起来

13. 你愿意参加什么兴趣班?

A. 艺术班

B. 音乐班

C. 体操班

14. 当你听音乐时,你会做什么?

A. 白日梦

B. 哼起来

C. 随音乐活动,跺脚等

15. 你会怎么来讲一个故事?

A. 写出来

B. 大声讲出来

C. 把它扮演出来

16. 哪种餐馆你可能不愿进？

A. 灯太亮的

B. 音乐声太大的

C. 椅子不舒服

智慧贴士

如果你的选择大部分是A，你可能是视觉学习类型。你通过观察来学习。

如果你的选择大部分是B，你可能是听觉学习类型，你通过听来学习。

如果你的选择大部分是C，你可能是动觉学习类型，你通过触摸和行动来学习。

如果你是听觉型的学习者，你会希望使用磁带。配有录音的讲座会帮助你填补你笔记中的空缺。但是你一定要多听多记录，并且随时审视你所记录下来的东西。听课时应尽可能坐在能够听得最清楚的地方。在读完某个内容后，你应当对该内容进行总结并出声地将它背下来。

如果你是视觉型的学习者，那么你就一定是用眼睛学习一切学习材料。你应当多使用图表、地图、胶片、幻灯片等视觉辅助性工具。要多练习将词汇或概念等在脑海里视觉化或形成图像。把每个东西都写下来并随时便迅速地进行回顾。

如果你是触觉型的学习者，那么在你说单词时会指着所说的词。必须掌握的东西应当多写几次。因此你身边应当多准备一些便条。记笔记并且保存这些记录对你而言是极为重要的。制作一些学习卡片吧。

你知道吗

大约30%的人属于听觉类型；

40%的人属于视觉类型；

15%的人属于触觉类型；

15%的人属于动觉类型。

每个人都有自己的学习类型，学习类型没有好坏之分。

当然对不同的任务采用不同的学习类型。例如，为了准备英语考试，你会大声地复述你所学过的英语课文；为了数学测验，你会看数学课本上的例题；为了化学考试，你会重复一些你在课堂上做的化学实验。

你用听觉学习语言，用视觉学习类型学习数学，用动觉学习类型学习化学，每一种方法都会帮助你掌握你需要知道的东西。

单元活动三：我的学习策略

辅导目标

学会认识并利用良好的学习策略，学会自主、探究、合作的学习方式

活动过程

头脑风暴：我的学习策略

请同学们在放松中联想自己最擅长的10个学习策略写下来

1）______________________________；

2）______________________________；

3) ____;

4) ____;

5) ____;

6) ____;

7) ____;

8) ____;

9) ____;

10) ____。

我思我悟

高效的学习方式离不开自主、探究、合作的学习方式，学会针对不同的学习任务、针对自己的学习特点，开展自主、探究、合作的学习方式学习，提高我们的学习有效性。

主题活动一：你会自主学习吗？

1. 自我分析：根据自己的学习基础、特点进行合理的自我剖析

1）我的基础如何？教师讲授的知识我能否听懂？

2）哪些知识是我欠缺的？我是否要从头开始补习？

3）我喜欢自学，还是喜欢参加小组学习？

4）我的学习目标，包括长期、近期目标是否明确？

5）目标明确后，我是否会制定学习计划，并照其执行？

6）我是否具有刻苦钻研的精神？我是否具有丰富的想象力和创造力？

7）我是否具有丰富的想象力和创造力？

8）一天中哪些时间的学习效果最好？

2. 自我指导：采用书面或口头的方法，把学习步骤或方法呈

现出来，以提示、引导、督促自己的学习。

1）通过营造学习环境给予自我提示。如

为了记住教师布置了哪些学习任务，可以将任务一一记在卡片上；

为了提醒自己晚上该复习哪些功课，可以事先把相关学习材料放到书桌上；

为了记住星期天该做什么，把要做的事列在纸上，放在显眼的地方。

2）用于监控自己行为的规则。如在阅读记叙文之前，给自己如下提示：

查看文章的题目；

圈出生字词；

找出谁、在哪里、做了什么事、怎么做的；

划出表现文章中心思想的句子；

考虑作者通过哪些方面来表现中心思想；

自我指导，经常要用到提示卡，将每天要完成的学习任务、达到的目标、注意的事件记录下来，随时提醒自己。

3. 自我监控：运用某些标准评估自己学习进展的过程。

一般包括两个步骤：一是辨别出自己要监控的行为；二是记录、评估自己所控行为的某些方面如时间频次等。例：

英语学习监控表

1）本周上了几次英语课？ ________________

2）每次都讲了哪些内容？ ________________

3）布置的作业有哪些？ ________________

4）任务完成了吗？ ________________

5）有哪些地方有疑问？ ________________

4. 自我评价：学习结果是否达到目标、自己是否尽力等

学习自我评价表

1）今天的上课表现如何？教师讲内容是否理解了？________

2）今天的任务完成了吗？________________________

3）学习的东西感兴趣吗？________________________

4）发现新的问题了吗？__________________________

主题活动二：你会探究学习吗？

1. 发现问题，主动提问

学习和生活中你有哪些困惑和思考：________________

____

2. 查找资料，明确问题

我查阅了哪些资料？____________________________

目前的研究现状和趋势__________________________

此问题是否具有进一步探究的价值________________

3. 提出假设，验证课题

问题假设______________________________________

探索活动应围绕哪些内容展开____________________

研究的可能结果是什么__________________________

4. 制定计划，明确任务

研究目标______________________________________

研究内容______________________________________

研究方法______________________________________

研究步骤______________________________________

5. 找出方法，积极探究

资料查阅______________________________________

问卷调查______________________________________

观察和实验________________________________

其他________________________________

6. 反思与评价

学习中发现疑点，提出问题了吗？________________

搜集了哪些关于此问题的资料？________________

找到解决问题的方法了吗？________________

我的研究计划科学可行吗？________________

是否按照计划进行探究了？________________

我是否解决此问题，实现学习目标了？________________

主题活动三：你会合作学习吗？

头脑风暴：小组合作学习的技能

1. 学会遵守规范

如心理活动课小组合作学习规范：

• 全程参与：准时参与，不得迟到，不无故缺席。

• 全心投入：积极参与活动，真诚坦率，开放自我，认真完成小组任务。

• 互相尊重：注意倾听，不打断，不评论，不嘲笑，不走神。

• 绝对保密：不随意在他人谈论课上涉及隐私的内容。

2. 学会倾听

• 听别人发言要专心，眼睛注视对方，以微笑、点头表示感兴趣或赞同；

• 努力听懂别人的发言，记住要点，并考虑他人的发言是否符合实际，有没有道理；

• 别人发言时不随便插嘴打断，有不同意见要耐心听别人说完后再提出；

• 听别人发言如有疑问，请对方解释说明时，说话要有礼貌；

• 学会站在对方立场考虑问题，体会别人的看法和感受。

3. 学会表达

• 准备好后发言，不信口开河；

• 发言围绕讨论中心，不东拉西扯；

• 谈看法要有根据，能说清理由；

• 语言表达力求清楚明白；

• 别人提出疑问，要针对问题耐心解答，要尽可能作出令人满意的答复。

4. 学会决策

• 由组长介绍要决策的问题和已有的方案，并要求每个人将自己的意见写在纸上；

• 在全体都写完后，每个人开始读出自己的意见，且每次只读一条意见；

• 全体成员都读完第一条后，再开始逐人读第二条意见；

• 在小组中指定专人记录，只记录意见，不记录提出者；

• 按记录的意见逐条讨论，焦点是该条意见的优点和可行性；

• 对每条意见进行文字形式的投票表决，得票最多的意见将成为群体的决策。

分享和交流

和你的小组同伴分享和交流你认为行之有效的学习策略？

交流中发现你的同伴值得借鉴的学习策略有哪些？

回音壁

我将继续保持和利用的学习策略：

我有待改进的学习策略：

单元活动四：优势陷阱

辅导目标

正确认识优势和劣势，防止优势陷阱。学会正确对待自身的优势和劣势。

活动过程

热身活动

认识自己的优势

导入：世界上有一个具有无限潜力的金矿，就是你自己。请同学们跟随音乐认真想一想，在你身上最重要的五种优势是什么？想好后写到纸上。请自己思考，不要受其他同学的影响，也不要交流。

我的优势一______________________

我的优势二______________________

我的优势三______________________

我的优势四______________________

我的优势五______________________

组内交流分享,并说明理由。

优势陷阱

三个旅行者同住一家旅店,早上出门时,一个旅行者带了一把伞,另一个旅行者带了一个拐杖,第三个什么也没带。晚上回来时,拿伞的人浑身是水,拿拐杖的跌得遍体鳞伤,而第三个旅行者却安然无恙。前两个旅行者很奇怪:为什么他什么都没带却没事呢?拿伞的旅行者说:"当大雨来临的时候,我因为有伞就大胆地在雨中走,却不知道怎么被淋湿了,当我在泥泞坎坷的路上行走时,因为走得非常小心,而未被摔伤。"第三个旅行者又问第二个旅行者:"为什么你没有被淋湿而是摔伤了?"拿拐杖的说:"当大雨来临时,我便朝能躲雨的地方走,所以没淋湿;当我走在泥路上便用拐杖拄着走,却不知为什么常常跌倒摔伤。"第三个旅行者听后笑了笑说:"这就是我安然无恙的原因。当大雨来临的时候,我避开走,所以没淋湿,道路坎坷时,我小心行走,所以未被摔伤。你们的失误就在于自恃有凭借的优势,认为就能安然无恙,但有了优势就少了忧患,这就是优势陷阱。"

我思我悟

任何事情都如我手上的硬币一样,有正面,也有反面。凡是都有两面性。正如我们每个人性格中的某些成分:请同学们分析一下,以下性格常会给人带来什么印象?

我很聪明________________

我很自信________________

我很勇敢________________

我很热情________________

我很坚强________________

我很有主见________________

智慧行动

找出你的另一面。请同学结合自身的优势,找出自己容易走进哪些陷阱?如何避免这些陷阱?

单元活动五:我的学习资源

辅导目标

了解学习的各种资源,并在实际学习过程中创设条件争取利用。

活动过程

头脑风暴

我们的学习资源知多少?

在学习的过程中需要我们充分利用各种资源,我们将变得更为轻松有效。生活中人、事、物、时间、空间等蕴含着大量的学习资源,请同学们分组头脑风暴围绕以上几个方面尽可能列出我们可能利用的学习资源。

学习资源一:人的因素——向谁学习

____

____

____

学习资源二:事的因素——从哪些事中可以学习

____

____

____

学习资源三:物的因素——通过什么物可以学习

____

____

____

学习资源四:时间的因素——哪些时间可以利用学习

____

____

____

学习资源一:空间的因素——哪些空间可以利用学习

____

____

____

学习资源二:其他的因素——其他可以利用的资源

____

____

____

分享交流

主题活动

制作我的学习资源网

以图表形式表达自己在上述六个方面可以利用的资源

表达形式要有新意,表达形式越活泼越有创意越好;

表达内容一定要具体,如从人的方面,可以是:一位特别赏识我的好老师;一位暗暗与我较量的战友;一位总是给我带来新信息的邻居;一位问题鼓舞我士气的好友等;

组内分享交流后,推荐和自荐有个性化的作业供全班同学欣赏;

评选全班资源最丰富,最会利用资源的人。

回音壁

通过交流与分享，我有什么新的发现？

第三节：积极情绪：放飞心情　快乐学习

辅导目标　培养积极情绪　促进有效学习

理论分析

罗扎诺夫（G.. Lozanov）认为①，高效率的学习与个体的情绪有密切的关系。所谓高效率学习就是个体在积极的情绪状态下的学习。他认为，情绪的作用是提供一种情绪色彩，它是影响个体未来的行为选择和诱发个体行动是大脑内在的生化物质准备。当个体处于消极的情绪状态时，通常会干扰其正常学习活动的进行。因此，在学习过程中，使学生保持积极的情绪状态就成为提高他们学习效率的关键。教师不仅要尽可能避免重新刺激学生想象那些容易产生消极情感的问题，而且还要激发学生进入一种最佳的积极情绪的心理状态。他认为，虽然人们通常将情绪视为一种内在的心理活动，但是还需要人们将情绪通过创造性的方式表达出来。在这种情绪的创造性表达过程中，不仅会促进大脑功能的进一步增强，而且会让个体感到幸福。情绪的创造性表达是一种重要的情绪上的自主性表现，它是将被动的结果和个体积极主动的反应相结合，从而导致个体克服其大脑自身的局限性，使大脑功能保持平衡。

---

① 沈德立. 高效率学习的心理学研究. 教育科学出版社，2006，2(30—31)。

积极情绪，也是积极心理学主要的研究内容之一。积极的情绪体验从主观体验上探讨人类的幸福感、满意感、快乐感，建构未来的乐观主义态度和对生活对学习的积极体验。它是满足个体某种需要时所伴随的愉悦的情绪情感体验，这种情感体验能够提高个体的积极性和思维认知能力。①

1. 积极情绪能够促进认知。B. l. fredrick 曾通过实验测试不同情绪状态下人的注意范围，发现在积极情绪状态下的被试者比中性状态下的被试者有更大的注意广度。Lsen(1999)进行了一系列考察积极情绪与认知之间关系的研究，结果发现，积极情绪比中性状态下的被试者有更灵活、更创造性的思维方式。

2. 积极情绪能撤销和冲淡消极情绪。B. l. fredrick 认为积极情绪产生在安全的环境中，一般不会像消极情绪那样产生具体的行为倾向，如恐惧引发逃跑，愤怒引发攻击，所以积极情绪可以通过取消对具体行动的准备，有效地撤销消极情绪的体验和生理唤醒。在 B. l. fredrick 的一项研究中，采用压力任务，使被试者产生焦虑体验，同时有心率、心血管活动和血压升高这样的生理反应。之后，用电影诱发被试者三种情绪：欢乐、满足、悲伤。结果发现，在两种积极情绪条件下的被试，心血管活动恢复到基线的速度明显快于控制条件下的被试者，而在悲伤条件下，被试者的心血管恢复速度最慢。

3. 积极情绪能提高应对压力的能力。比其他人更容易产生积极情绪的人被称为弹性个体。弹性个体会从压力和消极情绪体验中迅速有效地恢复，并灵活地改变以适应环境，就像弹性金属那样伸缩、弯曲，但却不会损坏，采用高压力任务来诱发被试者的消

① 杨柳. 积极情绪体验在学校心理健康教育中的运用. 琼州学院学报. 2009(2)。

极情绪，发现高心理弹性的个体在压力性任务前和任务中，有着更多的愉快、兴趣这样的积极情绪存在。

辅导内容

本专题分为五个单元活动：

单元活动一：情绪脸谱，目的是帮助学生认识不同情绪及情绪对学习生活的影响；

单元活动二：情绪 ABC，目的是帮助学生明白情绪的来源不是外界的人事物，而是自己内心的信念系统；

单元活动三：情绪魔方，目的是帮助学生学会用积极的心理对话替代消极的自我对话；

单元活动四：面对不良情绪，目的是帮助学生学会调适管理自身的情绪，学会快乐学习的秘诀；

单元活动五：温馨行动，目的是帮助学生学会营造良好环境，在集体中体会积极情绪对学习的积极影响。

单元活动一：情绪脸谱

辅导目标

认识不同情绪及情绪对学习生活的影响。

活动过程

热身活动

我做你猜

推选班级中表情最丰富的一位同学，请他表演各种表情，其他同学猜一猜他分别是表演什么情绪。

主题活动一

绘制情绪脸谱

头脑风暴：请同学们分组讨论喜、怒、哀、惧的各种表现，想得越多越好；

喜之脸谱：满意　高兴　开心　快乐　喜悦　大喜　兴奋　狂喜
怒之脸谱：不满　气愤　恼怒　愤怒　大怒　暴怒　怒不可遏
哀之脸谱：郁闷　难受　伤心　悲凉　悲痛　伤心欲绝　痛不欲生
惧之脸谱：心烦意乱　担心　害怕　惧怕　恐惧　惊慌　惊恐

绘制心情脸谱：把讨论的关于喜、怒、哀、惧的各种表现脸谱绘制用彩色笔绘制出来；

分享交流：比一比，看哪一组表现的情绪脸谱最丰富。

主题活动二

我的心情脸谱

回顾三天来学习生活中对自己情绪影响最大的一件事，当时自己的情绪脸谱表现是什么，对自己的学习生活有什么影响。

小组分享交流。

事　件	情　绪	影　响
1.		
2.		
3.		
4.		
5.		

我思我悟

赤橙黄绿青蓝紫，喜怒哀乐悲恐惊，每天我们都体验着各种各样的情绪脸谱：我们感受着成功的快乐，我们体验着失去亲人的悲伤，我们面临考试的焦虑，我们遇到各种各样意外的惊喜……理智高高在上，情绪却不知不觉控制着我们。

单元活动二：情绪 ABC

辅导目标

明白情绪情感的来源不是外界的人事物，而是自己内心的信念系统。

活动过程

活动一：看图说情绪

呈现几个漫画情景

考试后拿到 80 分的卷子

久渴后看到半瓶水

上学路上遇到小偷偷走了钱包

……

场景一:我的情绪________,因为________________________。

场景二:我的情绪________,因为________________________。

场景三:我的情绪________,因为________________________。

场景四:我的情绪________,因为________________________。

场景一:我的情绪________,因为________________________。

分享交流

为什么同样的场景,我们会有不同的情绪反应?

我思我悟

是谁控制了我们的情绪?发生的事情?我们内心的想法?

美国心理学家艾里斯在20世纪50年代提出了情绪的ABC理论。在ABC理论模型中,A是指诱发性事件(Activating events),B是指个体在遇到诱发事件之后相应而生的信念(Beliefs),C是指在特定情景下,个体的情绪及行为的结果(Consequences)。通常,人们会认为,人的情绪及行为反应是直接由诱发事件A引起的,即是A引起了C,但艾里斯认为,诱发性事件A只是引起情绪及行为反应的间接原因;而B,人们对诱发性事件所持的信念、看法、解释,也即是人们思考问题的想法才是引起人的情绪及行为反应的更直接的起因。

这说明我们平时在生活中情绪的困扰,并不是由外界事物引起的,而是由你看问题的方式和角度引起的,你有什么样的想法,就有什么样的心情。每一个人都有自己看问题的特有的方式和角度,也就是说,你是戴着一副“眼镜”来看世界的,如果你的眼镜是透明的，你的想法是理性的，合情合理的，那么，你眼中的世界就充满生机，如果你的眼镜中加了颜色，你的看法是非理性的，那么你眼中的世界也会由此变色。

单元活动三：情绪魔方

辅导目标

学会用积极的心理对话替代消极的自我对话。

活动过程

故事分享

塞尔玛陪丈夫驻扎在一个沙漠中的陆军基地里，丈夫经常外出演习，她一个人留在陆军的小铁皮房子里，奇热无比，又没有人和她聊天，周围都是不懂英语的墨西哥人和印第安人，她很难过，写信对父母说：她一心想回家去。她的父亲给她回了一封信，信中只有两行字，但这两行字却永远留在了她的心中，并改变了她的生活。这两行字是什么呢？

"两个人从牢中的铁窗望去，一个看到了泥土，一个却看到了星星。"

从此，塞尔玛决定在沙漠中找到星星。她观看沙漠的日落，寻找到几万年前留下的海螺壳；她和当地人交朋友，互送礼品；她研究沙漠植物、物态等，又学习有关土拨鼠的知识……她把原先认为最恶劣的情况变成了一生中最有意义的冒险，并为此出版了一本书——《快乐的城堡》。她从自己的牢房中望去，终于望到了星星。

讨论：是什么让她发生了如此大的转变呢？

我思我悟

沙漠没有变,小铁皮房子没有变,气温也没有变,印第安人也没有变。改变的是她自己的想法。这就是说,当人在遇到压力和困难时,非理性的想法让你退缩,并陷入失败的深渊;理性的想法让你乐观,并获得惊喜的成功。

智慧贴士

导致非理性的想法都有如下三个特点:

一是要求绝对化　有些人总是以自己的意愿为出发点,对某事物怀有认为其必定会发生或不会发生这样的信念。这种信念通常是与"必须"和"应该"这类字眼联系在一起的,如"我必须拥有一切。""他必须对我好"。"我必须获得成功","社会上不应该有不合理的现象"等等。怀有这样想法的人,一旦外部事物不能满足他的需求,极易陷入情绪困扰。

二是过分概括化　这是一种以偏概全的非理性的思维方式的表现。持这种想法的人,当自己的某一件事未获得成功,如一次考试失利,一次当众发言不精彩,就会认为自己是个"废物"、"一无是处"、"一钱不值"而产生自卑感、自责感,甚至自惭形秽、自暴自弃,焦虑、抑郁而产生种种心理障碍。对环境和他人也是如此,一旦遇到一件不合理的事,一个不讲理的人,就会认为"世上没有一个好人","社会一片黑暗",从而对他人和社会失去信心。

三是糟糕可怕化　"糟糕可怕化"是一种负面化的想法,持这种想法的人往往认为,如果一件不好的事发生将是非常可怕、非常糟糕的事,是一场灾难,这种想法常常会导致个体陷入极端不良的情绪体验中而难以获得自拔。

心理测试

觉察你的不合理思维

1. 生活中,一件负性的事情发生,我首先想到消极的一面。

A. 很少　　B. 有时　　C. 常常

2. 我对借此事情总是不由自主地往坏处想。

A. 很少　　B. 有时　　C. 常常

3. 当我往坏处想时,我的情绪会很差,持续时间很长。

A. 很少　　B. 有时　　C. 常常

4. 我觉得生活中许多事情都很麻烦,很无奈。

A. 很少　　B. 有时　　C. 常常

第 1 题测的是你的非更改思维的不由自主程度;第 2 题测的是你的非理性思维的范围;第 3 题测的是你的非理性思维对情绪影响的强度;第 4 题测的是你的非理性思维的数量。

我的不合理的思维是________________

如果你的回答中有两个以上想法是"常常",可要警惕哦!

要主宰自己的心灵,必须学会排除非理性的想法,脱下你的有色眼镜。有时只要转换一下错误的用词,会避免错误的用词带来非理性的看法,非理性的看法导致非理性的结果。

主题活动:心理魔方

方法一:将"应该""必须"转换为"喜欢"、"希望"

非理性看法:我应该得到别人的赞美。

非理性缺陷:万一得不到,你立即会出现困扰。你会觉得别人是欠你的，他不给，你会抱怨他。

理性的看法：我喜欢或希望得到别人的赞美。

理性的好处：万一得不到，其实也没什么，只不过少了一份额外的奖赏而已。

方法二：将“不可能”转换为“暂时还没找到方法”

非理性看法：我不可能得到这份好工作。

非理性缺陷：因为你自我设限，你将不会找方法。结果你一定真的不可能做到。

理性的看法：我暂时还没有找到得到这份好工作的方法。

理性的好处；你的注意的焦点将会自然而然地集中在找方法上。只要你是一定要，而且坚持到底，你总可以做得更好。

方法三：将“一定”转换为“可能”

非理性看法：我一定没有音乐细胞。

非理性缺陷：因为你认为不能，你将不会为不可能做到事而付出努力，你会放弃你的追求。

理性的看法：我可能没有音乐细胞。

理性的好处；你不会放弃，注意的焦点将放在继续观察上。可能随着时间和条件的变化，你的特色会进一步展现出来。

方法四：将“所有”转换成“有些”

非理性看法：所有的人都不喜欢我。所有的人都与我作对。

非理性缺陷：你会产生自卑、自责，并对他人和社会失去信心或对立。

理性看法：有些人不喜欢我。有些人与我作对。

理性的好处：客观地面对他人，理性地认识社会。

换一个字眼，换一种看法；换一种思维，换一片天空。

回音壁

列出自己生活中可能出现的非理性想法，并尝试用心理魔方进行转变。

单元活动四：面对不良情绪

辅导目标

情绪的调整与控制。学会调适管理自身的情绪，学会并发现快乐学习的秘诀，做情绪的主人。

活动过程

在学习生活中，当什么时候，你会出现下列情绪？你是如何处理的？

1）当______________时候，你十分气愤，你会怎么办？

2）当______________时候，你十分害怕，你会怎么办？

3）当______________时候，你十分孤单，你会怎么办？

4）当______________时候，你十分懊恼，你会怎么办？

5）当______________时候，你十分伤心，你会怎么办？

6）当______________时候，你十分恐惧，你会怎么办？

7）当______________时候，你十分焦急，你会怎么办？

8）当______________时候，你十分紧张，你会怎么办？

9）当______________时候，你十分难受，你会怎么办？

10）当______________时候，你十分厌倦，你会怎么办？

头脑风暴：分组讨论面对这些负面情绪的应对技巧。

单元活动五:温馨行动

辅导目标

营造良好环境,在集体中体会积极情绪对学习的积极影响。

活动过程

情绪天文台

一周以来,我体验到的最不开心的事和不开心的情绪

如

1. 妈妈太啰嗦,我感觉在家烦死了。
2. 同桌太自私,我无法再跟他坐在一起。
3. 小花太任性,我实在没办法做他的朋友。
4. 老师很偏心,所以我不喜欢他,也不喜欢他教的这门功课。
5. 这天气太热了,我心烦意乱,静不下心来学习。

事件:____

想法:____

情绪:____

表现:____

温馨行动

罗丹说,生活中不是缺少美,而是缺少发现的眼睛,生活中我们之所以感受到较多不愉快,可能是由于我们没有去发现生活中别人带给我们的方便、惊喜、乃至快乐,没有意识去体会人情之美。

快快行动吧,用你的心去感受我们生活中的亲人、同学、朋友、

老师等给我们带来的欢乐，用你的笔把美好留住，完成一篇温馨日记。

主题分享：温馨日记

挑选班里遇到的最感动、最惊奇的日记情节在全班分享。

我思我悟

生活中有多少风景被我们忽视？我们怎样去珍视？

有时是因为我们自己眼界的狭隘，无端地平添了不少牢骚与不满。其实，换个角度，多站在别人的角度看问题，我们的心底就会多一点感动，多一点温暖，多一点快乐。当我们拥有了同理心，就更能理解别人的不易，也更能理解他人的好意。人，坏的时候，或许是有他的难处；而好的时候总归比坏的时候多。乐观的人，总能找到阴暗背面的阳光。多从积极的角度去看人和事，我们就能拥有轻松的心情。交流温馨日记就是要帮助同学把目光转身别人善意的举动，细细口味体会人情之美。

第四节：积极应对：挑战自我　笑对学习

辅导目标：积极应对挫折　提升学习意志

理论分析

生活中，意想不到的挫折和逆境会给人带来巨大的冲击，然而，面对挫折和挑战，为什么一些人比另一些人更有韧性和复原力？这些人又是如何获得这种力量，取得成功的人生经验？培养自己的心理韧性、弹性、复原力，是应对生活中变化和挑战的一项重要能力。"心理韧性"作为人的一种最佳功能状态，逐渐成为积极心理学研究者关注的热点。

Polk 研究总结确认了 16 个与韧性相关的因素，并将它们分成四类：一是性格类型，指那些个体具有的作为保护因子的特质，包括身体和心理特征，如智力、自尊、自信和自我效能；二是关系类型：指那些获得社会支持的社交技巧，自觉服从社会规范和群体规范等；三是哲学类型，包括有意义的人生经验、目标感和对生活合理的认识；四是环境类型，指与环境联系的应对策略，认知策略、问题解决策略、目标管理策略和预测事情结果的能力等。

艾尔·赛伯特(Al siebert)认为，发挥韧性优势的步骤要遵循五个层次，每个层次都建立在前一个基础上。提升韧性的活动可以根据这个五个阶段分层设计①。

阶段一，保持健康、能量的可持续性，在最糟糕的时期保持积极。这一阶段可以使用一些澄清情绪和控制情绪的活动，引导学生从压力中释放出来，正确认识自己的情绪反应和态度是这个阶段的重点。

阶段二，改善自己的分析性、创造性和实用性解决问题的技能。学会对意想不到的逆境的积极回应将能够提高韧性。因此，重点应放在如何解决的面临的问题上，而不是把自己看作是"受害者"，否则无益于复原和发展。

阶段三，加强自尊、自信和自我认同。挫折和创伤毁坏的不仅是生活状态，更重要的打击了自信和安全感。因此，加强内省，在

---

① 阳志平.积极心理学团体活动操作指南.机械工业出版社，2010 年 1 月版，第 247 页。

韧性训练时有意识地加入自我认同、自尊和自信的内容，关注、认可、积极反馈、感谢、赏识等都可以提高复原力。

阶段四，开发高韧性者身上具有的特别素质和技能。孩子般的好奇心、社会责任感、自我管理学习的能力、希望和乐观、正面思考等都能提高韧性水平。

阶段五，磨砺“意外发现珍奇”的才能，将不幸和变故转变成幸运与财富。这是一种能快速接受和顺应新事物的发展，不但不惧怕任何打击，更有“让自己引导事情朝有利方向发展”的能力。在活动中不但引导学生体会——如果能在挫折事件中发现有价值的东西，这件事往往就不会显得像一开始那么糟糕。更要明白，“意外发现珍奇”也是一种创新，这是一种韧性发展到高级阶段的综合能力的显现。

辅导内容

本专题分为五个单元活动：

单元活动一：压力来临时，目的是帮助学生认识压力状态下不同反应，学会以积极的心态面对压力；

单元活动二：美丽的发现，目的是帮助学生认识压力的两面性，体验雨后见彩虹的美丽；

单元活动三：不轻言放弃，目的是：培养学生不屈不挠、顽强拼搏的意志品质；

单元活动四：压力管理，目的是帮助学生学会压力管理，面对压力，学会适当地放松，以便更好地面对压力；

单元活动五：我能行，目的是帮助学生突破心理极限，激发心理潜能，提高自我效能，积极面对挑战。

单元活动一:压力来临时

辅导目标

认识压力状态下的不同反应,学会以积极的心态面对压力

活动过程

趣味心理实验

1. 导入:胡萝卜、鸡蛋、咖啡豆你最喜欢什么? 为什么?

2. 分别准备 3 口锅,分别放入水,然后在里面分别放入胡萝卜、鸡蛋、咖啡豆,用开水煮,一边煮,一边请学生预测 10 分钟后可能会出现什么现象?

3. 将胡萝卜、鸡蛋、咖啡豆分别放在三个玻璃碗中,请学生解释看到的现象。

我思我悟

胡萝卜原本强壮、结实、毫不示弱,但进入开水后,它变软了;

鸡蛋原本是易碎的,脆弱的,内心软弱的,但经开水一煮,它的身体变硬了;

咖啡豆看起来弱小,但内心坚强,进入沸水后,它改变了水,并且在高温下散发出了最佳的香味。

面对压力和挑战时,你会如何反应?

你是胡萝卜、鸡蛋还是咖啡豆?

有时压力和困境是最好的试金石,困境中往往隐藏着机会。

经验分享

分享自己学习成长中遇到的压力及自己压力表现。

单元活动二:发现美丽

辅导目标

认识压力的两面性,提升应对挫折与压力的能力,体验雨后见彩虹的美丽。

活动过程

1. 心理实验:你看到了什么?

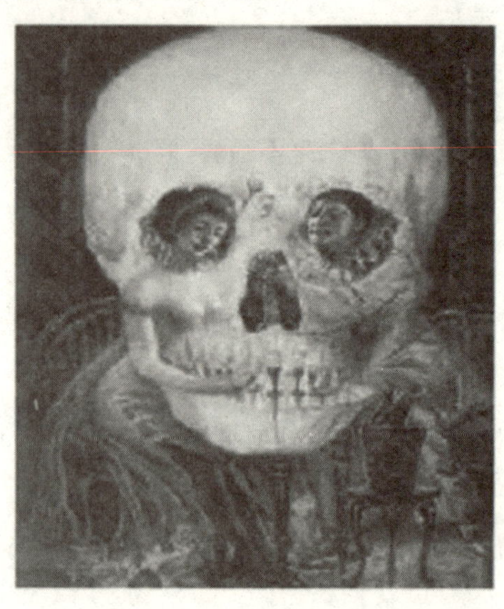

(1) 给大家看一张幻灯片，请不要害怕。

(2) 将幻灯片打开，停顿几秒钟后，迅速关闭。

(3) 是骷髅吗？在获得肯定的答复后，将幻灯片再次打开，让大家仔细看。

(4) 问大家是否看到别的，然后静心等待。

(5) 当全体成员发现画面中美丽的少女后，开始提问：

2. 你第一眼看到是什么？如果没有第二次机会，你会一直认为是什么？

3. 没有第二次面对，你能发现少女的美丽吗？

4. 当你看出是少女后，有没有发现，再看的时候，更容易看到的是什么？

5. 从中你获得哪些启示？

我思我悟

在生活中，你有没有遭遇困境和压力的时候？其实压力和困境就像这幅画一样，如果你被吓倒了，不敢去面对，你就失去了看到少女的机会，失去了找到压力和困境中隐藏的机会。如果你敢于正视，事情则会完全不同。

主题活动

分享自己雨后见彩虹美丽的成功体验。

单元活动三:挑战挫折

辅导目标

培养学生不屈不挠、顽强拼搏的意志品质,学会时刻保持一颗平常心,跌倒了再爬起来,不轻言放弃。

活动过程

视频分享

别对自己说"不可能"

呈现图片

分享:照片中的这个人与我们有什么不一样?你觉得他的生活是怎样的?

视频:约翰·库缇斯现场演讲

分享:视频中最打动你的是什么?

我思我悟

这个来自澳大利亚的希腊人——约翰·库缇斯出生时,仅有矿泉水瓶那么大,他的脊椎下部没有发育,两条腿细得像豆芽,

世界激励大师约翰·库缇斯根本没有成型,既无法行走,也无法安装假肢。由于腿部完全没有发育,刚刚出生的小约翰看起来只有一个可口可乐罐子那么大。医生们没有指望他能活过24小时。"抱歉",医生对小约翰的父亲建议道:"看来您需要举行一个葬礼。"

可是,当作父亲的含着泪准备好葬礼之后,却发现他的儿子还活着。

小约翰，一天天长大了。

1987 年 7 月 14 日，17 岁的约翰·库缇斯接受截肢手术，29 岁时罹患癌症，一个出生时被医生断言活不过当天的残疾人一直顽强生活到现在……

他从十二岁起就开始打室内板球。同时，他还是一位优秀的举重运动员和轮椅橄榄球运动员。

1994 年约翰·库缇斯成为了澳大利亚残疾人网球赛的冠军，并作为澳大利亚的板球队的一员被邀请去南非旅行，有幸受到了南非总统纳尔逊·曼德拉的接见。

从 26 岁到现在 8 年的时间里，他到过 190 多个国家演讲，世界各地有 350000 个人的企业及社团听过约翰·库缇斯的演讲。他一直在用自己的亲身经历去激励和感动别人。

2000 年，约翰拿到来自澳大利亚体育机构的奖学金时，从竞技体育中退役，为悉尼 2000 Paralympic 训练，并在全国健康举重比赛中排名第二。离开赛场后，约翰在 4 个主要的体育机构：板球、橄榄球联盟、足球和橄榄球协会都取得了 2 级教练证书。

2000 年，约翰·库缇斯结婚了。在拥有美丽太太丽恩的同时，他还拥有了她太太的儿子——6 岁的克莱顿。

Nothingis impossible 一切皆有可能。培养自己不屈不挠、顽强拼搏的意志品质，学会时刻保持一颗平常心，跌倒了再爬起来，不轻言放弃，就一定会像约翰·库缇斯一样战胜挫折，获得成功。

主题活动：分享自己跌倒了再爬起来的积极应对的体验。

单元活动四:压力管理

辅导目标

学会压力管理,面对压力,学会适当地放松,以便更好地面对压力。

活动过程

视频播放

美国有一位叫 Marva Collins 的女教师,美国前总统里根和小布什两任总统邀请她去担任美国的教育部长,都被她谢绝了,她选择了和她的孩子们在一起,她创造了无数个教育的奇迹,她有什么教育的绝招?视频介绍 Marva Collins 的积极学习法。

心灵激荡

当我们面临学习的压力时,要学会运用 Marva Collins 积极学习法,激励自己。

我想做得很好

我能成功

我很聪明

我很特别

成功与否全在于自己

我对自己的未来负责

主题活动

杯水千钧

1. 主持人举起一大杯水,问各位认为这杯水有多重。

2. 学员可能回答不一,有说 300 克,有说 500 克。

3. 主持人让学员伸直双臂，各举一杯水，看学员能坚持多久。

4. 杯子越大，水越多，学员坚持的时间越短。有的坚持 15 分钟，有的坚持 20 分钟。

我思我悟

这杯水的重量并不重要，重要的是你能举多久？其实，这杯水并不很重，而且重量也没有变化，但你举得越久，就越觉得重，这就像日常生活与工作中我们承受的压力，如果一直把压力放在身上，到最后就会觉得压力越来越重，难以承受。

我们要做的就是放下这杯水，休息一下，然后再举起这水杯，这样才可以举止得更久，对待压力，也是这样。

活动分享

面对紧张的学习或高考，如何劳逸结合，学会调节。

单元活动五：我能行

辅导目标

突破心理极限，激发心理潜能，提高自我效能，积极面对挑战。

活动过程

主题活动

压手指

让我们每两位同学一组，面对面坐好。请默想，100 天后我能决胜考场的五个优势，连续想三遍，然后伸出自己的双手，请对方同学来压一压。

请再默想可能影响自己考试的五个弱势，还是连续三遍，然后还是伸出自己的双手，请对方来压一压。

我思我悟

这两次压手的结果有什么不同？对你有什么启示？

前后两次同学们双手的状态完全不一样，前者非常有力，很难压下去；后者软弱无力，轻轻一压就压下去了，这是为什么？前者的力量来自哪里？这就是自信的力量。

情境共鸣

在昆虫中，跳蚤可能是最善跳的了，他可以跳到自己身高的400倍的高度。为什么会这样呢？带着这个问题，一个大学教授开始了他的研究。可是他研究了一整天，都没有找到答案。

第一天下班的时候，教授用一个高一米的玻璃罩罩着这只跳蚤以防它逃跑。就在那天晚上，跳蚤为了能跳出玻璃罩，就跳啊跳啊，可是无论它怎样努力，无论他怎么跳，都在跳到一米高的时候，就被玻璃罩挡了下来。

第二天，教授上班取下玻璃罩，惊奇地发现，这只跳蚤只能跳一米高了。于是他来了兴趣。第二天下班时，教授用了一个50厘米的玻璃罩罩着跳蚤。

第三天，教授发现跳蚤只能跳50厘米的高度；晚上，教授又用20厘米的玻璃罩罩着跳蚤。

第四天，跳蚤跳的高度又降为20厘米。到了第四天下班时，教授干脆用一块玻璃板压着跳蚤，只让跳蚤能在玻璃板下面爬行。

果然，到了第五天，跳蚤再也不能跳了，只能在桌面上爬行。可就在这个时候，教授不小心，打翻了桌上的酒精灯，酒精洒在了桌上，火也慢慢地向跳蚤爬的地方漫延。奇迹出现了，就在火快要烧着跳蚤的一瞬间，跳蚤又猛地一跳，又跳到了他最开始的超过他身体 400 倍的高度。

分享交流：是什么使跳蚤变成了爬蚤？它失去了跳高的能力吗？

我思我悟

我们要不要跳？能不能跳过这个高度？我能不能成功？能有多大的成功？跳蚤的最后一跳给我们很大的启示：生命是永远值得期待和希望的，它蕴含着太多的可能与无限的潜能，有时候，山重水复疑无路之际，你需要做的，就是向自己突围。

主题活动：心理实验

情境：一个盆里是沸腾的开水，一个盆里是零度左右的冷水，现有一把非常重要的保险箱钥匙掉入沸腾水的盆里，有谁愿意挑战一下自己，从沸水中取出钥匙？

分享交流：

1. 你挑战自己了吗？

2. 你愿意做出尝试吗？

3. 你觉得挑战成功的关键是什么？

我思我悟

要成功从沸水中取出钥匙，1. 必须要有非常强烈的动机；2. 必须相信我能行；3. 必须打破心理设限，积极尝试；40 必须要有正确的方法。

情感共鸣

如果你认为

如果你认为你被打败了，那你就是被打败了。
如果你认为你不敢，那么你就是不敢。
如果你想取胜，却认为你赢不了，
那么几乎可以肯定，你将不会取胜。

如果你认为你将失败，你就确实失败了。
因为我们发现，在世界上
成功开始于一个人的美好愿望，
取决于一个人的心理状态。

如果你认为你是出色的，那么你就是出色的。
你要相信自己能飞得很高；
你要相信
自己能做到最好。

在生活的战场上，
并不总是或聪明的人取胜。
但是最终取胜的人，一定是那些认为自己能胜的人。

——摘自（美）的 Shiv Khera 所著《You Can Win》

回音壁

和同伴分享你曾经成功突破心理设限而完成的一件事件，并说说你完成后的心理感受。

第五节：积极策略：掌握技巧　聪明学习

辅导目标：掌握学习策略　提高学习效率

理论分析

学习策略是学习方法和学习调控的统一体，既包括学习的方法及使用这些方法的程序，又包括对学习过程进行调节和控制的技能。大量的研究表明，学习策略与高效率学习有着密切的关系，良好的学习策略的使用能有效地提高学生的学习成绩。

心理学家和教育学家从不同的角度，根据不同的标准，对学习策略的结构进行分析，得出了多种分类体系，迈克尔（Mckeachie）等人将学习策略概括为认知策略、元认知策略、资源管理策略，具体体现如下①：

认知策略，主要包括复述策略：如重复、抄写、做记录、画线等；精细加工策略：如想象、口述、总结、做笔记、类比、答疑等；组织策略：如组块、选择要点、列提纲、画地图等。

元认知策略，主要包括计划策略：如设置目标、浏览、设疑等；监视策略：如自我测查、集中注意、监视领会等；调节策略：如阅读速度、重新阅读、复查、使用应试策略等；

① 陈琦、刘儒德. 当代教育心理学. 北京师范大学出版社 1998 年版，第 183 页。

资源管理策略，主要包括时间管理：如建立时间表、设置目标等；学习环境管理：如寻找固定、安静、有组织的地方等；努力管理：如归因于努力、调整心境、自我谈话、坚持不懈、自我强化等；他人支持：如寻求教师帮助、伙伴帮助、使用伙伴/小组学习、获得个别指导等。

沈德立在高效率学习的心理学研究中指出，在我们的通常学习中，首先要对材料进行阅读，获取有用信息；再对客观的事实数据、解题的方法程序加以记忆，使之储存在自己的知识体系中；最后利用这些知识来解决遇到的新问题，这是学习的一般过程，这一过程中学习策略的运用被称为通用学习策略。包括阅读策略，如精读策略、泛读策略、快速阅读策略等；记忆策略，如目的明确记忆策略、积极思考策略、自寻回忆线索策略、关键词法、自我暗示策略、及时复习策略、整体复习与分段复习策略、集中复习与分散复习策略、超额学习策略、尝试回忆策略、场合一致性策略；问题解决策略，如确认问题和机遇、确定目标和表征问题、寻找可能的策略、预期结果与行动、反思和评价等。

辅导内容

本专题分为五个单元活动：

单元活动一：时间管理策略

单元活动二：优化学习环节策略

单元活动三：笔记的策略

单元活动四：科学记忆的策略

单元活动五：应考策略

单元活动一:时间管理策略

主题目标

帮助学生学会科学地安排和管理时间。

活动过程

情感共鸣

猜谜语:请猜中的同学暂时不要说出谜底,举手示意,直到所有的同学都能猜出这个谜语,以引起大家的共鸣。

看不见,摸不透,
不长脚,却会走,
只见它,匆匆过,
不见它,奔回头。
(猜一现象)

时间正如一位哲人所说,是世界上是最长的又是最短的?是最快的又是最慢的?是最能分割的又是最广大的?是最不受重视的又是最令人惋惜的?

时光匆匆。正如朱自清所描述的:……洗手的时候,日子从水盆里过去;吃饭的时候,日子从饭碗里过去;默默时,便从凝然的双眼前过去。我觉察他去的匆匆了,伸出手遮挽时,他又从遮挽着的手边过去,天黑时,我躺在床上,他便伶伶俐俐地从我身上跨过,从我脚边飞去了。等我睁开眼和太阳再见,这算又溜走了一日。我掩面叹息。但是新来的日子的影儿又开始在叹息里闪过了。我们在生活中是如何利用时间的？有没有有意无意地让时间悄悄地蹓走呢？

心理小测验

下面有十种人们在使用时间时经常的表现，这些表现是心理学家经过认真的研究和调查得出的，在每一个表现中，如果你常出现这种情况，就划√。

1. 胡思乱想；
2. 坐立不安；
3. 东寻西找；
4. 喜欢聊天；
5. 经常等候；
6. 胡写乱画；
7. 电视吸引；
8. 抓耳挠腮；
9. 闭目打盹；
10. 干扰别人。

如果划√号的在 2 个以下，说明你很会使用时间，懂得如何节省时间，提出表扬；如果划√的在 3—5 个之间，说明你基本上懂得如何节约时间，但要注意，应努力提高和增强你的时间观念；如果划√的在 5 个以上，那么说明你已经是一个浪费时间的“能手”。

主题活动一

制作时间馅饼

第一张馅饼：生活馅饼

这儿有张没有馅的饼，代表一天 24 小时的生活，请同学们根据自己的情况，先把自己通常的一天实际生活时间计算一下，然后根据时间比例，填写在生活馅饼图上。填写的项目包括：1. 睡觉；2. 在校；3. 回家作业；4. 家务；5. 吃饭(包括饭前饭后休息)6. 娱乐(如果时间长可单列,如下棋,电视等);7. 其他。

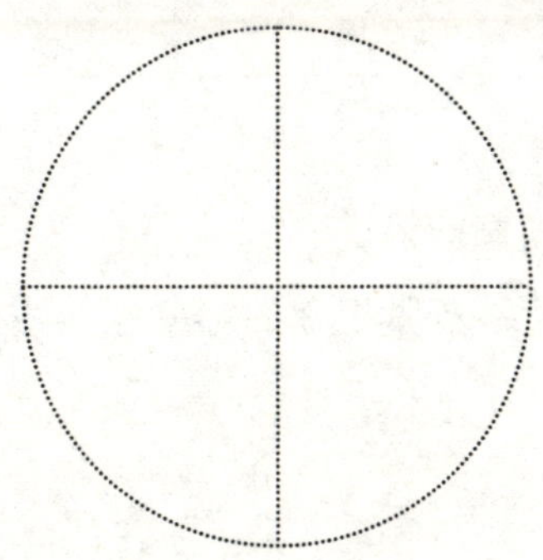

分享:

谁的馅饼做得最好?好在什么地方?

第二张馅饼:人生馅饼

这儿有张没有馅的饼,代表你的一生,按假设你能活 80 岁计算。请同学们根据自己的情况,把自己一生的实际生活时间计算一下,然后根据时间比例,填写在生活馅饼图上。填写的项目包括:1. 你已过去的生活时光;2. 你退休后安度晚年的时光。3. 你从现在到退休前的时光;4. 在第三部分你现在还可用来学习和工作的时间中再做出如下的划分:A. 睡觉;B. 吃饭;C. 娱乐;D. 家务;E. 工作和学习;F. 其他。

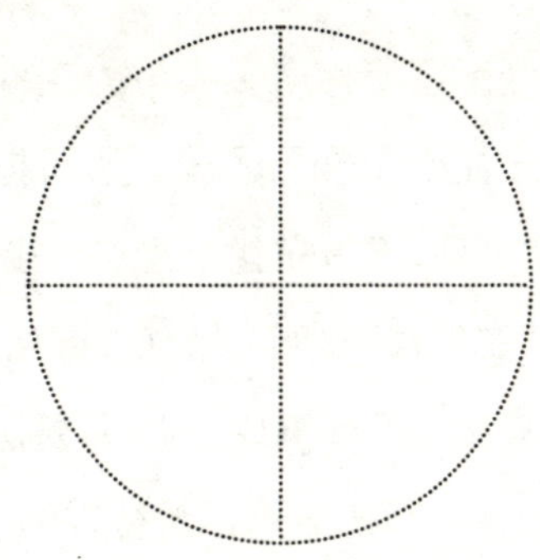

我的感受:________________________________

____

____。

第三张馅饼:精制的馅饼

趁一切还来得及,赶紧把你的第一张馅饼的制作方法重新修改一下。

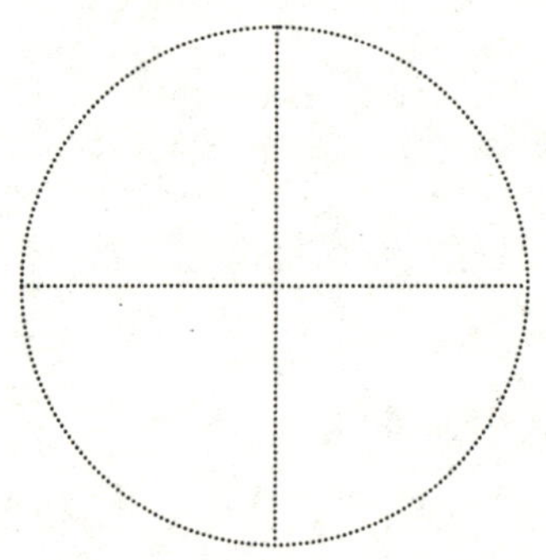

主题活动二:自我管理计划

美国有一家名叫本斯列姆的大钢铁公司曾经面临窘境,很可能半途而废,公司的经理查尔斯·修瓦普对此一筹莫展,他去请教效率研究专家艾比·理,有没有更有效的工作方法。艾比·理给了他这样一番忠告:

"首先,在一张纸上写明你明天要做的五件最重要的工作,并请你按重要性的顺序注上①②③④⑤。然后把这张纸放入衣袋。到了第二天,先看第一项,不做完就不放下。接着以同样的方法干第二项,再接着做第三项,第四项。用这种方法一直做到公司下班为止。尽管也许你只做了两件事或三件事,那你也别在意,因为你已经做了最重要的工作,其他的可以留待以后再做。如果用这种方法做不完全部的工作的话,那表明,如用其他的办法也同样做不完。但是其他办法则无从判断什么是最重要的工作。请每天反复地制定并实行你的计划。如果你认为这样做法有价值,那就让你的下级也试试看,一直做到你满意为止。然后请你给我你认为与此价值相应的支票。”

结果,实行了一段时间下来,查尔斯·修瓦普付给了艾比·理25000美元。

尝试制订一份你的一周学习计划。

目标							
主要事务							
优先事务							
时间	周一	周二	周三	周四	周五	周六	周七
早晨							
上午							
中午							
下午							
晚上							

心灵激荡

一位教授为一群大学生讲课。他拿出一个广口瓶放在他面前的桌上。随后取出一堆拳头大小的石块,一块块放进玻璃瓶里。直到石块高出瓶口,再也放不下了,他问道:“瓶子满了吗?”所有学生应道:“满了”。教授反问:“真的?”他伸手从桌下拿出一桶砾石,倒了一些进去,并敲击玻璃瓶壁使砾石填满下面石块的间隙。“现在瓶子满了吗?”他第二次问道。

学生有些明白了:“可能还没有。”一位学生应道。“很好!”教授说。他伸手从桌下拿出一桶沙子,开始慢慢倒进玻璃瓶。沙子填满了石块和砾石的所有间隙。他又一次问学生:“瓶子满了吗?”“没满!”学生们大声说。他再一次说:“很好。”然后他拿过一壶水倒进玻璃瓶直到水面与瓶口平。

教授微笑着告诉学生:“如果你不是先放大石块,而是先放其他小的东西,大石头能放进瓶子去吗?”。“不能”,学生异口同声。“那么,什么是你生命中的大石块呢?找准你人生的大石块,切切记得先去处理这些‘大石块’,否则,一辈子你都不能得到。”

我思我悟

我生命中的大石头是什么?人的一生很短暂,我们必须分清楚什么是石块,什么是碎石、沙子和水,并且总是要把石块放在第一位。在有限的生命里,去做对你的人生最有意义的事。

智慧贴士

第一步:把握时间管理的原则

时间管理的金钥匙:把时间用有自己最有价值或最有助于自己达到目标的事情上。

时间管理的银钥匙:将时间耗在某件事情上的唯一理由是为了实现自己的近期目标。

第二步:将事情的性质做个界定

重要的事情:与你的目标、人生价值的实现密切相关,也就是说凡是有价值并且有利于你实现个人目标的事情就是重要的事情。

紧急的事情:凡是必须立即处理的事情就是紧急的事情。

第三步:分清事情的主次

为了提高时间利用率,做事情应该分清主次,避免胡子眉毛一把抓,把时间用在最有价值、最重要的目标上。一般来说,根据事情的重要和紧急程度,可以把事情分为四大类:

	不紧急	紧急
重要	B　重要但不紧急	A　重要而紧急
不重要	D　既不重要也不紧急	C　紧急但不重要

一个有效率的人首要做的事情是A重要而紧急的事情:把时间用在最有价值最重要的事情上,会让你的时间效益充分地展现出来,而如果太多的事情拖到最后关头去做,这样的焦虑值太高;其次是B重要但不紧急的事情:能将主要精力集中于这类事情上,说明你能够较好地安排好自己的时间,在低焦虑的情形下就完成了任务;再次是C紧急但不重要的事情:如果将大部分时间用在这类事情上,那是对生命的浪费,因为紧急之事往往是针对别人而非针对自己最重要;最后是D既不重要也不紧急:只重视不重要事务的人,拥有的并非是有意义的人生。

第四步:制定时间管理计划

单元活动二:优化学习环节策略

辅导目标

帮助学生掌握预习、提问、听课、阅读、背诵、复习等学习环节基本策略。

活动过程

故事导入

SQ3R 阅读法

罗宾生(Robinson)提出的 SQ3R 法是提高学习效率的一种好方法。SQ3R 是由 Survey,Question,Read,Recite,Review 几个单词的第一个字母缩写成的。

(1) 概览(Survey):即概要性地阅读。当你要读一本书或一段文章时,你必须借助标题和副标题知道大概内容,还要抓住开头,结尾及段落间承上启下的句子。这样一来,你就有了一个比较明确的目标有利于进一步学习。

(2) 问题(Question):即在学习时,要把注意力集中到人物、事件、时间、地点、原因等基本问题上,同时找一找自己有哪些不懂的地力。如果是学习课文,预习中的提问可增加你在课堂上的参与意识。要是研究一个课题时你能带着问题去读有关资料,就能更有的放矢。

(3) 阅读(Read):阅读的目的是要找到问题的答案,不必咬文嚼字,应注重对意思的理解。有些书应采用快速阅读,这有助于提高你的知识量,有些书则应采用精该法,反复琢磨其中的含义。

(4) 背诵(Recite):读了几段后,合上书想想究竟前面讲了些什么,可以用自己的语言做一些简单的读书摘要,从中找出关键的表达词语,采用精炼的语言把思想归纳成几点,这样做既有助于记忆、背诵或复述,又有助于提高表达能力,且使思维更有逻辑性。这种尝试背诵的方法比单纯重复多遍的阅读方法效果更好。

(5) 复习(Review):在阅读了全部内容之后,回顾一遍是必要的。复习时,可参考笔记摘要,分清段落间每一层次的不同含义。复习的最主要作用是避免遗忘。一般来说，及时复习是最有效的，随着时间的推移，复习可逐渐减少，但经常性地复习有助于使学习效果更巩固，所谓“拳不离手，曲不离口”，即是此意。

脑力激荡

将学生按卡片分为五组：概览（Survey）、问题（Question）、阅读（Read）、背诵（Recite）、复习（Review），每组学生讨论罗列平日学习中在这些环节中使用的具体的学习策略。

学生分组上台将写好的宣传纸贴在黑板上，向大家介绍这些方法和策略。

智慧分享

其他组同学和老师补充介绍。

单元活动三：笔记的策略

辅导目标

通过本活动让学生初步掌握记笔记的技术。

辅导过程

故事导入

美国心理学家维特罗克曾经说过，脑不是被动的信息吸收者。相反，它积极构造自己对信息的理解。也就是说，它虽然对经常输入的刺激作反射性反应，但它不是一块被动的学习与记录外来信息的

“白板”。头脑内原有的记忆和信息加工策略与从环境中接收到的信息相互作用，以便选择和注意信息并积极构成意义。在这种学习理论指导下，维特罗克提出了一系列由学习者采取的旨在促进学习的具体技术叫生成技术。笔记就是一种生成技术。做笔记对促进学习有重大意义，至少有三个好处。其一，做笔记有助于指引注意；其二，做笔记有助于发现知识的内在联系；其三，做笔记有助于记忆。

我思我悟

1. 自己是否有做笔记的习惯？

2. 自己是如何做笔记的？

3. 做笔记有何心得体会？

主题活动

我说你记

教师讲记笔记的有关技术，请学生准备好笔与纸，记下教师的讲解。

1. 五遍读书法

“五遍读书法”，是以 613 分的高分考入北京大学数学科学学院的谭曙光同学创立的。学习离不开读书，读书必讲求方法。“五遍读书法”的确是一个符合人类认识规律的好方法。这“五遍”是：

第一遍，是指上课前对老师讲的课本上的内容预习一遍。只需粗略地看一遍，了解一下大致讲些什么就行了，不必逐字逐句地细看，也不要求把内容吃透。

第二遍，是指上课完了后，把老师讲过的书上的内容复习一遍。这时就需要认真仔细地看了。要边看边想，力求把内容吃透。看书过程中应不断向自己发问，多想想为什么。加深对概念定理的理解。万一有些地方一时不太明白，可暂放下先看后面的，过一阵子再回过头来思索，往往就能明白了。

第三遍，是当书上的每章讲完之后，从头到尾把它仔细看一遍。对定义概念加深记忆，对定理推论看看它们是怎样证明的。

第四遍，是当一本书全讲完之后，把整本书再读一遍。不要求太仔细，主要是列个表，将各章知识整理一下，找出它们的脉络和相互之间的联系，对全书内容形成一个整体性的了解。

第五遍，也是最后一遍，即当考试前几天，花一引起时间把书粗略地翻一遍，看看其中的概念性的东西，与笔记相配合，看一看平时老师在课堂上的重点、难点。

老话说，书读百遍，其义自见。这当然是一种泛指，强调书要多看，看熟，并非真的要看百遍。其实，不要说百遍，如果能够像谭曙光同学所言老老实实看上五遍，也一定会见些成效的。

2. 5R笔记法

5R笔记法，又叫做Cornell笔记法，是用产生这种笔记法的大学校名命名的。这一方法几乎适用于一切讲授或阅读课，特别是对于听课笔记，5R笔记法应是最佳首选。这种方法是记与学，思考与运用相结合的有效方法。具体包括以下几个步骤：

(1)记录(Record)。在听讲或阅读过程中，在主栏(将笔记本的一页分为左大右小两部分，左侧为主栏，右侧为副栏)内尽量多记有意义的论据、概念等讲课内容。

(2)简化(Reduce)。下课以后，尽可能及早将这些论据、概念简明扼要地概括(简化)在回忆栏，即副栏。

(3)背诵(Recite)。把主栏遮住，只用回忆栏中的摘记提示，尽量圆满地叙述课堂上讲过的内容。

(4)思考(Reflect)。将自己的听课随感、意见、经验体会之类的内容，与讲课内容区分开，写在卡片或笔记本的某一单独部分，加上标题和索引，编制成提纲、摘要，分成类目。并随时归档。

(5)复习(Review)每周花十分钟左右时间，快速复习笔记，主要是先看回忆栏，适当看主栏。

3. 符号记录法

符号记录法就是在课本、参考书原文的旁边加上各种符号，如直线、双线、黑点、圆圈、曲线、箭头、红线、蓝线、三角、方框、着重号、惊叹号、问号等等，便于找出重点，加深印象，或提出质疑。什么符号代表什么意思，你可以自己掌握，但最好形成一套比较稳定的符号系统。这种方法比较适合于自学笔记和预习笔记。在操作时你应注意以下一些准则：

(1) 读完后再做记号。在你还没有把整个段落或有标题的部分读完并停下来思考之前，不要在课本上做记号。在阅读的时候，你要分清作者是在讲一个新的概念，还是只是用不同的词语说明同样的概念，你只有等读完这一段落或部分以后，才能回过头来看出那些重复的内容。这样做可使你不至于抓住那些一眼看上去仿佛很重要的东西。

(2) 要非常善于选择。你不要一下子在很多项目下划线或草草写上许多项目，这样会使记忆负担过重，并迫使你同一时刻从几个方面来思考问题，也加重你的思维负担。你要少做些记号，但也不要少得使你在复习时又只好将整页内容通读一遍。

(3) 用自己的话。页边空白处简短的笔记应该用你自己的话来写，这是因为自己的话代表你自己的思想，以后这些话会成为这一页所述概念的一些有力的提示。

(4) 简洁。在一些虽简短但是有意义的短语下划线，而不要在完整的句子下面划线，页边空白处的笔记要简明扼要。它们会在你的记忆里留下更为深刻的印象。在你背诵和复习的时候用起来更可得心应手。

(5) 迅速。你不可能一整天的时间都用来做记号。你先要阅读,再回过头来大略地复习一遍,并迅速做下记号,然后学习这一章的下一部分内容。

(6) 整齐。你作的符号要尽量整齐,而不要胡写乱画,否则会影响你以后的复习和应运。当你以后复习的时候,整齐的记号会鼓励你不断学习,并可以节省时间,因为整齐的记号便于你迅速回忆当初学习时的情景,能使你容易而清楚地领悟书中的思想。

4. 笔记整理法

由于种种原因,你在课堂上做的笔记往往比较杂乱,课后复习不太好用。为了巩固学习成果,积累复习资料,你需要对笔记进一步整理,使之成为比较系统、条理的参考资料。对课堂笔记进行整理、加工的方法是:

(1) 忆。课后即抓紧时间,趁热打铁,对照书本、笔记,及时回忆有关信息。这是你整理笔记的重要前提。

(2) 补。课堂上所作的笔记,因为是跟着教师讲课的速度进行的,而讲课速度要比记录速度快一些,所以你的笔记会出现缺漏、跳跃、省略等情况,在忆的基础上,及时作修补,使笔记更完整。

(3) 改。仔细审阅你的课堂笔记,对错字、错句及其他不够确切的地方进行修改。

(4) 编。用统一的序号,对笔记内容进行提纲式的、逻辑性的排列,注明号码,梳理好整理笔记的先后顺序。

(5) 分。以文字(最好用色笔)或符号、代号等划分笔记内容的类别。例如:哪些是字词类,哪些是作家与作品类,哪些作品(或课文)分析类,哪些是问题质疑、探索类,哪些是课后练习题解答等等。

(6) 舍。省略无关紧要的笔记内容,使笔记简明扼要。

(7) 记。分类抄录经过整理的笔记。同类的知识,摘抄在同一个本子上或一个本子的同一部分,也可以用卡片分类抄录。这样,日后复习、使用就方便了,按需所取,纲目清晰,快捷好用,便于记忆。

交流展示

1. 小组交流。每个学生将所记笔记在小组内展示,并讲出自己这样记的理由。交流好后,每组推选1～2位笔记记得好的学生,参加全班交流。

2. 全班交流。评出本班记笔记的优秀者。

3. 教师对本班学生记笔记情况进行总结:对笔记记得好的同学作一评价;指出笔记记得不够好的原因等。

单元活动四:科学记忆的策略

辅导目标

掌握科学记忆策略,提升学习效能。

活动过程

故事引入

故事:心理学家请三组大学生听1800单词的美国公路史录音。A组边听,边做笔记摘出要点。B组听时,能看到列好的要点。C组只单纯听讲。然后,三组学生进行回忆测验。

提问:测验结果怎样?

动手记的 A 组成绩最好。看要点的 B 组成绩次之。只听讲的 C 组成绩最差。

提问:这一实验说明了什么?

我思我悟

A 组在记的时候,虽没看,但用耳听、用手写。B 组记的时候,用耳听、用眼看,但不写。C 组记的时候,只用耳听,但不看、也不写。

记忆效果与学习时的活动方式有关,在感知记忆内容的时候,多种感觉器官协同运用记忆效果比单一感觉器官越好,用手记笔记能提高记忆效果。

头脑风暴

结合自己的学习经验,分组介绍还有哪些有助于提高记忆的好的策略,写得越多越好,比一比,看哪一组的记忆策略最丰富最科学。

交流分享

智慧贴士

教师补充介绍相关记忆策略

1. 目的明确策略

2. 积极思考策略

3. 感官并用策略

4. 自寻回忆线索策略

5. 关键词法

6. 自我暗示策略

7. 及时复习策略

8. 整体复习与分段复习策略

9. 集中复习与分散复习策略

10. 超额学习策略

11. 尝试回忆策略

12. 场合一致性策略

单元活动五:应考策略

辅导目标

了解自身的考试焦虑状况以及焦虑对考试的影响,掌握调节考试焦虑的方法。

活动过程

心理测试

你想了解自己是否有考试焦虑以及考试焦虑程度如何?下面有 33 道题,每道题都有 4 个备选答案,请根据自己的实际情况,在题目后面圈出相应的字母,每题只能选择一个答案。

A—很符合自己的情况;B—比较符合自己的情况;C—较不符合自己的情况;D—很不符合自己的情况。

1. 在重要的考试前几天,我就坐立不安了。

2. 临近考试时,我就泻肚子。

3. 一想到考试即将来临,身体就会发僵。

4. 在考试前,我总是感到苦恼。

5. 在考试前，我感到烦躁，脾气变坏。

6. 在紧张的复习期间，常会想到："这次考试要是得到个坏分数怎么办？"

7. 越临近考试，我的注意力越难集中。

8. 一想到马上就要考试了，参加任何文娱活动都感到没劲。

9. 在考试前，我总预感到这次考试将要考坏。

10. 在考试前，我常做关于考试的梦。

11. 到了考试那天，我就不安起来。

12. 当听到开始考试的铃声响了，我的心马上紧张得急跳起来。

13. 遇到重要的考试，我的脑子就变得比平时迟钝。

14. 看到考试题目越多、越难，我就越感到不安。

15. 在考试中，我的手会变得冰凉。

16. 在考试时，我感到十分紧张。

17. 一遇到很难的考试，我就担心自己会不及格。

18. 在紧张的考试中，我却会想些与考试无关的事情，注意力集中不起来。

19. 在考试时。我会紧张得连平时记得滚瓜烂熟的知识一点也回忆不起来。

20. 在考试中，我会沉浸在空想之中，一时忘了自己是在考试。

21. 考试中，我想上厕所的次数比平时多些。

22. 考试时，即使不热，我也会浑身出汗。

23. 在考试时，我紧张得手发僵，写字不流畅。

24. 考试，经常会看错题目。

25. 在进行重要的考试时，我的头就会痛起来。

26. 发现剩下的时间来不及做完全部考题，我就急得手足无措、浑身大汗。

27. 如果我考了个坏分数，家长或教师会严厉地指责我。

28. 在考试后，发现自己懂得的题没有答对时，就十分生自己的气。

29. 有几次在重要的考试之后，我腹泻了。

30. 我对考试十分厌烦。

31. 只要考试不记成绩，我就会喜欢进行考试。

32. 考试不应当再像现在这样的紧张状态下进行。

33. 不进行考试，我能学到更多的知识。

按照 A、B、C、D 分别记 3、2、1、0 分的方法得出你的总分。

总　分	焦虑水平
0＿24	无焦虑
25＿49	轻度焦虑
50＿74	中度焦虑
75＿99	重度焦虑

心灵激荡

1. 你的考试焦虑水平如何？

____

____。

2. 你认为考试焦虑水平与考试发挥水平有什么关系？

____

____

____。

3. 你能用曲线图在坐标上表示它们的关系吗?

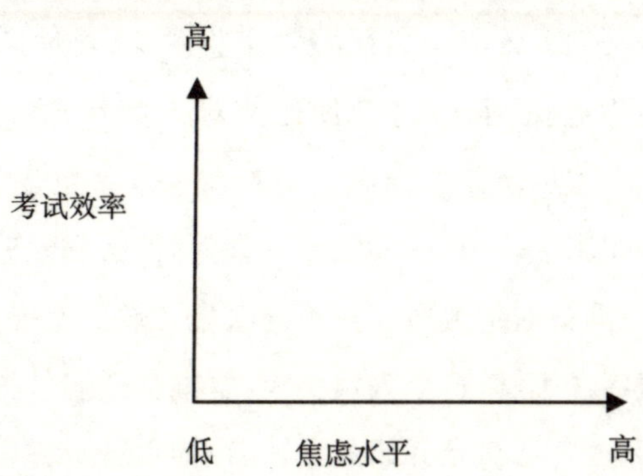

主题活动一

心理小实验

1. 发给每个同学约 70 公分长的细线,下系一只纽扣或钥匙。

2. 请大家一只手拿着线的上端,尽量让纽扣保持静止不动。

3. 不要晃动你的手,用你的意念不断地在心里重复:纽扣左右摇摆,慢慢地左右摇摆。观察纽扣的反应。

4. 不要晃动你的手,用你的意念不断地在心里重复:纽扣前后摇摆,慢慢地前后摇摆。观察纽扣的反应。

5. 不要晃动你的手,用你的意念不断地在心里重复:纽扣绕一个小圆圈摇摆,慢慢地绕一个小圆圈摇摆。观察纽扣的反应。

心灵激荡

是什么力量使静止的纽扣发生了摆动?

____

____。

情景聚焦

心理学研究者曾以一名死囚为实验对象，对他说："我们死刑的方式是使你放血而死，这是你死前对人类作的一点有益的事情。"这位犯人表示愿意这样做。实验在手术室里进行，犯人在一个小间里躺在床上，一只手伸到另一大间，他听到隔壁的护士与医生在忙碌着，准备对他放血。护士问医生："放血瓶准备了5瓶，够吗？"医生回答："不够，这个人块头大，要准备7瓶。"护士在他的手臂上用刀尖点一下，算是开始放血，并在他手臂上方用一根细管子放热水，然后顺着手臂一滴一滴地滴进瓶子里。犯人只觉得自己的血在一滴一滴地放掉，滴了3瓶，他已经休克，滴了5瓶他已经死亡，死亡的症状与放血而死一样。但实际上他一滴血也没有出。为什么会死？这正是暗示的力量。

心灵启示

我们过度的考试焦虑，影响考试成绩的充分的发挥，有多方面的原因，其中心理暗示是一个重要的原因。在我们的潜意识里往往存在这样一种消极的心理暗示，即"我不行"，"恐怕会考不好"。因此，正是这种暗示导致我们不能发挥出正常的水平。如何摆脱不良的心理暗示呢？还是暗示！换一种积极的暗示，是走出考试焦虑的一个重要的方法。

主题活动二

请为自己设计一段积极的暗示语言：

____。

分享并发表你的看法：

____

____

____。

智慧贴士

有效的自我暗示,须遵循以下原则:

1. 简单化

在一次重要的比赛上,一位国内跳高运动员面临着冲击金牌的最后一跳。教练对他说:“跳过这两厘米,你的房子就到手了。”结果,他就是没跳过这两厘米。

在洛杉矶奥运会上,当受了伤了的跳水王子洛加尼斯同样面临着冲击金牌的最后一跳时,教练对他说的是:“你的妈妈在家等着你呢。跳完这轮,你就可以回家吃你妈妈做的小馅饼了。”洛加尼斯用他的毅力和精神风貌征服了裁判。

同样是暗示性的诱导,一所房子与妈妈的小馅饼,在运动员的心理上为什么会产生如此不同的效应呢?心理学的研究结果表明,在重要时刻,如果一味地以重要的目标加重其心理负担,反而会产生“相悖意象”,影响其水平的发挥。但如果把很重要的目标简单化,生活化,反而给运动员产生一种轻松的心理,有助于其正常甚至超常发挥。这就是沉甸甸的房子与轻松美味的小馅饼会产生不同的效果的原因。

2. 精炼化

暗示的目的是为了调动潜意识的力量。因此,不能用复杂的语言进行描述,因为潜意识不懂得逻辑。应采用“我能行。”“我一定能成功。”“我会学会的。”等简单精炼的语言进行暗示。

3. 积极化

如,在学习中,有的人对自己充满信心,相信自己“很快就能学会”,有的人则缺乏信心,怀疑自己“根本学不会”。两种不同的心态,学习效果就大相径庭。前者属于积极的暗示,即使遭遇失败,也不当一回事,只把学得好的印象深深印在脑子里,结果可能很快就学会了。而后者则属于消极的暗示,往往把失败的印象留在脑海中,这样学起来可能要花很长的时间和精力。如果遭到困难,有消极心理暗示的人即使想到“绝对不要失败”,往往还是难逃“相悖意象”的法则。

记住:永远不要对自己说:我很笨;我根本学不会;我不可能成功;我麻烦了;我真糟糕;我绝对不行;我肯定会失败;我一定赢不了……消极、负面的字眼会让你产生消极的暗示,导致消极的行为。

4. 用肯定句

我们也许都有这样的体验,当我们骑车时,前面有一棵大树,我们在心里不断地告诫自己:“千万不要撞上去。”这时你可能就真的会撞上去。也就是说,你努力做到“千万不要撞上去”,反而会由于“相悖意象”的法则而使你遭到失败。正确的想法应该是:“我一定能够绕过去。”这样才能进入你的理想状态。

因此,应把你的暗示性语言“我不会失败”,“我不能失败”,“我不能考砸了”,“我不能生病”,“我不能自卑”等改为“我一定会成功的”,“我一定能考好”,“我很健康”,“我很自信”。

5. 反复刺激

刺激潜意识往往不是一次所能成功的,需要不断重复,并形成稳定的习惯。因此,每天晚上临睡前或早晨醒来,可用激励性的言语给自己进行积极的暗示,也可把重要性的信念,写下来贴在或放在你每天都能经常看得见的地方。

6. 期望合理化

有些人对自己的期望非常高,诸如“我一定要拿金牌”,“我一定要考第一”,“我一定要做得最好”。这里,涉及到竞争的因素,能够“拿金牌”,“得第一”,“做得最好”的人毕竟只有一个或者说仅仅是极少数,正如参加重大的体育比赛,比赛的双方都在想,“我一定要赢”,然而总有一方会输,即使这一次没输,说不定在另外的某一次比赛中也有失利的时候。这就会给你带来“相悖意象”的心理体验。因此,对自己的暗示不应绝对化,而应合理化。如,“我能行”,“我有信心考出好成绩”,“我能发挥得更好”,“我能做得更好”。这样的话是最适当的,因为,任何人做到这一点都是可能的。

第六节:积极创新:开启智慧　创新学习

辅导目标:激发思维创新,提升思维智慧

理论分析

创新思维是人类最高层次的思维,它是创新教育的核心。培养学生的创新精神必须着力于培养学生的创新思维能力。创新思维主要包括:想象思维、抽象思维、逻辑思维、直觉思维、逆向思维、发散思维、批判思维等思维活动。

一、发散思维:是从某一点出发向四面八方想开去,寻找事物的多种构成因素、多种可能性、事物发展的多种原因(条件)和多种结果,从而在找到解决问题的多种设想、办法和方案。发散思维方法:立体思维、多路思维、脑际风暴法(Brain storming)亦称思维BS法或智力激励法——无限制的自由联想与讨论,其目的在于产生新观念,激发创造性设想的产生,达到痴人说梦、异想天开的程度也不为过。提问探讨法。

二、逆向思维:也叫反向思维,就是反其道而行之,是将人们通常思考问题的方向和路径反过来思考的方法。

逆向思维的具体方法:(1)从一事物想到与之相反的事物(性质)。(2)从事物某一作用想到的另一作用。(3)从甲事物对乙事物的作用想到乙事物对甲事物的作用。(4)从某一做法想到与之相反的另一做法。(5)将事物的关系颠倒过来思考(正负、主次、好坏、因果等)。

三、横向思维法:是通过借鉴、联想、类比、充分地利用其他领域中的知识、信息、方法、材料等和自己头脑中的问题或课题联系起来,从而提出创造性的设想和方案。与横向思维相对应的纵向思维法是一种直线前进的传统思维方法。一步接一步地设想、推理,思考每一个环节,并沿着最大可能性的路线前进,直到创造完成。这种思维方法能使你思考有序,能顺利地完成某些课题。在设计创作模型时,一般所运用的都是这种纵向思维方法。纵向思维属于传统思维。

四、分合思维法:就是将思考对象的有关部分,从思想上将他们分离或合并,试图找到一种新事物的思维方法。包括分离思维和合并思维。如沙发+床=沙发床、热水瓶+茶杯=保温杯、衣服+裤子=连衣裙。

五、转换思维、变通思维:是转换视角、转换问题、转换思路、转换方式来思考,以获得创意的思维方法。如曹冲称象。爱迪生的博士助手测量电灯泡的容积。

六、想象和联想:想象力和联想力是创造性思维的两大支柱。联想是指思考者在头脑中从一定思维对象出发,根据事物间某中联系想到他事物。有:相似联想、对比联想、接近联想、连锁联想、飞跃联想。

目的:培养学生学习的创新意识、创新思维和创新能力

辅导内容

本专题包括五个单元活动:

单元活动一:转换思维视角,目的是培养学生突破常规,创新性解决问题的能力;

单元活动二:突破思维定势,目的是培养学生学会克服思维定势,在探究中寻找快乐,创造中体验成就感;

单元活动三:学会异想天开,目的是培养学生发散性思维,创新性解决问题的能力;

单元活动四:培养创意想象,目的是训练与展示学生的创新能力和想象能力;

单元活动五:促进问题解决,目的是培养学生学会多角度思考解决问题的方法。

单元活动一:转换思维视角

辅导目标

培养学生突破常规,创新性解决问题的能力。

通过活动,让团队成员体会到在解决问题的时候,要敢于突破思维的怪圈,将原本认为不可能的事情变成可能,从思维上创新,找到形成新的认知模式,找到更多解决问题的方法。

活动准备

材料:两端有绳圈、长为1.5米的绳子若干条。

时间:20分钟。

操作步骤

1. 发给每个学生一根带有绳结的绳子。

2. 将成员分成2人小组，每人发一条绳子的绳子与另一位成员手中的绳子交叉。

3. 每位成员分别将两端的绳圈套在自己两只手的手腕上。

4. 两人合作，在不解开绳结、不使手脱离绳套的情况下，将交叉的绳子分开。在这个过程中，每个学员手上的绳套都不能脱离手腕，不能将自己两只手上的绳套互换。

5. 哪个组成员先完成训练，将予以一定的奖励。

6. 宣布答案：将一方的绳子从中间对折，把对折后的绳子从对方手上的绳圈由里向外穿出（注意：对折和穿出绳子时都不要让对折的绳子交叉）。分开对折的绳头，双方分别拉直绳子即可。

问题讨论

1. 当知道这个问题后你的第一反应是什么？而后采取了什么行动？

2. 尝试了一段时间后你有什么感觉？你是否相信可以解开？

3. 当看到其他小组解开的时候，你的感觉是什么？

4. 总结一下参加这个游戏的感受？

我思我悟

在观察结的时候，若能形成一幅有效认知的地图，那么这个结在团队的智慧下是可以解开的。突破一些旧的框框，你才能找到新的解决问题的方法。在学习中很多时候都会遇到，按照旧有的方法无法解决问题，总是在原地大转，但是其实换个角度，或者合作思考会得出很多思想火花,从而迅速有效的得到结果。

注意事项

专业绳圈是有必要的。要求讨论时保持平静不要发生激烈的争执。而且在解绳结的过程中,每个学员手上的绳圈不能脱离手腕。

1. 这里是一个构建新的认知模式的游戏,如果创新设计一下,完全也可以是一个思维训练或问题解决的游戏。突出的是如何更改思维的定势,在面对问题时可以多向思考解决的方法。

2. 在时间上,成员如何解决问题,在多长时间内找到解决问题的正确方法,都不必限制得很死,可以让成员放松心情去想,同样我们也可以改变限制时间来模拟各种不同的情境。

3. 空间上的安排可以不局限与培训教室内,根据实际情况、课程重点及课时安排甚至可以是公司内、某一地域等。

4. 作为团队游戏,教师的职责在于引导成员向最终结果的方向思考,然后很好的解决问题。同样也可以参与成员帮助解决问题,促进他们的互动交流。

5. 游戏的规则只是为了让成员看到更多解决问题的思维方式,并且了解不同思维下的不同结果,积极改变已经被发现不是最合理的行为方式和思维方式。

单元活动二:突破思维定势

辅导目标

体会定势思维的束缚性,学会克服思维定势,在探究中寻找快乐，创造中体验成就感。

活动准备

1. 桌椅的摆放：全班分三个小组，每个小组桌子拼在一起，学生围绕桌子而坐。

2. 每个小组选出一名负责任的小组长。

3. 每个小组准备一只表，最好能精确到秒以下单位（很多电子表都有计时功能），由组长负责。

4. 六个钥匙扣。

活动规则

1. 所有的人分成三组，每个小组分别配两个钥匙扣。

2. 游戏要求将两个钥匙扣分别从发起者（比如组长）手里发出，最后按此顺序回到发起者手里。在传递过程中，每个人都必须触及到两个钥匙扣，所需时间最少的获胜。

3. 两个钥匙扣掉在地上一次额外加 10 秒。

活动过程

1. 游戏开始时，三组人一般会不约而同地一个接一个地传递，计下三组的成绩，例如分别为 17 秒、18 秒和 50 秒。

2. “有没有更好的办法让时间变得更短些？看到别的组比你们快，你们心里服气吗？还能不能更快？目前最快的组不怕被人追上来吗？你们还能不能再快一些？”老师向三个小组发出挑战。

活动分享

1. 看看开始时候的 28 秒，看看现在的 0.1 秒，请问，当你看到这些的时候，是一种什么感觉？

2. 快了 280 倍请问你是怎么做到这一点的呢？

单元活动三：学会异想天开

辅导目标

培养学生发散性思维，创新性解决问题的能力。

训练要求

1. 把握好发散思维和想象思维的关系。发散思维和想象思维是密不可分的，我们向四面八方任意地层开想象时，也就是在进行发散思维。所以，我们在做发散思维训练时，应尽量摆脱逻辑思维的束缚，大胆想象，而不必担心其结果是否合理，是否有实用价值。

2. 要注意流畅性、变通性和独特性的要求，在训练中要尽量追求独特性。当然，如果一开始产生不了独特性的思维结果也不要着急。从流畅性到变通性再到独特性，循序渐进，逐渐就可以进入较高水平的发散思维状态。

3. 注意跳出逻辑思维的圈子.

4. 以组为单位，每组选出一人记录所想出的结果数量，在规定时间内选出班中最新奇、最疯狂、最具建设性的主意。想法最多，最新奇的组获胜。

5. 对所有的主意，不许有任何批评意见，只考虑想法，不必考虑可行性；想法越古怪越好，鼓励异想天开；可以寻求各种想法的组合和改进。

训练过程和内容

练习 1:思维的流畅性

尽可能多地说出领带的用途

尽可能多地说出旧牙膏皮的用途

练习 2:思维的变通性

什么“狗”不是狗,什么“虎”不是虎

什么“虫”不是虫,什么“书”不是书

什么“井”不是井,什么“池”不是池

练习 3:思维的发散性

雨伞存在的问题:

1. 容易刺伤人;
2. 拿伞的那只手不能再派其他用途;
3. 乘车时伞会弄湿乘客的衣物;
4. 伞骨容易折断;
5. 伞布透水;
6. 开伞收伞不够方便;
7. 样式单调、花色太少;
8. 晴雨两用伞在使用时不能兼顾;
9. 伞具携带收藏不够方便;等等。

解决方案:

1. 增加折叠伞品种;
2. 伞布进行特殊处理;
3. 伞顶加装集水器,倒过来后雨水不会弄湿地面;

4. 增加透明伞、照明伞、椭圆形的情侣伞、拆卸式伞布等；

5. 还可以制成“灶伞”，除了挡风遮雨外，在晴天撑开伞面对准太阳，伞面聚集点可产生500度的高温，太阳伞成了名副其实的“太阳灶”，用途一下子就拓宽了许多。

练习4：方法发散

1. 每天早晨有许多职工乘汽车上班，交通非常紧张，有哪些办法可以改变这种状况呢？

2. 你对电话机的铃声可以做哪些改变？

3. 要调动学生学习的积极性，有哪些方式可以运用？

练习5：结构扩散

用8根火柴作2个正方形和4个三角形（火柴不能弯曲和折断）。

注意事项

1. 自由畅谈，参加者不应该受任何条条框框限制，放松思想，让思维自由驰骋。从不同角度，不同层次，不同方位，大胆地展开想象，尽可能地标新立异，与众不同，提出独创性的想法。

2. 延迟评判，头脑风暴，必须坚持当场不对任何设想作出评价的原则。既不能肯定某个设想，又不能否定某个设想，也不能对某个设想发表评论性的意见。一切评价和判断都要延迟到会议结束以后才能进行。

3. 追求数量，头脑风暴会议的目标是获得尽可能多的设想，追求数量是它的首要任务，至于设想的质量问题，自可留到会后的设想处理阶段去解决。在某种意义上，设想的质量和数量密切相关，产生的设想越多，其中的创造性设想就可能越多。

4. 不要嘲笑，在解决问题的时候，诸多创意离不开一个环境氛围。只有在一个民主、完全放松的环境中，人们才能异想天开地解决问题。

单元活动四：培养创意想象

辅导目标

训练与展示学生的创新能力和想象能力。

训练要求

1. 以组为单位训练与展示。

2. 所需用具：大量报纸、每组一把剪刀、8 卷透明胶带。

3. 时间约 45 分钟。

操作步骤

1. 将学生分成若干组，每组进行工作分工，一名模特，一名裁判，其余为设计师。

2. 设计师在规定时间内容以报纸为原料给模特设计并制作全套服装。

3. 各组模特穿着设计师设计的服装上台展示，一名设计师同时介绍设计服装的名称与创意。

4. 裁判对每个小组的完成情况及展示介绍情况进行评判。

5. 时装评判标准：新颖性、观赏性、可行性、搞笑性。

6. 裁判本着公平、公正的原则给各组打分，根据分数选出最有创意的、最具美学价值的、最简单实用的、最搞怪的优胜组。

注意事项

1. 每个人对于服装的认识在一定程度上反映了他的想象力，设计头脑风暴阶段鼓励大家畅所欲言。

2. 当一个组想出并认同一个好的创意以后，每个设计师应根据自己不同的思考做出不同的创意，但同时必须要有一个核心设计师，要把握整体，对创意进行可行性评估以及最后进行加工制作。

3. 模特展示要尽可能 SHOW 出大家的创造力和想象力。

单元活动五：促进问题解决

辅导目标

学会多角度思考解决问题的方法。

活动准备

- 一块边长约 45 厘米的正方形木板。
- 一卷胶带。
- 一个气球(多准备几个备用)。
- 一支做标记的笔。
- 一张报纸。

活动步骤

1. 游戏开始之前，用两段大约长 30cm 的胶带在木板上贴一个“十”字。

2. 选一位志愿者，让他利用现有的道具取回气球。

3. 说话期间，把气球吹起来。在气球上面写出“极其珍贵”或者“$”等字样，将会营造出欢乐气氛；或者在气球里放一些硬糖块，作为志愿者取回气球的奖品（还能防止气球被风吹走）。

4. 把木板放在地上（贴胶带那面朝上），让所有队员都能看到。

5. 让志愿者站在“十”字中间，发给他报纸。把气球放在地上，距木板边缘 4 米远。

6. 要求志愿者 3 分钟之内取回气球，但不能离开“十”字。其余队员只能观看——不能提议志愿者该如何取回气球。

7. 3 分钟之后，如果那个志愿者还没完成任务，询问其他队员该如何取回气球。

8. 然后引导大家就解决问题，协同工作和团队合作等问题展开讨论。

活动分享

- 你们在游戏过程中遇到了什么问题？
- 如何对问题进行拆分的？每个人都做了什么？
- 多少人能找到解决问题的方法？
- 有多少种方法可以解决问题？
- 游戏中我们自己倾向于扮演什么角色？

我思无悟

把报纸卷成一个比较紧的纸筒，然后从一端慢慢拉出里面的报纸，使之加长，最后形成一个纸杆儿。从木板上撕下胶带，粘到纸杆儿的一端，胶带的粘面露在外面。最后利用纸杆儿上的胶带把气球粘过来。

在我们完成此活动的过程中，遇到任务未完成时，启发大家从多角度思考问题的能力，并通过大家集体的参与、共同多人多角度的思考，从而解决问题。

第五章　基于学生发展需求的区域心理健康教育实践研究

布朗芬·布伦纳的生态系统理论认为，个人的发展受到微观系统、中间系统、外部系统和宏观系统的共同影响，这些环境组成一个层层镶嵌的多元系统。微观系统是个体直接参与的环境系统，比如家庭、同伴、班级、学校等，对个体成长发展产生直接影响。中间系统是指个体直接参与的由两个或两个以上微观系统相互连接而形成的系统，例如，课堂与同伴群体相互联系形成的系统。中间系统内部各子系统之间的关系是否协调一致，将直接关系到个体的优化发展。外部系统指个体没有直接参加，但是可以通过作用于微观系统对他参与的环境发生更大影响的系统，例如父母的工作环境等。宏观系统是指嵌套于微观系统、中间系统、外部系统中的文化、亚文化和社会阶层背景，是一个广泛的文化意识形态系统。每一层次的系统都与其上级和下级系统相互作用，构成个体成长的生态背景。与每个同心圆相同的是时间系统，可能是指外部的，例如各种变故，也可能内部的，例如伴随年龄增长带来的孩子心理的变化。

布朗芬·布伦纳的理论提出了三个重要的观点：1. 青少年是

在环境的系统作用中逐渐成长的；2.环境与环境之间也会相互影响，而不是孤立地对青少年产生作用；3.要考虑青少年随年龄而产生的变化，以发展的、动态的视角看待青少年身心发展的特点与需求。而随着虚拟网络的高速发展以及与生活的无缝衔接，青少年身心发展的环境与影响因素则更为复杂。

现有的研究也得出了这样一致的结论：父母的教养方式、教养态度、教养观念、教养行为、亲子关系、家庭经济社会地位、受教育水平等对青少年心理发展具有重要意义。也有大量的研究发现，学习压力、师生关系、同伴关系等方面出现问题时，很有可能会引发学生的危机事件。

将这些结论与生态系统理论相互印证，我们可以进一步得出这样的观点：如果能够作用于家庭、课堂、学校等这些微环境，并进一步使这些环境产生良性互动，将会促进个体的优化发展。当然，作用于这些微环境并促进良性互动时，必须以动态的视角，考虑身处其中的青少年随年龄变化而改变的身心发展需求。

根据以上观点，并结合区域心理健康教育的现状，在已有学生心理发展状况抽样调查的基础上，我们进一步思考制定区域心理健康教育策略时必须遵循的要点，那就是以人（各个微环境中的主体）为本、协调发展（环境与环境、人与环境），并且要以系统的、动态的观点来看待环境和人的变化与互动。

综上所述，结合区域“办学生喜欢的学校”的区域办学理念，以促进学生身心健康发展为目标，在未成年人心理健康教育方面，根据区域学生心理发展状况抽样调查的结果，在已有的研究探索与工作实践基础上，针对十三五期间区域教育发展的愿景，我们以系统的视角重新审视并规划学生身心健康成长的环境建设，对如何满足并引导学生发展需求的心理健康教育策略开展了研究。

在以往的心理健康教育实践中，区域各校已经开展了一些面向区域学生、家长、教师的辅导活动、培训以及讲座，但都比较零散，缺乏针对性以及系统性。在区域学生心理发展状况调研基础上，我们整合学生心理发展需求，针对家庭微环境中的教育行为实施的主体——父母，学校、课堂微环境中的教育行为实施的主体——教师，设计系统的心理健康教育课程，通过知识的习得、理念的改变、方法的改善，从而促进家庭、学校、课堂微环境的良性发展。

第一节　区域家长心理健康教育课程的系统研发

家长的心理健康教育课程的研发注重点、面结合。点，即青少年成长过程中的关键点或特殊时期；面，即针对全体青少年的发展特点或者家长普遍缺乏的知识、技能等。从这个原则出发，我区家长心理健康教育课程目前由两大主题构成：一为青春期青少年的身心发展特点与需求，可以涵盖小学高年级到高中；二为普及型的心理健康教育，涉及全学段学生，涵盖全学段学生的典型问题。就这两大主题，我区开发了相应的两大系列课程，一为《沟通之道》（青春健康家长培训），这是在区卫计委的指导下，根据卫计委相关培训教材开发而成的课程；二为区域家长心理健康教育培训课程，以全学段学生的心理发展特点以及典型心理、行为问题的应对为主要内容。

一、《沟通之道》青春健康家长培训课程

（一）课程目标

• 促进参与培训的家长建立良好的社群关系。

• 促进家长们建立讨论性与生殖健康及相关社会问题的自信心。

• 帮助家长学习和梳理有关性与生殖健康和人际交流的基本知识信息。

• 帮助家长练习与孩子沟通交流的实际技能。

尽管课程的学习主体是家长，考虑到最后的获益群体不仅是家长，还有青少年，因此，这些课程目标表述的背后进一步蕴含着以下的期望：

• 家长做出的改变不应是一时一地的暂时性改变，希望可以进一步延伸到课堂外，特别是家庭中，以同样积极改变的姿态与家庭成员交往，或者为家庭成员做出榜样。

• 所有家长获得的知识、习得的技能，希望进一步延续到课堂外，特别是家庭中，使孩子成为培训的最终获益者。

• 所有家长获得的知识、习得的技能，希望可以进一步影响到有类似需求、困惑的家长群，从而使更多的青少年获益。

（二）课程分单元目标及活动设置

针对以上课程目标及期望，同时也考虑到不同年龄段青少年的身心发展特点及其可能存在的家庭教育问题，我们在实现分单元目标的过程中，对活动所聚焦的年龄段提出了建议，具体见下表：

主题	活动目标	活动内容	年龄段			
			小学高年级(1—3)	小学低年级(4—5)	初中	高中
主题1 理解青春期	• 帮助家长了解孩子在青春期发生的生理和心理变化。 • 协助家长学习如何教导孩子掌握青春期卫生保健常识。 • 提升家长与子女谈论性与生殖健康话题的信心和能力。 • 促进家长与子女建立积极的沟通和交流	活动1 暖场游戏:呼叫名字	√	√	√	√
		活动2 身体地图:了解青春期的身心变化	√	√	√	√
		活动3 讨论情绪:关注青春期的情绪变化	√	√	√	√
		活动4 角色扮演:讨论月经与与遗精	√	√	√	√
		活动5 角色扮演:谈论青春期	√	√	√	√
主题2 生殖与性的行为	• 建立家长之间的友谊和相互支持。 • 向家长提供关于生殖与性的信息。 • 增强家长与孩子沟通性与生殖话题的信心和能力。 • 引导家长学会适时、适度地与孩子谈论性话题。	活动1 暖场活动:筷子游戏	√	√	√	√
		活动2 看图贴字:认识生殖器官	√	√	√	√
		活动3 快速联想:关于“性”			√	√
		活动4 问题澄清:关于“性的行为”谬误与事实			√	√
		活动5 角色扮演:我从哪里来的?	√	√	√	√
		活动6 情景讨论:我该怎么做?			√	√
		活动7 鱼缸式讨论:如何主动“开口”			√	√

（续表）

主　题	活动目标	活动内容	年　龄　段			
			小学高年级(1—3)	小学低年级(4—5)	初中	高中
主题 3 预防青少年意外怀孕	• 加深家长之间的相互认识和友谊，增强家长与家长之间的联结。 • 指导家长了解避孕的原理、常用的避孕方法以及人工流产等相关知识。 • 帮助家长建立与青春期孩子谈论避孕话题的信心。 • 提高家长帮助青少年建立预防意外怀孕的意识。 • 学习沟通的发问技巧，增强家长与青少年沟通的能力。	活动 1　暖场活动：面对意外			√	√
		活动 2　看图说话：避孕是什么		√	√	√
		活动 3　问题讨论：避孕方法知多少		√	√	√
		活动 4　站队活动：该不该与孩子讨论避孕的话题		√	√	√
		活动 5　电视辩论赛：避孕方法大辩论			√	√
		活动 6　角色扮演：我的朋友好像怀孕了			√	√
主题 4 预防性病与艾滋病	• 建立家长之间的友谊和相互支持。 • 提供有关预防性传播疾病、艾滋斌的知识。	活动 1　野火游戏：艾滋病的传播	√	√	√	√
		活动 2　信息条交流：性病艾滋病的流行现状	√	√	√	√

（续表）

主　题	活动目标	活动内容	年　龄　段			
			小学高年级(1—3)	小学低年级(4—5)	初中	高中
主题4 预防性病与艾滋病	• 提高家长及青少年性健康及科学预防的意识。 • 建立家长积极谈论性健康话题的信心。	活动3　知识讲解：了解性病与艾滋病的体征和诊治			√	√
		活动4　小组讨论：您会跟孩子谈安全套吗？	√	√	√	√
		活动5　角色扮演：与孩子讨论安全套的话题	√	√	√	√
		活动6　角色扮演：如何与孩子谈预防性病与艾滋病	√	√	√	√
主题5 社交安全	• 建立家长之间的相互支持。 • 了解社交中的风险隐患。 • 提供酒精、香烟、毒品、性侵及其危害的知识。 • 掌握应对社交风险的对策。	活动1　暖身游戏：你说我猜	√	√	√	√
		活动2　小组讨论：青少年社交中的风险隐患	√	√	√	√
		活动3　问题澄清：酒精、香烟、毒品、性侵害的危害	√	√	√	√
		活动4　小组讨论：社交风险排序	√	√	√	√

（续表）

主　题	活动目标	活动内容	年　龄　段			
			小学高年级(1—3)	小学低年级(4—5)	初中	高中
主题 5 社交安全	• 建立正确的性态度和性观念 • 鼓励家长建立防范社交风险的积极态度。	活动 5　角色扮演：我该怎么说？	√	√	√	√
		活动 6　角色扮演：我的朋友可能被侵害了！	√	√	√	√
主题 6 亲子互动	• 建立家长和孩子之间的相互支持。 • 巩固家长学过的知识内容。 • 通过亲子互动，协助家长操练和践行沟通技巧。 • 协助家长和孩子建立起良好沟通关系。	活动 1　暖场游戏：模仿镜子	√	√	√	√
		活动 2　小组讨论：我们的担心和期待	√	√	√	√
		活动 3　情景模拟：性与生殖健康知识问答	√	√	√	√
		活动 4　情景讨论：社交风险排序	√	√	√	√
		活动 5　学习之路：我学习到了什么	√	√	√	√
		活动 6　结业仪式：颁发证书	√	√	√	√
		活动 7　告别尾声：气球搭档游戏	√	√	√	√

二、家长心理健康教育课程

整合过去零敲碎打式的家长培训内容与主题，针对当前青少年常见的心理与行为问题，以及普遍的家庭教育的需求与困惑，系统的家长心理健康教育课程应运而生。根据不同学段学生的身心发展特点、心理健康状况以及较为典型的情绪、行为问题，设计了相应的培训内容与方案。而且内容设置及方案设计不仅以区域学生调研为前提，更是在教师丰富的教学实践与个案辅导经验的基础上完成的。通过系统的课程设置，为家长提供科学的理念、合理的方法以及合适的资源、必要的支持，最终使家长能够恰当应对孩子成长过程中出现的种种问题。

（一）课程目标

- 了解本学段学生的身心发展特点以及心理健康现状。
- 了解本学段学生常见的情绪、行为问题的表现及影响因素。
- 了解在应对孩子的各类情绪、行为问题时，家长可使用的资源、途径、策略等。

通过以上课程目标的达成，不仅仅是为让家长了解相关的知识、资讯、方法、技能，更蕴含了以下的期望：

- 当孩子出现困惑或陷入困境时，能够以理解、宽容、支持的心态与孩子共同面对。
- 对各种情绪、行为问题持客观的态度，能够理解并接纳孩子出现的种种情绪、行为问题。
- 当孩子出现情绪、行为问题时，能够以积极的态度帮助孩子去应对从而获得改变。

因此，课程设置的目的，不仅仅是知识、技能、方法的获得，更是为了转变家长的理念，并能为家长提供支持，最终使孩子从家长的转变中获益。

（二）课程分单元目标及活动设置

本课程分学段设置，同时，为了最大程度地发挥课程的作用，每一个内容在得到较为详尽的介绍后，都会再以团体辅导的形式得到实践落实。因此，每个单元的每个章节后都会附录一个团体辅导的方案，以配合相关内容的不同辅导形式的开展。具体见下表。

学段	章　节	目　标	内容呈现	活动设置
小学	第一节 心理健康教育助力孩子成长	•明白心理健康的重要性，提高关注孩子心理健康的意识。 •了解小学生心理健康的现状，以及常见的心理问题。 •学习一些关注孩子心理健康的方法，了解学校和社会所提供的支持。	1. 案例呈现 2. 心理健康的标准。 3. 小学生心理健康的标准。 4. 小学生可能出现的心理问题。 5. 作为家长可以采取的合理行为。	活动1　数据收集及活动介绍。 活动2　导入：呈现案例，引发思考 活动3　讨论：小学生常见的心理问题。 活动4　头脑风暴：家长如何发现并应对这些问题。 活动5　教师总结。
	第二节 帮助孩子与情绪友好相处	•引导家长发现处于各类消极情绪状态下的孩子的表现。 •指导家长学会多角度找原因，主动承担责任。 •帮助家长学会一些指导孩子应对消极情绪的若干做法。	1. 沮丧情绪 •案例呈现 •原因分析 •辅导方法 2. 恐惧情绪 •案例呈现 •原因分析 •辅导方法 3. 愤怒情绪 •案例呈现 •原因分析 •辅导方法 4. 面对挫折 •案例呈现 •原因分析	主题一：沮丧情绪 活动1　案例导入 活动2　游戏活动：制作《情绪气象周报表》。 活动3　总结分享 主题二：恐惧情绪 活动1　案例导入 活动2　情景演绎：家长体验相关情绪。 活动3　辅导方法介绍 主题三：愤怒情绪 活动1　案例导入 活动2　情景演绎：

（续表）

学段	章节	目标	内容呈现	活动设置
小学	第二节 帮助孩子与情绪友好相处		•辅导方法 5. 攻击性行为 •案例呈现 •原因分析 •辅导方法	家长体验相关情绪。 活动3 辅导方法介绍 主题四：面对挫折 活动1 游戏导入 活动2 案例呈现，家长讨论。 活动3 知识介绍 活动4 应对方式介绍 主题五：攻击性行为 活动1：视频导入 活动2：活动体验：《家庭水族缸》 活动3：辅导方式介绍 活动4：案例解析
	第三节 如何与注意力缺陷多动障碍的孩子相处	主题一：对孩子正确的关注 •理解与孩子的交流方式可能极大影响孩子的行为动机。 •学习正确关注的方法，了解与孩子沟通的技巧。 主题二：运用表扬、奖励来增强儿童服从性 •掌握一些行之有效的训练方法增强孩子的服从性。 主题三：学习运用隔离和其他合理的惩戒方法	1. 注意力多动缺陷障碍孩子的家庭环境。 2. 注意力多动缺陷障碍孩子的指导原则。 3. 帮助改善注意力多动缺陷障碍孩子的方法。	主题一：对孩子正确的关注 活动1 开场引导 活动2 情景故事，家长感受 活动3 案例分析 活动4 角色扮演，家长体验 主题二：运用表扬、奖励来增强儿童服从性 活动1 释义：“奖励”的定义 活动2 讨论：家长反省自身教育行为 活动3 呈现：家长的负性与正性行为。

（续表）

学段	章　节	目　标	内容呈现	活动设置
小学	第三节 如何与注意力缺陷多动障碍的孩子相处	•让家长掌握一些行之有效的训练方法，使儿童的不顺从及不恰当行为有所改善。		活动4　明确：家长可以采取的方法 活动5：案例分享 活动6：教师寄语 主题三：学习运用隔离和其他合理的惩戒方法 活动1　释义：什么是“负强化” 活动2　案例分享：理解“负强化” 活动3　呈现：“负强化”注意要点 活动4　总结：批评的兵家之说
初中	第一节 了解孩子心理	•意识到心理健康的重要性，更全面、客观地了解初中生身心发展的特点与常见的心理困惑及征兆。 •科学对待（去污名化）初中生的心理问题。 •了解家庭教育的注意事项，有意识地寻求可利用的资源。	1. 初中学段学生身心发展特点与心理健康标准。 2. 初中学段学生的心理健康现状与常见心理问题。 3. 家长的应对方式。	活动1　活动导入。 活动2　案例呈现：家长讨论案例并进一步了解相关现状。 活动3　图画填充：了解初中生常见的情绪、行为问题。 活动4　小组分享交流：家长可使用的资源、途径、策略等。 活动5　提问与答疑：引发思考，如何对待孩子的心理问题。
	第二节 青少年一般心理问题的认识与辅导	•使家长意识到初中学生心理问题的特殊性，重视一般心理问题，主动建立起预防问题趋于严重的防御意识。	主题一　一般情绪与情感问题 1. 焦虑情绪表现与成因分析。	导入活动，问题辨析：初中学生心理问题的特殊性。 主题一　情绪与情感问题 •焦急情绪

（续表）

学段	章　节	目　标	内容呈现	活动设置
初中	第二节 青少年一般心理问题的认识与辅导	•通过真实案例，分析学生常见的一般心理问题及其表现与成因，并提出相应的辅导建议。	2. 焦虑情绪辅导。 3. 抑郁情绪表现与成因分析。 4. 抑郁情绪辅导。 主题二　亲子关系问题 1. 逆反心理表现。 2. 逆反心理辅导建议。 主题三　异性交往问题 1. 青春期异性交往的特点。 2. 青春期异性交往辅导建议。	活动1　案例呈现。 活动2　分析与讨论:焦虑情绪的表现与成因。 活动3　案例分析：焦虑情绪辅导。 活动4　活动体验：头脑风暴解决问题。 •一般抑郁情绪 活动1　案例呈现。 活动2　案例分析：抑郁情绪的表现与成因。 活动3　头脑风暴：抑郁情绪辅导的策略。 活动4　角色扮演：家长体验相关情景并分析。 主题二　亲子关系 活动1　案例呈现。 活动2　案例分析：青少年逆反情绪心理表现。 活动3　视频播放：亲子沟通。 活动4　逆反心理辅导建议。 主题三　异性交往问题 活动1　案例呈现。 活动2　案例分析：青春期异性交往特点。 活动3　青春期异性交往辅导建议。

（续表）

学段	章　节	目　标	内容呈现	活动设置
初中	第三节 青少年严重情绪情感问题的认识与辅导	主题一　严重焦虑情绪：以考试焦虑为例。 •知晓什么是考试焦虑，提高关注的意识和态度。 •学习识别青少年考试焦虑的症状表现。 •从家长的角度了解应对策略。 主题二　严重抑郁情绪问题 •知晓抑郁症的危害性，提高关注的意识和态度。 •学习识别青少年抑郁症的症状表现。 •从家长的角度了解应对策略。	主题一　严重焦虑情绪：以考试焦虑为例。 1. 考试焦虑的成因分析。 2. 中学生考试焦虑症状。 3. 家长应对策略。 主题二　严重抑郁情绪问题 1. 青少年抑郁现状。 2. 青少年抑郁成因分析。 3. 如何识别青少年抑郁症状。 4. 抑郁情绪家长应对策略。 5. 抑郁症状家长应对策略	主题一　严重焦虑情绪：以考试焦虑为例。 活动1　破冰游戏：气球搭档。 活动2　案例呈现：了考试焦虑。 活动3　视频播放：了解考试焦虑成因。 活动4　视频播放：如何识别考试焦虑。 活动5　介绍：家长应对策略。 活动6　情景模拟：帮助孩子降低焦虑。 主题二　严重抑郁情绪问题 活动1　破冰游戏：关心的信号。 活动2　小调查：实话实说。 活动3　案例呈现：了解抑郁证。 活动4　交换信息卡：家长应对策略。 活动5　情景模拟：危机预防与应对。
	第四节 青春期带不走的注意力缺陷多动障碍	•掌握注意力概念和注意力不集中和注意力缺陷/多动障碍（ADHD）的行为表现。 •了解注意力缺陷/多动障碍（ADHD）的成因。 •学习应对注意力缺陷/多动障碍（ADHD）学生的应对方式。	1. 注意力缺陷多动障碍患病率 2. 注意力缺陷多动障碍成因 3. 注意力缺陷多动障碍青少年表现。 4. 家长应对策略。	活动1　游戏导入：抓手指。 活动2　案例呈现：了解注意力缺陷多动障碍。 活动3　辨析：理解注意力缺陷多动障碍的孩子。 活动4　小组讨论与分享：家长应对策略。

（续表）

学段	章　节	目　标	内容呈现	活动设置
高中	第一节 高中生心理健康早知道	•知道心理健康的定义、知道心理健康的标准、理解高中生心理健康的重要性、形成关注的意识与态度、去污名。 •结合心理视频、心理主题活动和角色扮演等方法，帮助家长理解高中生心理健康的重要性。 •培养家长关注心理健康的意识和态度，让家长体会到心理健康的重要性。	1. 高中生身心发展特点与心理健康标准。 2. 高中生心理健康现状。 3. 高中生常见的情绪、行为困扰与问题。 4. 家长可使用的资源、途径、策略。	活动1　热身游戏。 活动2　视频播放及辨析：学生心理健康标准。 活动3　案例呈现：讨论高中生常见的情绪、行为困扰与问题。 活动4　头脑风暴：家长可使用的资源、途径、策略。 活动5　角色扮演：恰当应对孩子的心理问题。
	第二节 高中生抑郁情绪的应对	•了解什么是抑郁情绪、抑郁症。 •学会如何对待抑郁情绪的孩子。 •学会识别危险信号，知道在孩子危机情况下可以做什么。 •形成正确对待抑郁的态度。	1. 高中生抑郁情绪症状表现。 2. 抑郁情绪原因分析。 3. 家长的应对资源与策略。 4. 危机预防与干预	活动1　导入 活动2　介绍：了解抑郁情绪表现。 活动3　案例呈现：家长应对策略。 活动4　观看视频：了解抑郁症。 活动5　头脑风暴：家长应对策略。
	第三节 高中生焦虑情绪的应对	•了解情绪，学习识别和区分焦虑情绪。 •觉察和分析自身的焦虑等级，了解焦虑的来源和影响。 •觉察孩子的焦虑以及焦虑的表现、来源和应对方式。 •学习缓解焦虑的方法，并尝试通过调整认知来帮助孩子缓解焦虑。	1. 焦虑的意义与表现。 2. 引发高中生焦虑的主要原因。 3. 焦虑情绪的基本应对。 4. 考试焦虑的原因及表现。 5. 家长帮助孩子应对考试焦虑的资源与策略。	活动1　活动导入：情绪脸谱，识别情绪。 活动2　视频播放：识别焦虑情绪，了解焦虑情绪表现。 活动3　分享讨论：日常孩子焦虑情绪的表现、原因及应对。 活动4　情景演绎：感受孩子的焦虑情绪，了解相关应对策略。 活动5　焦虑魔方：情绪ABC理论及应用。

（三）家长心理健康教育培训的策略

讲座式培训是比较传统、常见的培训方式，参与面广，但是培训过程较难监控，培训效果也难以得到有效评估，同时，也难获得被培训对象的即时反馈，因而缺乏针对性与灵活性，培训效果有限。

针对培训目标与活动设置，区域家长培训的方式更多采用参与式、体验式的形式，以真正促进培训对象的领悟与改变。因为培训本身就是一种实践，不仅仅是为了增加参与者的知识积累，更是鼓励参与者落实到行动中从而发生真正的变革。因此，在培训中，我们采取以下策略以更好地控制培训的过程与效果。

1. 有效管理培训场地与资源

活动场地的设置、设备的运用与管理、培训所需材料的设计与准备十分重要。在参与式培训中，座位一般都是排成马蹄形或者圆形，有助于友好、轻松的氛围的形成，同时，也能保证参与者按照需求移动座位形成小组。培训设备例如音响、投影等事先都经过检查，保证在培训过程中都能顺利得到运用，例如，在培训中适时播放背景音乐，调节气氛，营造所需要的情感氛围。同时，培训资料也在培训前周全准备，以免在培训过程中出现疏漏，从而影响培训效果与参与者的观感。

2. 共同制定规则与期望

培训氛围的营造是十分重要的，要让参与者感到友好与互相尊重，那么主持人与参与者共同制定基本规则和期望就很重要。一般在首次培训中，就通过民主、活泼、开放的形式设定规则和期望，并在后续的培训中不断强调与重温。必要时，主持人会直接提醒那些没有遵守的参与者，当然，提醒时主持人会注意方法与态度，这是对遵守规则的参与者的尊重，也是保证培训有效性的必要措施。

3. 建立积极的关系

一般在共同设定培训期望时，充分交流、互相鼓励与尊重、积极投入与合作都是我们希望参与者做到的，但这些也同时是对主持人的要求，主持人需要以言语、表情、行为来实践、体现这些期望，并能影响到参与者在行动和理念上的改变。例如，用热身游戏营造友好的培训氛围，鼓励大家发表、接纳不同观点，营造开放的培训氛围；以参与式的活动形式提升参与者的参与兴趣，从而营造积极活跃的培训氛围。主持人所有的努力都是为了能够使主持人与参与者之间、参与者与参与者之间可以建立积极的关系、有意义的联结，并能将这些方法、感受、体验在家庭中、再自己的人际圈中再现与重温，从而有效实现培训目标。

4. 处理不同观点

在参与式的培训中，注重不同观点的激发、碰撞与接纳，特别是在不同文化层次、社会阶层的异质团体辅导中，不同观点的出现是意料之中的事，即便参与者的观点是类似的，但也很有可能和主持人的预期是不一致的。因此，如何处理成员之间不同的观点、或者是成员与主持人因为不同立场而持有的不同观点，对于友善、尊重的培训氛围的营造是十分重要的。主持人会引导参与者开放地讨论问题，总结参与者不同的观点，启发他们分析思考不同的观点所体现的不同的价值观、可能引发的不同行为以及导致的不同的结果，主持人也会尽可能提供准确的信息或者促进交流，而不是按照自己的价值观灌输某些观点。

5. 具有行动性的参与方式

参与式的培训方式，需要参与者投入地体验、感受、思考，除了常规的头脑风暴、案例分析、小组讨论等形式外，让参与者行动起来，进行角色扮演，在情景中进行体验、感受，可以对问题有更深刻的体会与领悟。在培训中，主持人运用心理情景剧的相关技术来设置情境、安排表演，并在过程中及时按停，进行情节的讨论、感受的分享或者观点的收集，从而使参与者有更为深刻与生动的收获与改变。

6. 收集信息与数据

为了促进培训的不断完善，我们在培训前设计了相关的问卷，以了解参与者对于相关知识的知晓程度、现阶段持有的理念、较常运用的方法、当前的困惑与需求等。问卷在培训前以及全部培训结束后发放，通过前后测所呈现的参与者的成长或是变化，来评估培训目标的达成度。同时，对于培训的组织、实施以及对于培训者的反馈与建议，也在培训结束后进行收集。以上信息一般通过标准化反馈以及开放式问题等形式相结合来收集，可以使培训的评估更为客观、全面。

第二节　区域教师心理教育培训课程的开发

区域教师（非专兼职心理辅导教师）培训课程一般也可以分为两类，一类是提升教师自身心理素养的课程，还有一类是提升教师心理健康教育能力的课程。这两类课程其实是相辅相成的关系。通过前者的培训与学习，教师在提升自身心理素养的同时，相关的体验、感受、经验也可以运用在日常的心理健康教育工作之中，而通过后者的学习，可以在日常工作中运用科学的理念、恰当的方法开展工作，也是提升自我效能、促进教师自我实现的有效途径。

目前,区域在这两方面都在进行深入的探索与研究,前者以《积极成长·幸福区本课程》中的教师培训课程为成果,后者除了国家心理咨询师、学校心理咨询师等各类资质培训之外,区域依托课题研究,以学生情绪或行为问题的教师观测指标的研发为载体,进一步开发相关培训课程,提升培训的针对性。

一、《积极成长·幸福区本课程(教师)》

《积极成长·幸福区本课程(教师)》是区域幸福课程中的重要组成部分,是以促进教师积极成长为目标,满足教师人格健全发展需要,促进教师良好心理品质形成的一种功能型课程。

(一) 课程目标

帮助学科教师和教职员工学会运用积极心理学的理论和方法,在教育工作和日常生活中,获得实实在在的、正向的心理力量,激发创造幸福的激情,提升创建幸福的精神生活的能力,促进教师的专业成长和人格的健全发展。

• 开发积极的情绪潜能,增进主观幸福感的积极体验,提高自我情绪的调控能力,提升生活情趣和质量。

• 全面发展建设性的人际关系和良好的社会适应能力,增进亲情和友谊,增强团队精神和合作意识。

• 开发思维潜能,提高领悟生命价值和意义的精神境界,具有积极理想追求和合适的生涯规划,自觉提高工作和学习的热情及效能。

• 积极开发个性优势和特质,提高觉察反思能力,保持高效的学习和工作状态,通过获取专业发展的阶段性成果,不断提升自信水平。

（二）课程内容设置

主　题	专题划分	目标	辅导模块
积极优势	自我探索与认同	了解自我，接纳自我，更加关注自我力量，充分发挥自我优势的价值。	• 幸福起点站：活动导入 • 幸福没烦恼：故事介绍/案例分享 • 幸福读心家：心理测试 • 幸福大百科：概念辨析，价值澄清 • 幸福大转盘：讨论分享 • 幸福有氧操：活动体验 • 幸福加油站：方法总结，经验传递 • 幸福持久力：日常练习 • 幸福魔术袋：参考资源。
	提升自我效能	尝试改变信念，运用合适的方法提高自我成功的信心。	
	突破自身限制	激发内在潜能，尝试跳出舒适圈，通过信念转化轻松破解自我设限的困境。	
积极情绪	情绪管理	通过认知调整合理表达情绪，采取可能性思维、积极思维、肯定性思维去应对和管理情绪。	
	探索人生意义	重新认识人生的内涵，通过生活满意度的感知提升意义感和价值感。	
	乐观与希望	通过对事情发生后的解释风格和归因方式改善主观心境或态度，增强乐观和希望的积极感受和体验。	
积极关系	有效沟通	了解有效沟通的方式和技巧，改善人际互动的效果。	
	团队合作	明确自己在团队中的定位与角色，学会在群体中以双赢的方式协作和共处。	
	感恩	发挥感恩的人格特质魅力，促进和谐关系的发展和维护。	
积极成长	职业倦怠与调适	积极应对工作压力和事件，尝试恰当的方法去面对心理应激、重新恢复生理与心理的平衡水平状态。	
	提升行动力	科学细化目标，量力而行，提高工作绩效。	
	高峰体验与自我实现	回顾和分享成功和极乐的体验，使个体身心潜能得到充分发挥，达到高士气高成就的境界。	

二、教师心理健康教育课程的研发

教师心理教育课程的设置目的是提升教师心理健康教育的能力，为学生的成长营造温馨和谐的环境。因此，区域除了常设的国家心理咨询师、学校心理咨询师等资质培训外，针对区域学生心理状况调研结果以及各类危机预防的需求，区域依托医教协同等课题，尝试研究制定学生抑郁、焦虑等各类情绪问题的教师观测指标，从而能够及时、有效地帮助学生，预防危机。同时，通过观测指标的学习与使用，也可以帮助教师进一步了解各类心理问题的症状表现，对高危学生进行初步筛查。

目前区域已初步完成高中生抑郁情绪教师观测指标的研究。指标分为情绪、思维、躯体以及附生活事件等四方面内容，共计 25 题(观察指标 15 题，生活事件 10 题)。教师根据日常所观察的学生表现以及所了解的学生情况对这些题目进行“是”与“否”的选择。其中，选择“是”，则该题计 1 分，选择“否”，则计 0 分。将每题得分相加，记为问卷的总分。通过初步试用，将结果与 Kutcher 青少年抑郁量表的使用结果进行比对，经过统计分析，该指标有一定的信效度，可供初步筛查用，且教师观测得分大于等于 1.5 分时，可怀疑该学生有抑郁可能，此时，心理辅导教师可以介入进行进一步的评估。

在试用过程中，相关教师也对指标中提到的种种症状提出了疑义，因为表面相似的行为——例如，上课时经常趴着睡觉，背后可能有不同的原因，同时，也提出了指标的选项只有“是”与“否”，没有程度划分等问题。这些使用意见以及建议的提出，可见教师在日常的教育教学实践中的观察思考，也反映了教师对于学生各类心理问题相关知识的探索精神。因此，在完善指标的同时，区域将依此为载体，设计相应的专题培训课程，在丰富教师相关知识的同时，提升观测指标使用的有效性，为学生提供更专业的关爱与呵护。

三、区域教师心理健康教育培训策略

（一）注重实践性

无论是专兼职心理辅导教师还是其他教师，区域培训的原则一直都是从实践出发，再回到实践中，这样的培训对教育教学工作才有实际的指导意义。例如，在专兼职心理辅导教师群体中，我们定期以个案督导的形式开展研讨培训，由心理辅导教师提供个案，通过不同专业方向的专家给予心理辅导个案的专业解读与分析，以及同伴的互助交流，老师们不断积累经验、完善知识体系、提升辅导技能。而其他教师的各类培训也是从教育教学的实际出发、从教师开展工作实践的需求出发。例如，考虑到家校合作对于学生成长的重要性，区域不仅开设了家庭教育指导师的培训班，还开展了游戏辅导等体验性的课程，帮助教师提升家庭教育指导能力。

（二）提升针对性

区域教师心理健康教育培训的课程设置根据不同的培训对象，有着相应的设计与设置。例如，专兼职心理辅导教师对于心理健康教育的相关理论已有较为系统的认知，那么这个群体的培训多为专题性、技术性的培训。例如，针对个案辅导中可能会使用的沙盘、房树人等技术，或是团体辅导会运用到的教育戏剧等开展相应的培训。而对于其他教师，则更多的是较为系统的专业知识与技能的全面地培训。例如，开展国家心理咨询师（二级、三级）培训、学校心理咨询师（初级、中级）培训等，在此基础上，再根据教育教学工作的需求，开展其它的专题培训。

（三）讲究专业性

区域教师心理健康教育培训是专业的培训，无论对象是否是专兼职心理辅导教师，我们都以专业性作为开展培训的首先考虑的标准。以专兼职心理辅导教师的个案督导为例，每学期固定邀请市精卫中心医生作为个案督导的专家为区域心理辅导教师答疑解惑，每次督导对一个个案进行深入的分析与解读，并为老师普及一些医学方面的常识。三年来，由精卫中心专家进行督导的中小学心理辅导个案有 20 余个，从来访者信息的收集、问题的判断、心理辅导教师可以使用的方法技术、如何开展家长的医学常识指导等，给予了心理辅导教师详尽的辅导，不断提升心理辅导教师的专业技术能力。

第三节　区域学生心理健康教育课程的推进

在积极探索与开发家长、教师的培训课程的同时，学生依然是我们关注的首要对象。根据学校心理服务的三级预防体系的要求，学校要关注每个学生的心理健康，要做到对高危学生的预防以及个别心理障碍学生的转介与后续辅导。因此，如何与学校心理健康教育工作体系相对应，对各类学生都能有效关注，对各类危机能够高效应对，是我们一直追求的工作目标，为此，学生的心理健康教育课程体系的研究与实践成为区域心理健康教育研究与实践的重要内容。

一、完善发展性辅导课程

发展性的心理辅导是学校心理健康教育的主要工作，面向大部分的健康学生群体，根据学生身心发展的需求，引导学生积极面对成长发展过程中的种种问题，在此过程中提升学生的心理品质。区域在学生发展性辅导课程的研发实践过程中进行了深入的思考与实践，目前开展了两类课程的研究：一类是面向全体学生的系统的发展性辅导课程，即《积极成长·幸福区本课程》，根据不同学段学生的身心发展需求与特点，分学段编写指导手册；另一类是以解决学生成长过程中发展性问题为目标的专题性课程，例如，以提升学生心理弹性为目标的高中生团体辅导课程。两类课程的研发，伴随青少年的成长并给其提供必要的支持。

（一）《积极成长·幸福区本课程》

1. 课程目标

• 总目标

开发学生心理潜能，提升学生的心理素养，促进学生人格的健全发展。培养学生良好的心理品质，增强学生调控自我、适应环境、承受挫折的能力，帮助学生学会生活、学会学习、学会交往、学会创造等，使学生拥有愉悦的情绪心境和乐观的人生态度。

• 阶段目标

小学阶段（一至五年级）

小学阶段着重帮助学生拥有积极地情绪体验，体验学习的乐趣，乐与老师、同学的交往，初步培养学生良好的行为方式与习惯。

初中阶段（六至九年级）

初中阶段帮助学生拥有积极的自我评价，能学会调节自己的情绪，建立良好的人际关系，以积极的心态面对学习及生活。

高中阶段（十到十二年级）

高中阶段，帮助学生进一步改善学习品质，促进社会适应，有丰富而稳定的情感，提高耐挫能力，完善个性品质。

2. 课程内容

课程内容分为 4 大单元，每个主题单元下面划分若干专题，具体内容见下表。

单元模块	小学关键词	初中关键词	高中关键词
1. 积极优势	1.1　自我探索（发现自己的兴趣与特长）	1.1　自我探索	1.1　自我认同
	1.2　欣赏自己	1.2　自我肯定与认同	1.2　自我效能
	1.3　好奇心	1.3　发挥自身优势	1.3　挑战自我
2. 积极情绪	2.1　学习乐观	2.1　学习乐观	2.1　学习乐观
	2.2　发现生活乐趣	2.2　发现生活意义	2.2　探索人生
	2.3　希望与梦想	2.3　增加主观幸福感	2.3　情绪管理
		2.4　希望与梦想	2.4　希望与梦想
3. 积极关系	3.1　乐于交往	3.1　学习感恩	3.1　学习感恩
	3.2　学习感恩	3.2　悦纳他人	3.2　团队合作
	3.3　学习原谅	3.3　学习宽容豁达	3.3　竞争与合作
4. 积极成长	4.1　学习的乐趣	4.1　养成良好生活与学习习惯	4.1　心理弹性
	4.2　养成良好生活与习惯	4.2　学会目标管理	4.2　自决能力
	4.3　促进行动能力	4.3　建立自我价值感	4.3　行动能力
		4.4　促进行动能力	

（二）《高中生心理弹性团体辅导课程》

青少年在成长过程中，在某些阶段可能会遇到相应的特殊问题情境，例如随着青春期的来临，亲子沟通、异性交往等有时会出现困惑，或者随着学业负担增多，学业压力也随之增大，有时会出现相应的情绪、情感问题。为此，区域尝试探索对这些问题情境开展专题性辅导，根据区域学生的相关调研结果，首先研究是高中生的心理弹性问题。

高中生正值人生观、价值观、世界观形成时期，也是人格发展趋于稳定的重要时期，同时又是升学高考的特殊时期，与初中生相比，高中生会面临更多压力和挑战。当不断上升的拒学、厌学、网瘾、早恋、自杀等高中生心理健康问题出现在我们面前时，如何通过切实有效的学校心理辅导课程的开发和实施，帮助更多的满载未来希望的高中生们建立积极向上的生活态度与生活方式，掌握压力管理和挫折应对的方法，学会以一种积极的方式认识自我，开发潜能，自我超越，提升学习、生活实践中的心理弹性，促进其健康适应与积极成长，这是我们研发相关辅导课题的初衷。

1. 课程目标

• 引导高中生识别自身情绪反应，能够澄清情绪，并尝试控制情绪，保持健康、能量的可持续性。

• 改善高中生实用性解决问题的技能，学会对意想不到的逆境的积极回应，提高自身韧性。

• 加强高中生的自尊、自信和自我认同。

2. 课程内容

根据课程目标设置，《高中生心理弹性团体辅导》课程共包含12讲的内容，从认知到实践层面进行层层深入的辅导，引导高中生不断反省、体悟与成长，具体辅导内容如下。

内容模块	辅导主题	辅导目标	活动设置
团队形成	规则与安全	•让团队成员间相互认识，尽快熟悉和了解彼此。 •构建和谐关爱的团队氛围，激发同伴间的信任感和亲近感。 •建立团体成员需共同遵守的规范。	活动1　热身游戏，活跃氛围。 活动2　诺亚方舟活动：个人介绍。 活动3　嘿～哈！活动：加强成员联结。 活动4　团队契约活动：建立团队规范，保证团队功能发挥。
积极认知	1. 自我认知：目标与定位	•让团队成员学会认识自我、自我觉察。 •让团队成员学会自我悦纳。 •帮助团队成员思考个人价值观、了解人生目标、合理定位。	活动1　热身游戏 活动2　自画像活动：促进自我觉察。 活动3　分享交流与总结，促进成员自省。 活动4　布置作业 活动5　回顾与总结。
	2. 困难与逆境认知：机遇与挑战	•分享自己生命中曾遭遇的困境，重构对困境的认知。 •理解困境的两重性，能以积极、自信的心态应对挑战。 •面对困境能保持冷静，能自主梳理可行的问题解决路径。	活动1　分享作业。 活动2　“困”—说文解字：促进学生思考。 活动3　“困”的突围：问题解决。 活动4　自信练习：激发信心。 活动5　回顾与总结。
乐观情绪	1. 消极情绪的识别与管理：理性调情绪	•识别情绪，认识情绪的多面性和复杂性。 •学习如何恰当表达情绪。 •学习使用 ABC 调节情绪。	活动1　情绪帽活动：识别情绪。 活动2　分享交流：我的负性情绪反应。 活动3　实践体验：应用 ABC 理论调节情绪。 活动4　回顾与总结。

（续表）

内容模块	辅导主题	辅导目标	活动设置
乐观情绪	2. 学习与考试情绪调节：高考降焦虑	• 认识心理压力及焦虑情绪，理性看待高考。 • 掌握常用、使用的考试策略和技巧。 • 学习放松训练法缓解考试焦虑，从容应考。	活动1　情景模拟：考场百态。 活动2　心理测试：考前心态自测。 活动3　案例讨论：考试攻略。 活动4　回顾与总结。
坚韧意志	1. 坚持品质的培养：绝不轻言放弃	• 观看菲尔普斯视频《最后一战》，感悟体验成功路上离不开坚持。 • Plank 挑战赛，体验突破自我设限和不断尝试、坚持的成就感。 • 觉察选择放弃或坚持的原因，寻找应对的策略和方法，培养坚韧耐压的品质。	活动1　视频播放：《最后一战》 活动2　活动体验：Plank 挑战。 活动3　分享讨论：坚持有方法。 活动4　脑力计算：0.001 的坚持。 活动5　回顾与总结。
	2. 心理弹性的提升：压力与调适	• 体验压力过大或过小都会产生不良影响，适度压力才能有最佳表现。 • 从压力事件分享出发，探讨积极有效的压力应对和调适方式。	活动1　活动体验：我的喷泉花。 活动2　案例讨论：应对压力我能行。 活动3　回顾与总结。
主动行动	1. 学会归因：合理归因　提升行动力	• 了解归因的方法。 • 认识到不同归因产生不同影响。 • 学会合理归因。	活动1　热身活动。 活动2　理论介绍：维纳理论。 活动3　案例讨论：学会合理归因。 活动4　回顾与总结。
	2. 自我挑战：打破设限挑战潜能	• 帮助学生体验克服困难、接受挑战的成功感和愉悦感。 • 激发学生探索自我潜能、创造奇迹的兴趣和动力。 • 引导学生通过个人表现经验和替代经验，提高自我效能感。	活动1　热身游戏。 活动2　活动体验：平面魔方。 活动3　视频播放：《永不放弃》。 活动4　回顾与总结。

（续表）

内容模块	辅导主题	辅导目标	活动设置
构建支持系统	1. 自我支持：提升自我效能	•了解自身具有的资源和优势，获得自我支持，保持自信乐观的生活态度。 •分享自己成长过程中的成就事件，强化成功体验，提升自我效能感。	活动1　热身活动：慢生活。 活动2　活动体验：知足常乐。 活动3　分享交流：苹果树。 活动4　手语舞蹈：《我真的很不错》。 活动5　作业布置。 活动6　回顾与总结。
	2. 环境支持：建立学校、家庭、社会	•了解在不同的情形下，有不同的人可为自己提供帮助。 •发掘可利用的环境资源，获得环境支持。	活动1　风雨同行：人际互动与协作。 活动2　作业分享。 活动3　分享交流：一起走过的日子。 活动4　复习手语舞蹈《我真的很不错》。 活动5　回顾与总结。
结束阶段	迈向成功路	•展望未来，构建自己的理想生活愿景，理解善用现有资源及付出努力是通向美好生活的重要途径。 •分享感受和收获，表达欣赏和道别祝福。 •评估团体辅导的收效。	活动1　热身活动：你真的很不错！ 活动2　情景表演：梦想家园。 活动3　分享交流：我的颁奖词。 活动4　回顾与总结。

二、开发预防性心理辅导课程

大量研究表明，当前我国青少年学生的心理健康状况不容乐观，特别是随着年级增长，学业压力、情绪困扰、人际交往等带来的心理健康问题尤为突出，焦虑、抑郁、恐惧等负性情绪问题较为严重，不良的心理健康状况不仅会导致身心疾病，严重影响学生的身体健康和学习活动，同时还直接危害学生的社会适应与发展。本着预防甚于治疗的理念，基于学生调研的情况，以学生抑郁情绪的调适为目标，尝试研究、实践了中学生抑郁情绪调适的团体辅导课程，并取得了一定的成效。

（一）课程目标

• 通过团体辅导，引导学生掌握一定认知策略，识别负性想法或非理性信念。

• 通过团体辅导，帮助学生掌握适切的方法，增强积极行为，改善消极情绪。

• 通过团体辅导，引导学生发现并利用各类支持资源从而改善情绪。

（二）课程内容

为达成以上辅导目标，根据认知行为治疗的相关理论，课程研究小组制定了相关的研究计划，设计了以下的辅导内容与活动。

主　题	辅导目标	辅导内容	辅导活动
情绪高手，生活主人	• 帮助成员了解团体性质及活动时间等基本设置 • 建立成员对团体以及对彼此的信任 • 学习识别和区分抑郁情绪	团队建设 识别和区分抑郁情绪	活动 1　导入：团队介绍。 活动 2　破冰游戏：人际互动滚雪球。 活动 3　案例分享：情绪识别。 活动 4　活动体验：心晴日记本。 活动 5　作业布置。 活动 6　回顾与总结。
行为激活，愉悦活动。	• 掌握行为激活技术，帮助成员看到行为和感受之间的联系。 • 通过日常活动记录及反馈表强化积极行为，改善自我情绪。	学习行为激活技术，建立愉快活动清单。	活动 1　分享作业情况。 活动 2　案例分享：介绍行为激活技术。 活动 3　活动体验：填写活动情绪表，建立愉快活动清单。 活动 4　讨论分享：分享个人愉快活动清单。 活动 5　作业布置。 活动 6　回顾与作业。

（续表）

主　题	辅导目标	辅导内容	辅导活动
问题解决，改善情绪	•学会使用问题解决技术来处理事件，进而改善不良情绪。	了解问题解决技术及相关步骤，并尝试运用。	活动1　热身活动：赢糖果。 活动2　上周作业回顾。 活动3　活动体验：锦囊制作：了解问题解决技术。 活动4　案例讨论：练习问题解决技术。 活动5　作业布置。 活动6　回顾与总结。
识别自动负性想法	•学会识别自动负性想法	识别自动负性想法	活动1　导入，音乐放松。 活动2　上周作业分享。 活动3　案例讨论：识别自动化思维。 活动4　小组分享讨论：练习识别自动负性想法。 活动5　作业布置：练习思维记录表。 活动6　回顾与总结。
行为验证，扭转歪曲。	•使成员能够对自己的想法进行行为验证	了解自动想法的现实检验，改变认知歪曲。	活动1　上周作业分享。 活动2　案例讨论：自动想法的现实检验。 活动3　头脑风暴：练习现实检验表。 活动4　作业布置。 活动5　回顾与总结。
调整认知，打破偏见。	•使成员了解自己频繁出现的负性想法的类别，并尝试去改变负性想法	对负性自动想法进行归类并尝试改变。	活动1　上周作业分享。 活动2　案例讨论：识别自动负性想法的类别。 活动3　活动体验：练习为自动负性想法分类。 活动4　作业布置。 活动5　回顾与总结。

（续表）

主　题	辅导目标	辅导内容	辅导活动
理性认知，改善情绪。	•学会使用理性想法再认识所遭遇的现实情境，调整自我认知与情绪。	用理性想法替代负性自动想法。	活动1　上周作业分享。 活动2　角色扮演练习查找自动负性想法。 活动3　活动体验：想法改变记录表。 活动4　作业布置。 活动5　回顾与总结
总结回顾，展望未来	•回顾整个活动的内容； •分享彼此的感受； •感谢团员们的参与，表达对他们的欣赏； •评估团体活动成效。	总结前七次活动内容，分享感受、评估团体治疗成效	活动1　上周作业分享。 活动2　讨论交流：成员收获与改变 活动3　成员分享。 活动4　回顾与总结。

三、研究医教结合辅助课程

在当前的学生群体中，存在一定数量的正在进行医学干预的学生，例如ADHD的学生、重度抑郁症等学生，通常情况下，学校心理辅导教师采取转介的方式来应对这些问题。随着心理健康教育工作的深入开展，我们发现在面对这些问题时，学校心理辅导教师并不是只有“转介”这一种途径。ADHD学生如果在服药的同时，由心理辅导教师联合班主任、任课教师、家长从不同角度同时进行辅导或干预，治疗效果会更好。为此，根据相关课题的研究成果，我们从ADHD学生的辅导着手，研究治疗性辅助课程，以更好的帮助学生适应环境，健康成长。

（一）课程目标

对确诊为ADHD的儿童，在进行个性化评估后，根据需求，学校、家庭合力，选择各自可以使用的、适切的辅导方法，相互配合，共同努力，提升学生注意品质。

（二）课程内容

ADHD 学生的辅导是一个综合性的工作。综合性体现在 1. 辅导方法技术的综合性；2. 辅导者的综合性。即，为了提升辅导效果，配合药物治疗，可以使用游戏辅导、行为干预、神经运动训练以及语言听辨干预等技术，多途径、多通道地提升 ADHD 学生的注意力品质。同时，所有的辅导方案根据需要，可以由班主任、任课教师以及家长相互配合、合力开展，家校共同努力促进 ADHD 儿童的行为改变。

由于 ADHD 学生的个性化差异的存在，例如，症状严重程度、发展状况都存在差异，因此，在团体辅导的同时，需要班主任或者任课教师、家长进行有针对性的个别化的关注与帮助。区域在研究相应的训练课程的同时，也鼓励教师针对学生的不同情况，对训练课程进行个别化的实践运用。以下是区域某小学在区域训练课程的基础上针对某位 ADHD 学生设计的个别化的辅导方案。

总体辅导安排

辅导领域	实施方式	辅导者	实施时间	内容安排
药物治疗	在家吃	母亲	每天早上	协助（记录）服药量及表现 家长沟通与支持
游戏治疗	√	心理辅导教师	每周四中午	具体内容见下表
行为治疗	√	班主任	每天	靶目标的确定：认真完成作业 靶目标的记录方式：每天记录 阶梯式目标的制定：上课不做小动作

（续表）

辅导领域	实施方式	辅导者	实施时间	内容安排
行为治疗				阶梯式奖励的制定：敲星 协助并记录靶目标改变情况 按规定获取奖励，强化自信与自控策略：能达到目标就奖励一颗星，每周一次总结。
语言听辨干预	√	心理辅导教师	每周四中午	具体内容见下表

第一部分：游戏辅导和语言听辨干预方案

辅导目标	改善、提高学生注意力、自控能力及语言听记、听说能力		
参加对象	赵某某		
辅导老师	心理辅导教师		
活动时间	每周一次，每次30分钟左右，共8次		
活动安排	活动与训练内容	活动与训练目标	备　注
第一次	划消数字；听背数字	注意力、观察力、听记能力训练	1.“划消数字”每次活动必做，并回收所有答题纸。活动后教师整理记录好学生注意力的变化过程。 2. 每次活动的主题游戏难度递增，必须按顺序进行。 3. 每次活动的主题游戏进行两轮。两轮中间老师要带领学生充分讨论完成
第二次	划消数字；走迷宫；小小复读机	注意力、观察力训练、听记能力训练	
第三次	划消数字；大家来找碴；小小复读机	注意力、观察力训练、听记能力训练	
第四次	划消数字；猜领袖；听故事回答问题	注意力、观察力训练、听记能力训练	
第五次	划消数字；模特儿训练；画画说说	注意力、自控能力训练、听说能力训练	

（续表）

<table>
<tr><th>活动安排</th><th>活动与训练内容</th><th>活动与训练目标</th><th>备　注</th></tr>
<tr><td>第六次</td><td>划消数字；踩细绳；小小故事家</td><td>注意力、自控能力训练、听说能力训练</td><td rowspan="3">游戏的秘诀，指导学生集中注意力、提升自控力。
4. 关注学生的反应，如觉得其有抵触，也可结束这一项练习，不要过分强求一定要达到某一个要求。</td></tr>
<tr><td>第七次</td><td>划消数字；顶纸棒；读故事</td><td>注意力、自控能力训练、听说能力训练</td></tr>
<tr><td>第八次</td><td>划消数字；大拇指对决；照片中的故事</td><td>注意力、自控能力训练；听、说、记综合训练</td></tr>
</table>

第二部分：行为治疗

• 靶目标的确定

根据和教师、家长的讨论商量，讲学生的靶目标确定为上课不做小动作。

• 靶目标的记录

第一周：确定目标行为

目标行为观察记录表（第一周）

姓名________　　班级________　　目标行为________

<table>
<tr><td>项目</td><td colspan="8"></td></tr>
<tr><td>目标行为</td><td colspan="8">上语文课做小动作</td></tr>
<tr><td>行为基准线</td><td colspan="8">一周（　）次</td></tr>
<tr><td>起点行为</td><td colspan="8">一周（　）次</td></tr>
<tr><td>分阶段目标</td><td>第一周</td><td>第二周</td><td>第三周</td><td>第四周</td><td>第五周</td><td>第六周</td><td>第七周</td><td>第八周</td></tr>
<tr><td></td><td></td><td></td><td></td><td></td><td></td><td></td><td></td><td></td></tr>
</table>

第二周：讨论目标行为达成度

心理老师了解班中大多数学生目标行为的次数和当事人目标

行为的次数，进行数据统计和比较，得出当事人与正常行为的偏离值。心理老师与 ADHD 儿童共同讨论目标行为每周的达成度，及奖励方式。对于 ADHD 儿童不适当行为（一项），老师可以用示范、分解的方法，让其学会正确的行为方法（反复强化）。

目标行为观察记录表（第二周）

姓名________ 班级________ 目标行为________

	第二周	第三周	第四周	第五周	第六周	第七周
本人目标行为数						
达成后的奖励						

第三周：关注目标行为

心理老师与 ADHD 儿童共同确立了目标行为每周的达成度，使 ADHD 儿童对行为发展具体的指向性，要求明确，目标清晰。心理老师及 ADHD 儿童本人共同记录目标行为出现的次数，当孩子出现不适当行为时，心理老师可以做适时的提醒。

目标行为观察记录汇总表（第__周）

班级________ 姓名__________ 本周目标行为数：

项 目	星期一	星期二	星期三	星期四	星期五	平均数	达成后奖励
教师记录							
自己记录							

项 目	星期一	星期二	星期三	星期四	星期五	平均数	达成后奖励
家长记录							
自己记录							

第四、五、六、七周：转化目标行为

在接下来的三周里，心理老师每周一次（周五）根据学生的实际行为，进行目标行为的达成度的微调，体现出学生与心理老师之间的民主关系，评价的恰当性，目标的递进性，有利于 ADHD 儿童最终达到行为目标。

如果 ADHD 儿童达到目标，请他回答下列问题：

☆你定的目标是什么？

☆你是如何顺利完成了这个目标？（这里需要心理老师引导学生关注自己努力的过程。）

☆你对成功有什么样的感受？

☆你打算怎样祝贺自己或奖励自己顺利达到了目标？

☆教师予以奖励。

如果 ADHD 儿童没有达到目标，也请他回答下列问题：

☆你定的目标是什么？

☆目标确定以后你做了哪些努力？你觉得没有达到目标可能是因为什么原因？

☆你打算重新调整目标还是另想对策？

建议：不要惩罚没有达到目标的学生，尽可能帮助学生学会设定切实可行的目标，并且从实现目标的过程中体验到快乐。

在第七周里，ADHD 儿童根据本周目标达成度，进行自我监控，自我督促，努力达到预期目标，心理老师适时的进行鼓励和支持。

第八周：小结目标行为

心理老师与 ADHD 儿童共同统计分析目标行为的达成度，分析行为养成的原因，心理老师予以奖励，ADHD 儿童进行自我鼓励。

（三）学生心理健康教育策略

1. 提倡积极性，关注差异性

区域学生心理健康教育课程的研究以积极心理学的相关研究

作为理论基础，引导学生发掘、强化自身的积极人格力量和优秀品质。同时，针对不同年龄段的学生，根据学生的不同发展状况，在专题内容、课时安排以及目标达成的深度上都有所区别，以有效引导学生的积极成长。

2. 注重过程性，激发自主性

关注学生在学习过程中的形成性评价，将评价作为助人、自助的过程，充分发挥学生在评价过程中的自主性，以起到激励学生并激发其学习的热情、引导其感受成功的快乐，从而不断强化辅导效果。

3. 强调系统性，注重针对性

以学校心理服务三级预防体系有效运作为目标，针对发展性学生群体、高危学生群体以及需要医学介入的心理、行为障碍的学生群体的不同发展需求，在科学评估或调研的基础上，设计相应的心理健康教育课程，有效落实三级预防体系，同时，具有针对性的课程或辅导活动也更具有实效性，有助于提升不同群体学生的心理品质。

第四节　家校社合力营造心育生态系统

学生的健康成长，既需要各个微环境的健康运作，也需要微环境之间的良性互动。家庭、学校、乃至于社会以及各个相关机构，都是紧密联系、互相影响的环境，通过这些环境的有效互动，形成能够促进青少年健康成长的生态系统。

一、家校协同共育人

系统的课程建设，不仅丰富了家长、教师等群体的心理健康教育方面的相关知识，为其提供科学有效的方法，更重要的是，通过知识的传递、理念的更新，使这些群体能够产生良性的互动，为家、校之间的有效沟通与合作打下了基础。除此之外，区域还通过“蜻蜓心天地”——黄浦区未成年人心理健康辅导中心、黄浦区未成年人家庭教育指导中心等机构，为家校协同育人搭建了平台。

（一）点面结合，辐射全区

“蜻蜓心天地”自成立以来，关注心理健康教育在家庭教育中的重要性，为了更好的服务全区家庭，能够使家庭与学校、家庭与区域心理健康辅导中心之间形成紧密联结，在中心工作辐射全区的前提下，又依托心理健康教育工作卓有成效的 4 所中小学成立了分中心，并通过上海市心理健康教育达标校评审、上海市心理健康教育示范校评审、全国心理健康教育特色校评审、上海市家庭教育示范校评审等工作，加强区域各校心理辅导室以及家庭教育指导工作的建设，形成中心——分中心——各校心理辅导室的工作层级，使家庭教育指导工作更为深入，家校合作更具成效。

（二）注重宣传，加强指导

除了课程建设，常规的宣传工作也是促进家校合作的有效途径，无论是相关宣传品的发放，还是定期的家庭教育指导讲座的开设，亦或是现场咨询的答疑解惑，“蜻蜓心天地”通过各种途径加强对家庭的指导。在宣传科学的家庭教育理念的同时，深入了解家长在家庭教育方面的需求与困惑，开展个别化、针对性的指导，引导家长与学校有效合作，共同培育孩子健康成长。

（三）加强研究，深化服务

“蜻蜓心天地”本着为学生终身发展和幸福奠基的目标，将家庭教育指导作为促进学生健康成长的重要途径。为此，从成立至今，不断开展各类课题研究，《基于学生发展需求的心理健康服务协同系统研究》、《区县心理健康教育中心运行机制的实践研究》、《上海市中小学职业启蒙与职业规划教育实践研究》、《依托区级未成年人家庭教育指导中心开展家庭教育指导的实践研究》、《现代城区中小学青春期教育衔接体系的研究》、《区域推进学校、家庭、社会三位一体育人机制的实践研究》多项课题的开展，使中心不断更新工作措施，深化服务意识，能准确、及时呼应家长在家庭教育方面的需求，不断提升中心服务的精准性。而这些有效服务，也促进了家庭与学校的有效合作，促进微环境的良性互动。

二、医教结合共育心

自 2014 年以来，我区参与了上海学生心理健康教育发展中心主持的《基于中小学生发展需求的心理健康服务协同系统研究与实践》项目，深入探索医教结合、协同工作的机制在中小学中有效落实的途径与方法，研究至今还在继续。我区共有 9 所项目校(小学、初中、高中各三所)参与此项目研究。在研究过程中，我们反思了以往工作的不足，通过研究实践不断探索着医教协同工作有效推进的途径，以及工作开展的具体形式与内容。经过我们的努力，医教协同工作的服务对象更为广泛(从高危学生到所有学生、教师与家长)，医教协同工作的形式更为多样(从危机干预到培训、督导)，医教协同工作的内容也更为深入与丰富(从严重心理障碍、ADHD 的医学介入到对各人群——学生、教师、家长的医学教育)。这些发展与变化也表明我区医教协同工作的组织管理以及运行机制也逐渐形成，并开始有效运行。

1. 政府支持

关注未成年人心理健康，并为之提供各项保障，一直都是我区未成年人心理健康教育工作的理念。也是在这样的理念驱动之下,区域各相关部门——黄浦区文明办、区教育局、区卫生局、卫计委、妇联主办,区教育学院、社区学院等——协调配合,为医教协同工作提供各项支持包括人员支持、专业支持和经费支持。

例如,黄浦区卫计委自2014年以来与“蜻蜓心天地”以及黄浦区教育学院合作,为区域学生家长提供名为“沟通之道”的青春期健康知识家长培训,内容涉及青春期生理变化、心理发展等各个方面,三年来,为区域几十所学校上千名家长提供培训服务,卫计委为所有培训提供了经费保障、人员保障与专业支持:所有培训工作经费都由卫计委提供;培训师资由卫计委与“蜻蜓心天地”、黄浦区教育学院共同组织招募,以社工与心理辅导教师为主,卫计委每年还为这些培训师资提供了专业的培训师培训;三年中培训教材进行了两轮更新。以上措施保证了该系列培训的品质。除此之外,培训形式一改惯常的讲座形式,而是以团体辅导的形式进行,新一轮更新更增加了亲子互动的培训模块,使培训效果得到显著提升,深受家长好评。

2. 完善机制

自“蜻蜓心天地”成立之初,“医教联动”机制就是中心的两大运作机制之一,当时主要是与区精卫中心(卫生局下属单位)建立联动机制,对于突发或危机情况急需专业医疗介入的,通过联动机制的运行,以进行辅导与干预。自2014年参与项目研究以来,同时,也考虑到区域学生的具体状况与需求,我们将联动机制升级为协同机制,将医、教双方的合作推向更深、更广。

医教协同不再是仅仅针对问题或危机情境,预防甚于处置。而是将服务人群从危机学生延伸到所有学生,再从所有学生延伸到教师与家长;医教协同的工作内容从问题或危机问题的处置扩展、深化到发展性辅导、教师与家长的辅导与培训;医教协同机制的参与方从“蜻蜓心天地”、区精卫中心扩展到市精卫中心、卫计委及下属协会等，使医教协同工作的范围、形式、内容都得到了丰富与深化。

2017年，“蜻蜓心天地”为进一步完善医教协同工作机制，规范相应的工作，“蜻蜓心天地”拟定了与市、区两级精卫中心的合作协议，使医教协同工作向着常态化、规范化、高效化发展。

通过医教协同机制的保障，使医教协同的服务、研究等各项工作能够得以有效开展，并不断提升工作实效性。

3. 资源整合

自医教结合研究工作启动之初，我区就发现原有的专家资源已经不足以应对当时的研究工作的要求以及学生健康发展的需求，因此，“蜻蜓心天地”在原有专家资源的基础上，进一步整合市、区两级精卫中心的专家资源，在上级部门的支持之下，为研究工作乃至于整个区域的心理健康教育工作提供各项指导与服务。

随着研究与实践的不断推进，各方资源的整合与运用日渐深入。从一开始仅仅是邀请市、区精卫中心医生为项目组教师提供指导，并参与一些专业量表的访谈工作，随着研究的推进，我们将精卫中心的专家资源引入到了区域心理辅导教师的专业培训、个案督导等活动。这些举措受到区域心理辅导教师的欢迎，于是，“蜻蜓心天地”每月安排一位市精卫中心专家为中学或小学心理辅导教师提供的个案进行督导，且每次只安排一个个案，以保证督导的质量。

学生的健康成长不仅仅是教师的责任，更是学校、家庭、社区共同合力的结果，除了整合资源加强教师培训之外，“倾听心天地”整合市、区精卫中心专家资源、卫计委专家资源，为区域家庭提供培训、指导等各项服务，内容涉及到青春期教育、ADHD孩子的家庭教育、亲子沟通等。

4. 校际联动

除了整合专业机构资源，我区还不断加强校级联动，运用优质学校资源以及区域心理健康教育分中心、家庭教育指导分中心的专业力量，使医教协同相关工作得到更精细化、高效化的推进与落实。通过有效运作区域内的校级优质资源，医教结合协同服务的理念通过中心——分中心——学校的路径得以贯彻与落实，各校开始接受医教协同共同服务学生的理念，重视转介等专业工作的开展，并意识到对家长开展相关医学教育的重要性。在项目研究之初，“蜻蜓心天地”就开展了高危学生的家长沙龙活动。之后，“蜻蜓心天地”与各个分中心每学期定期开展区块的家长讲座与现场咨询，宣传相关理念，加强对家庭教育指导。

未成年人的健康成长是每个家庭、每个教育工作者、每个社会的共同期待，因此，未成年人的健康成长也需要每个家庭、每个教育机构以及社会的共同努力，我们所做的一切，都是为了让家庭、教育机构乃至于每个社会成员可以理解这一点：人的成长离不开健康的环境，而健康环境的建设需要每个人、每个主体的协同合作。人与环境、环境与环境之间都是动态影响的过程，而我们能做的，就是提供各类支持与引导，让环境中的各个主体可以发现这个规律，并能合理利用这个规律，合力建设良好的环境并主动加强环境之间的良性互动，构建青少年健康成长的积极的生态环境。

第六章　基于学生成长需要的学科学习心理辅导实践

第一节　生命科学教学中激发学生认知内驱力的实践研究

个人的成长影响因素有智力因素和非智力因素，智力因素作为心理过程中的认识过程直接影响着学习活动，而非智力因素虽然不直接参与认识过程，却是学习活动赖以高效进行的动力因素。学习动机作为非智力因素，对学生的成长有着很大的影响。黄浦区教心工作室“基于学生需求的学习模式研究”，所做的《中学生学习心理状况调查》结果显示：大多数同学(90.6%)学习动机有一定问题和困扰，需要调整；从学段来看，学习动机有严重问题的高中生(5.1%)明显多于初中生(2.8%)；学习动机太强的学生比例最高(8.1%)，其次是学习动机太弱(5.0%)，最后是学习目标困扰(3.5%)和学习兴趣困扰(2.8%)。基于此次学生心理状况调查，笔者就展开了实践研究。

一、认知内驱力是学习动机的重要组成

美国著名心理学家奥苏贝尔提出的成就动机的组成部分是认

知内驱力、自我提高的内驱力和附属内驱力，三者互相联系构成一个整体。

认知内驱力是指要求获得知识、了解周围世界、阐明问题和解决问题的欲望与动机，与通常所说的好奇心、求知欲大致同义。这种内驱力是从求知活动本身得到满足，所以是一种内在的学习动机。由于有意义学习的结果就是对学习者的一种激励，所以奥苏贝尔认为，这是“有意义学习中的一种最重要的动机”。例如，学生生来就有好奇心，他们越是不断探索周围世界，了解周围世界，就越是从中得到满足。这种满足感（作为一种“激励”）又会进一步强化他们的求知欲，即增强他们学习的内驱力。

自我提高内驱力是指学生希望通过获得好成绩来提高自己在家庭和学校中地位的学习动机。随着年龄增长，学生自我意识增强，他们希望在家庭和学校集体中受到尊重。这种愿望也可以推动学生努力学习，争取好成绩，以赢得与其成绩相当的地位。自我提高内驱力强的学习者，所追求的不是知识本身，而是知识之外的地位满足（受人敬重、有地位），所以这是一种外在的学习动机。

附属内驱力是指通过顺从、听话从父母和老师那里得到认可，从而获得派生地位的一种动机。这种动机也不是追求知识本身，而是追求知识之外的自尊满足（家长和老师认可），所以也是一种外在的学习动机。

而在有意义的学习中，认知内驱力是一种最重要和最稳定的动机。它是对学习材料和学习任务本身的好奇心与探究欲，知识的获得即能迅速而有效地满足这种需求，学习情境的新颖、令人惊奇的内容以及富有变化的认知都能使这种动机得到最大程度的学习效果。

二、高中生学习生命科学认知内驱力的调研

为了进一步了解在校学生学习生命科学的情况，笔者对高一年级部分学生就学习生命科学的兴趣、感受和效果进行了一次访谈调研，以及时调整教学策略，探索调动学生认知内驱力的方法和对策。

1. 新颖的、能引起好奇和注意的事物能够激发学生认知内驱力

调查中学生表示无论对生命科学、生命科学课程和实验课都有着比较大的兴趣，由于学生对生命科学感到新颖而又无知时，诱发了的好奇的内驱力。特别是课程中的实验课，由于具有很强的操作性，使学生产生新鲜感，从而更容易激起学生求知、探究、操作等学习意愿。因此，在生命科学教学中，以新颖、生动、活泼的例子导入，以提问、讨论、设疑质问、选讲故事等形式展开，从一开始就激发并充分保护学生的好奇心，在课程教学中适时加以引导，进一步培养学生的求知欲，鼓励其积极思考、探索，最后在此基础上发展成为主动学习的认知内驱力。

2. 对符合本人能力水平的活动容易激发认知内驱力

在对课后作业的访谈中，学生们反映上课都会，做作业都蒙。这是由于配套作业设计得梯度还不是很配套，导致许多学生认为生命科学的题目很难，由此产生了生命科学是一门很难掌握的学科，从而影响了学生们对本课程的学习动力。因此，教师要考虑学生的接受能力，其中也包括学生中明显的个别差异，指导学生完成符合本人能力水平的任务。如对于现有的作业进行精心筛选、改编，加强练习指导和反馈，使学生感觉是有能力完成的。

3. 学生对生命科学的兴趣和学习目的不同，导致认知内驱力不同

在目前高考改革的新形式下，学生对生命科学学习的内驱力主要分为三类：一是喜欢生命科学，并且加试该学科的学生。这些学生学习内驱力足，有着较高的学习主动性和积极性，教师应该进行重点培养，除了在基础型课程中加强培养以外，还可以为他们开设拓展型、研究型课程，进行进一步的拓展提高，从而培养出一批生命科学有志趣的爱好者。二是不喜欢生命科学，高考不加试该学科的学生。这些学生对生命科学内驱力不高，教师在教学中需要给予一定的关注，让他们拥有基本生命科学常识。三是不太喜欢生命科学，但是由于各种原因加试了该学科的同学。这个群体兴趣度一般，且拥有一定的人数比例，应该是教师教学中要积极争取的对象，在基础型课程的课堂上要牢牢吸引这类人群，让他们在学习中找到激情。

4. 认知内驱力直接影响学生的学习掌握度

学生对生命科学的认知内驱力直接决定了学生的努力度和注意度，从而直接影响学对学习内容的掌握程度。调查显示实验报告的独立情况明显高于课后练习题的独立完成情况。这与学生对实验课学习的内驱力最高有直接关系，正因为感兴趣，学生上课就更容易集中精力，努力付出，从而学习掌握情况就比较好。因此，提高学生学习兴趣是促进课堂教学有效性的一个重要手段，它能使学生学习变得积极、自觉、主动、愉快，能够使学生由被动学习转化为主动学习，从而发挥学生主体性，体现“以学生为本”，获得良好的学习效果。

三、高中生生命科学认知内驱力激发的教学实践

以下是笔者和所在备课组同事们结合心理学家对认知内驱力

的研究，在教学实践中的几点做法。

（一）优化课程教学，激发认知内驱力

课程教学是孕育学生学习生命科学兴趣的土壤，它为兴趣培养提供了一个广阔的平台，成为了教师展示生命科学魅力的舞台。有效的、生动的教学过程能够充分释放生命科学的独特魅力，从而激发学生对生命科学的认知内驱力，产生浓厚的求知欲，提高学生学习效率。

1. 课程内容生活化

学生对已有知识经验相联系的事物容易引起学习兴趣。而我国近代教育家陶行知先生提出“生活教育”，主张“关于生活”、“基于生活”、“为了生活”的教育，主张课程教学要充分的反映生活；生命课程教学要注重引导学生对“科技—技术—社会”和“人—自然—社会”关系的探讨。因此把生命科学的知识与学生的生活实际、身边的社会热点事件相结合，注重理论联系实际，是吸引学生注意力、激发兴趣的有效因素，又是符合课改理念的一个重要教育途径。以下简单列举一些教学中的实践：

教材内容	相关的生活实际和社会热点
绪论	克隆、转基因、生物圈二号等生物科技
病毒	12/1——防艾宣传日 非典、禽流感等疾病
物质基础	食用品（如：各类饮料、加碘食盐等）、保健品（如：各类补钙保健品、维生素营养品等）等相关知识
DNA、基因	人类基因组计划、杂交水稻基因
免疫	艾滋病、非典等疾病的防疫、免疫接种
激素	运动员兴奋剂丑闻
神经调节	脑科学的发展、6/26 世界禁毒日、毒品的危害

（续表）

教材内容	相关的生活实际和社会热点
酶	加酶洗衣粉、多酶片
提供高光合作用效率 植物生长素的作用 根对水分的吸收	学农实践
遗传变异	禁止近亲结婚、遗传病
进化论	神创论
水分的吸收	吊生理盐水、海水不能喝海啸后的盐碱地带给植物的危害

2. 教学手段信息化

21世纪的生命科学是一门面向信息化社会的课程，必须重视生命科学课程教学手段与信息技术整合。除了要利用好各种实物教具外，教师应该充分运用信息技术和互联网的资源，制作生动有效的教学课件，将影像、声音、动画、图片及板书等教学手段融为一体，教学容量更大，使教学内容更直观，提高学生学习内驱力，丰富增强教学实效。

如在讲述"DNA复制和蛋白质合成"时，教师利用动画显示复制、转录和翻译等过程，可以通过"演示—观察—讨论—结论"的教学过程将抽象的过程形象化；在讲述《有丝分裂》和《减数分裂》时可以通过动画演示，使课本中的配图连贯活动起来，帮助学生构建完整的动态的细胞分裂过程。而在讲述《生物进化》，用大量详实的图片充实了教学内容，使教学更加的直观有趣。

3. 教学方式多样化

有效的教学是能够激发学生的学习内驱力，是让所有学生参与到整个学习过程之中。生命科学教学强调以学生为本，也特别提倡强化科学探究，提倡学习方式多样化，提出生命科学课程教育应引导学生变单一的接受性学习为接受性与体验、研究、发现相结合的学习，变单一的个体学习为独立自主与小组合作交流的学习。因此教师需要在传统的教学方式基础上，使其更加多样化，以下是几点新尝试：

① 引入研究性学习。研究性学习一直是我们教研组比较关注的学习方式。我们在基础课中尝试引入研究性学习，比如在讲《内分泌系统中信息的传递和调节》时，通过《对兴奋剂的初步研究报告》、《肾上腺素对小白兔的生理影响》、《什么是糖尿病》等各种课题活动来带动学生的学习，让学生在饶有兴趣的调查、实验研究中，获取知识。在《植物生长发育的调节》一课中，教师则引导学生共同探究生长素的发现史，重新体验科学研究的重要过程，从而掌握科学的研究方法，培养科学的研究精神。

② 组织学生的自主学习。由于课时限制，教师必须充分调动学生的积极性，让他们利用课外时间对这些知识展开自主学习。一方面要利用好课堂教学，提高学生再学习的兴趣，另一方面可以用拓展作业的形式进行指导。如让学生对生物新科技、资料查询，让学生在不知不觉进行了学习活动；另外也可以通过让学生设计公益广告、短消息等活动，达到自我教育和提高。

③ 提倡互助合作学习。一方面加强个人学习成果的交流学习。将学生的个人学习成果进行多形式的展示交流，可以是专集展示、展板布置或者本人发言等，这样即能够提高学生积极性，又能够在展示活动中分享个人学习成果。另一方面组织以小组为单位的合作学习。在教学中，经常以 2 到 6 人不等的小组为单位进行讨论、实验和学习，这样既便于展开组内的同伴教育，合作学习，又可以在组与组之间展开竞争、分工合作的学习。如在实验课时常以小组形式展开实验，这样一方面可以节约时间，但是更重要的是可以

让学生学会分工合作，取长补短，相互学习。同时在课堂教学时也可以采取小组形式开展学习活动，比如在光合作用过程研究史中，可以让各组同学们分别研究一至两个实验，然后在课堂上进行交流学习，还可以让组与组织间相互提问挑战，展开一种良性竞争。

（二）完善反馈评价，维持认知内驱力

目前，教师们尤其注重在教学五环节中通过精心“备课”来提升“上课”的有效性，关注在课堂教学中加强教与学的设计来激发学生的学习内驱力，也成为公开课研讨、教学比赛中重点关注的焦点和评价依据。然而“作业”作为课堂教学的延续和反馈，“评价”作为维持学生学习内驱力的重要因素，时常会被老师忽视，往往以练习册和测验考试等比较单一的形式所替代，其实在这些环节中同样也有很大的研究和实践空间。

1. 加强课后作业设计，提高有效性和趣味性

如果作业设计新颖、充满情趣，那么就能够激发学生强烈的学习欲望，让学生感受到学习的快乐，有助于学生改进学习方式；如果教师布置大量的只针对所学内容的练习，而形式又以书面为主的话，那么学生就可能会形成死记硬背、机械训练的学习方式，学习兴趣会逐渐随之淡去；如果教师经常布置一些准备性作业，让学生通过多种形式搜集资料、呈现资料，那么学生就可能形成探究学习的方式；如果让学生完成观察、制作、实验、社会调查、设计等作业，那么学生就能在学习中逐步形成自主、合作、探究的学习方式，学习兴趣也会日益浓厚。因此教师在教学过程中，尝试让学生完成多种形式、多种渠道、多种反馈的作业。除了常规的练习册上的作业外，笔者还尝试了以下几种作业形式：

课件制作。比如在绪论课后让学生关于“生物科技新发展”的资料搜集，并以课件的形式展现出来，教师选择优秀课件适时编入

今后的教学中(如将“克隆人”收编入基因工程,将“杂交水稻”收编入遗传变异)。即让学生在完成作业的过程中自学了新的生物科技,感受生命科学发展的重要性和创造性,更能够通过将其制作的课件收入教师课件的形式,让学生体验到成功的喜悦,激发对生命科学学习的积极性和兴趣。

编辑小报。如在《生命的物质基础》时,让学生就生物体内化合物的作用等内容进行文献检索,做成宣传小报在班级中集中展示;在《神经系统中信息的传递和调节》中让学生按小组编写一份《珍爱生命　远离毒品》的宣传小报,并将优秀作品汇编,组织了一次年级组的宣传展览。

编写宣传语。在《病毒》一课中,教师要求大家为12月1日的防艾日编写一条短信,并当场交流,评选出最佳口号。学生们积极性很高,在短短的几分钟内,饶有兴趣的编出了如“HAPPY一小会,ILL一辈子”等短消息。学生们通过这项作业不仅深入了解艾滋病,更重要的是经历了一种情感的体验,懂得要如何珍爱生命,保护生命,对学生产生了积极的长远的影响。

设计实验。在教授植物体内无机化合物时,可以拓展水培法对矿质元素的研究实验,从而培养学生的实验设计技能;做《叶绿体色素提取及分离》时,可以让学生对不同选材(植物叶片)、不同走样的方式(同心圆式、条带式)等实验效果进行对照实验,分析原理,从而提高学生科学研究的兴趣,提高学生实际动手能力,初步掌握实验研究的技能。

制作学件。在《遗传信息》一课中,让学生动手制作DNA结构模型;在《细胞结构基础》一课中,让学生选用生活中的材料自制细胞模型等,既可让学生深入学习到相应的知识,又能够在完成作业的过程中学会分工合作、相互协作。

设计思维导图。在等级考复习巩固中,通过学生围绕一个知识点或者一个主题展开思维导图设计,搭建生命科学知识体系框架,激发联想与创意,形成系统的学习和思维的习惯。

2. 教学评价多元化,强调评价结果的激励性

教学评价作为的教学重要环节,对学生学习内驱力的持续性和升华起到重要作用。心理实验证明:一个人只要体验一次成功的欢乐和胜利的欣慰,便会激起再一次最求成功和胜利的信念和力量,从而充分调动学生的学习兴趣。教师应善于发现每个学生的优点和长处,能从各个不同的学生身上找到值得表扬和鼓励的地方,适时地进行评价。鼓励和表扬是教育的法宝,它们对于学生有着无穷的诱惑力,但激励性评价要有针对性,要巧妙,即用教学语言应鼓励学生学习的积极性,用激励评价鼓励学生参与,培养学生的学习习惯,激发学生的学习兴趣。因此恰到好处的引用多种评价,采用重点突出、多种方法、多主体并用的多元化评价,更容易使学生在学习中获取成功的体验。除了传统的测验、考试等评价形式,在教学实践中还注重从一下几方面:

关注教学痕迹,注重课堂表现。对于学生的课堂投入度给予充分的关注,是否积极参与思考、是否积极回答问题、是否有比较宽的知识面、是否能够有敏捷的思维和反应等,以评分形式或者口头形式给予及时的记录和反馈评价。

强调阶段性成果。对于拓展型作业不仅要给予等第评价,而且还要给充足时间、空间进行展示交流。这样既能让学生在鼓励中激发更高的积极性,又可以让大家在交流中相互学习。如在资料检索的作业中,能够将所查阅的资料整理后,通过自己的理解再组织成文,并且配以图解的是最好的作业;其次就是能够把资料抄写下来后自己给予一定评价的。对这两种学生要及时的肯定和鼓

励，并介绍给其他学生，让他们体验到成功的愉悦。

加强自评互评。这是研究性学习中常用一种评价方式，在教学中我们较多的引入了小组学习，那么这种评价机制同样可以推行。学生自评能够提高学生学习的积极性与主动性，促进学生对自己学习进行反思，有助于学生进行独立性、自主性和自我成长的能力；互评的过程是学生进行学习和交流的过程，能够让学生更清楚地认识到自己的优势与不足，能够从不同角度为学生提供有关自主学习、发展状况多种信息，有助于学生全面的认识自我。

实施分层评价。由于等级考和合格考不同选择的学生，对于配套练习要结合实际教学中教师对作业事先做了一定的筛选和修改，其中较难的部分作为选作题，让学有余力或者等级考的学生自主选择。因此对学生必作部分的质量和选作的数量和质量教师都可以给予相应的分层评价。

搭建展示平台。基于精心设计的作业，教师可以给学生搭建成果展示平台，让学生体验到成功的成就感。如学校会进行优秀作业的展示活动，通过展板、展台等形式让学生成果展示与众人面前，获得他人的赞赏和鼓励。学校还组织“我是小老师”活动，让学有余力的学生作为老师的助教，在班级甚至年级的同学中担任小老师，以同伴指导的方式提升学生的自我效能感，树立学习榜样。

总之，激发和培养学生的学习内驱力，这是一个古老而崭新的课题，也是一个正在复兴的教育教学改革课题。加强对学生非智力因素的培养，激发学生学习内驱力，提高学习积极性是教学必须贯彻的宗旨，将会在将来生命科学的教学实践中不断更新，不断完善。

（上海市敬业中学　戴智）

第二节 高中语文教学中提升学生自我效能感的实践研究

1977年,斯坦福大学心理学家阿尔伯特·班杜拉提出了自我效能感的概念。班杜拉认为,人们对其能力的判断在其自我调节系统中起主要作用,由此提出这一概念。自我效能感是指个体在执行某一行为操作之前对自己能够在什么水平上完成该行为活动的信念、判断或主体把握与感受。这一理论在实践中有诸多发现,可以用来辅助学生改善或提升学习品质。

黄浦区教心工作室"基于学生需求的学习模式研究",所做的《中学生学习心理状况调查》结果显示,高一年级的学生自我效能感相对其他年级偏低。这一现象与学生从初中升入高中时的诸多因素有关,比如,1. 环境因素。每个人对新环境的适应性不同,环境适应慢与低者在一段时间内通常自我效能感表现出较低的水平。2. 初高中衔接因素。尤其表现在知识获取的方法和途径上的巨大差异所带来的初高中衔接的不顺。3. 成绩因素。难度的加深,学科成绩的大面积大幅度不稳定。4. 人际交往因素。过于谨慎的人际交往带来的暂时性自我效能感差。

当然,要解决学生自我效能感全面提升的问题,需要各个学科老师的共同作用,甚至还要与家长联合起来一起推动。

以下是我在学生自我效能感提升的实践措施:

一、阅读分享建立信心,提升名著阅读的自我效能感

从高一上学期开始,我在班级里推行"《悲惨世界》阅读分享

会”的整本书阅读的语文综合实践活动。学生们从无到有，从不知如何分享到施展各种手段分享，从浅到深，从人物故事情节介绍到人物形象分析，从性格特征界定到人性深刻挖掘，从小说内容到小说写法，逐渐在阅读分享过程中建立阅读信心，提升了名著阅读的自我效能感。

很多学生在这个过程中的很多提升自我效能感的具体实践给我以很深的教育教学启发，主要有这样几个方面：

第一，缓慢介入，逐渐渗透。

最初开始《悲惨世界》的阅读分享，学生确实显得手足无措，不知从何处入手。这时候怎么办呢？我跟学生强调两点：1. 首先要读，必须认真读，阅读要有批注。2. 从批注入手，将自己的阅读体验或者批注内容展示出来。

应该说，这两个要求不高，学生在课堂上比较痛快地展示他们在阅读过程中的具体感受，将自己的批注展示出来。逐渐地，他们开始发现，某些人物的批注集合在一起，似乎构成了一个相对封闭、相对完整而又相对客观合理的评注综合。这样的批注集合似乎可以比较完整地传达某种个性化的综合式的阅读体验。于是，部分同学开始围绕一个或几个人物、一个或几个故事情节多维批注，并尝试构造一个相对完整的评述系统。这种尝试也不算太难，但是已经具有人物形象综合分析、故事情节综合评价的雏形或者轮廓。

至为关键的一点是，他们发现他们能做到，并且从“能做到”中体验到一些自信力，甚至似乎改变了简单的初中思维解读名著的畏难心理。

第二，替代经验，积极借鉴。

在这种批注式阅读的过程中，很快地，开始有学生积极思考如何呈现自己的阅读展示的整个格局。于是，两个同学在 PPT 上开始配图，去寻找《悲惨世界》的各种歌剧、音乐剧、电影等图片来佐助自己的阅读批注；然后又有同学将搜集的音乐剧来做背景音乐辅助表达自己的部分观点；又有同学剪切了部分电影版音乐剧来比较音乐剧与小说原著相同情节的不同表现形式，分析音乐剧改编的小说依据……

这些先行者，逐渐有了成功的体验。

正如班杜拉分析的那样，人的许多效能期望是来源于观察他人的替代经验。看到与自己相近的人成功能促进自我效能感的提高，增加了实现同样目标的信心。当一个人对自己某方面的能力缺乏现实的判断依据或知识时，这种间接经验的影响力最大。其关键在于观察者与榜样的一致性。

确实如此。

同伴的成功迅速“传染”了其他人，同伴成功方式的简单易模仿性又催生了其他同学的“替代性经验”的获取与巩固。后面参与阅读分享的同学上课在“互动质询”环节中不时地对其他同学的成功分享方式进行各种或表扬或批评的点评，而这种点评实际上就是点评者在品味与鉴赏同伴的操作方式与流程，而肯定或否定的过程也是形成认同、加深体验的过程。这样，后来的分享者的分享内容、分享形式是站在先前成功者的肩膀之上的，更多的成功体验被仿生或创造出来，更多的替代体验也日益巩固，构成了一个同伴学习的自然共同体。

学习身边那些看得见的成功，是提升学生自我效能感的有效途径。

第三，言语劝说，适时启发。

尽管学生的成功经验可以复制与借鉴，但是如果一直在低层次上重复，这样不仅对于提高阅读能力不利，而且对于提升学生自我效能感也是不利的：低层次的成功对于自我效能感的质性提升没有太大的益处。

于是，教师的作用恰在这时出现了。

利用现代的QQ、微信等交流功能，我会提前两到三周布置下一批分享任务、安排下一批分享同学，然后跟他们沟通交流。教师，基本上是擅长于说教的，但说教往往无用，其根本原因在于时机不对。那些无用的说教往往不是在学生最需要的时候出现，自然无效或效果不佳。

我在跟学生交流时，会有意无意地询问他们阅读的进度，询问他们阅读分享的内容，询问他们阅读分享的方式规划。当有学生告诉我，她试图剖析"马吕斯的恋爱心路历程"时，我指点她如何运用文艺心理学的心理分析方法去解剖人物；当学生对"容德雷特"进行解读时，我指点他注意小说其他部分的相关故事情节，以及雨果对这个人物的判词，顺利地指点他"文本细读"与"内证法"，他也能欣然接受；当学生不畏惧困难，分析"伽弗洛什"与"马吕斯"的人物关联时，我提醒他注意雨果所提供的的当时社会背景与巴黎社会现状……

数十条建议，用比较简单但直接的语言，在学生最需要的时候提供给他们。而且，更为重要的是，我在学生阅读的同时也用同样的小说版本进行批注，我常常把自己的批注展示给那些需要的同学，使他们明白我与他们的阅读体验是同步的。

这种建立在同步阅读批注体验基础上的言语劝说与鼓励，对于学生自我效能感的质性提升是有益而有效的。同时，这也带来了教师的自我效能感的提升，即我感觉到自己对学生的言语劝说、启发引导是有益而有效的。

自我效能感的这种教学相长式的提升，是一种极其愉悦的体验。

二、利用评语的言语激励作用，通过提升学生内省力，达至自我效能感提升的结果

教师评语是可能触发学生进行内省思维的动力，对学生往往起到意想不到的言语激励作用。通过对教师评语本身的研究，通过对教师评语做出之后学生的反馈研究，我们可以对学生的反应进行分析，分离出能触发学生内省思维的评语类型，并利用这些评语来进一步激发学生的深层内省，改善学生自我效能感提升的内在心理基础。

基本步骤：

1. 精心研读学生“作品”，教师对学生作品和学生作品形成过程中的各种学习行为做出适宜的评价，并通过明示与暗示要求学生对这些评语进行反馈。

2. 从内容、结构和文字心理等方面深入分析学生的反馈，分离出触发学生内省思维的因素，并通过实践追踪某类评语对学生的影响。

3. 做反复的持续性研究，用以验证和推翻先前评语研究中的某些建议、观点与结论，逐渐建立能激发学生内省思维和自我效能感提升的评语类型，以供教师做进一步的研究。

实践案例：

每一种评语都有不同的适用情境、适用对象、适用范围和适用的目标，每一种评语在激发学生内省和提升学生自我效能感的过程中有不同的效果和作用。因此，在进行评价并希望能通过这种评价来激发学生内省潜能和提升自我效能感的过程中，我首先会对学生进行了解与研究，仔细观察他的日常行为表现，认真揣摩他在某个时期某个学习项目过程中的心理表现。

比如，激将型评语适用于这样的学生，有一定的语文学习的聪明才智，在某些方面有很强的敏锐领悟能力；个性有些倔强有些硬气，但有一定的羞耻心理，担心别人瞧不起自己；有些地方有点懈怠，不愿意完全按照教师的要求去仔细地完成任务，或者在完成任务的过程中有偷工减料的现象存在；希望得到老师的关注、关心、关爱，甚至为了引起老师的关注而做出一些稍微"过分"的举动，希望老师能证实他在班级或某个集体中的"存在"；一般情况下，这类学生大多是男生，也有一部分性情比较像男生性格的女生。

当然，任何一类评语在一定的实践之后，我们可以与其他种类的评语结合起来，综合运用，以求评价活动更为丰富、更有层次、更利于内省效果的深度植入、更利于激发和促成学生的自我效能感的提升。

有这样一个男生，性格有些内向但相当倔强，有与老师沟通的强烈愿望，在诗词方面有一定的感悟力。在某个学期的期中考试之后一段时间，他突然有所懈怠，很多作业完成的数量非常少，常常有明显的偷工减料的情况。有一次，在摘抄作业交上来之后，我发现他的作业中的"文章评价部分"只有草率的 4 行字。仔细读来，个别句子还是能够表达他的主体思想的，但文字太短无法令读者明了其思维的整个过程。但实际上，以这个男生的能力而言，他完全可以做到将这个内容拓展开来。

课后，我与他的班主任做了一些交流，了解到他最近在各个学科方面均有所懈怠，均有不同程度的偷懒现象。课堂上，我仔细地观察，发现他并非完全不认真，只是时常有点发呆，但绝不是经历什么感情上的挫折而引起的一种现象，简单地说，他就是有点发呆而已。于是，我在他摘抄本上进行了激将法的第一次评价：

"这是令我长叹不止的作业！若你不能按照要求来做，你将永

远不能体会到很多语文的真正内涵！这样，最终将浪费你的智慧，甚至它们将退化！唉！你要好好想一想，为什么会是这样呢？”

这种激将法的第一次评语的目的在于警醒，只是在运用一种较为夸张的语言、方式和情感表达来“刺激”这位同学，使他能够意识到自己的不足，以及老师对他的一些隐含的期望，即要在语文作业中表现出他应有的智慧！但是，究竟如何表达这种智慧呢？我在设计时就告诫自己不要急于表明自己的态度，因此在这次的评价中我并不做明确的提示，只是像一个年龄稍大的长兄那样，表明自己的带些激将内容和激励性质的“失望”。这种“失望”并非是针对学生人格或品德上的一种贬低式评价，只是用这种情绪来刺激学生的某种反应，用以测试学生的对待这项事物的真实态度，从而为教师的进一步的教育教学行为提供一定的参考依据。

以下是紧随而来的第二次评语，大约在三周以后：

“评价与鉴赏”部分今次只有 11 行，下次请写至 20 行，并分成 2～3 段，如何？若你完不成，我就只能“轻视”你了！

第二次评语的目的在于告知方法，并继续运用激将法促其完成。因此，这次的评语设计的时候，我有意在过程中告知他具体的做法或者说是一种形式上的结果(即完成 20 行，分成 2～3 段)，这种做法或结果的告知是对他的作业的写作格式的一种较为宽泛的提示，希望他能够按照这样的格式来完成，从而自己体验到这种格式中包含的作业的更为细致的要求，并在这种具体的操作过程中体味自己内心的醒悟。并且，我继续使用激将法，在前次他基本完成作业的情况下，以“完不成作业”将遭到教师的“轻视”为借口来督促他完成！这是一种尝试，在没有结果之前，我尚不能断言他一定能够完成得很好！当然，学生也明白得很，这里的“轻视”也没有任何道德或人格的意味，这个语词只是为了引起或者唤起学生的一种内心的重视，并进一步激起学生在操作的过程中向内来进行探究，也就是激发自己的内省潜能。

下面是第三次评语，大约在两周后：

“这次作业方可见出你的语文智慧与功力，20 行评论文字于你不过是小菜一碟而已，君以为如何？”

我完全没想到，这位男生的这次作业无论是数量、格式，还是作业的质量，都表现出了他沉默的表象背后的一种灵动的学习智慧和学习能力，我因此明确地将他的这个优点非常清晰地体现出来，以给他一种肯定，使他也能够对自己的优点有一种认可感，同时，这种在“智慧与能力”上评价的延续性，又能够使他有一种成功的成就感和诚信感：只要自己认真完成作业，有数量和质量上的收获，老师是能够意识到并且表示自己热烈的激赏的！这样，就利用前篇的激将激发出学生的学习训练的思维能力，并且从他的作业表现来看，他对自己完成 20 行评论文字是充满自信的，从他的文字里你甚至可以想象出他完成作业后飞扬的情绪！

老实说，这次的作业的确很出乎我意料之外。但作为老师，我同时想到的是，如何激发学生的这种学习激情，如何保持学生的这种学习投入度，并且如何发现学生的自身优点，而继续开掘学生的自身的学习潜能呢？如何捕捉新的内容对这位男生的学习有进一步的推进呢？如何巩固学生已经体验和收获到的自我效能感呢？

下面是第四次评语，大约在三周以后：

“这次的作业唤起了我心中的喜爱，老实说，我觉得你这次作业的表现非常棒！因为你在阅读的过程中注意到文章中的几个关键细节，而且你还能将这几个关键细节串联起来进行思考，从而得出了连你自己都意想不到的结论。关注细节，尤其是关键性细节，对阅读的好处，我想，你已经实实在在地体味到了。不过，文章中

的后半部分还有几个与此相关的细节，你能把它们找出来吗？”

一般而言，男生的性情中毛糙粗心的地方比女生要多得多。但是，这一次，在他的作业里，他对于细节的关注引起了我强烈的兴趣，他的这种行为表现出他现在在语文学习上的用心，表现出他已经开始运用一些方法来浸入到语文学习的境界中去。因此，在这种情况下，教师要善于挖掘学生的某一方面的细小优点，大力张扬，以促使他在这个方面的优点形成他的一种阅读习惯和阅读品性，也就是通过表扬来固化他的某种优秀行为，从而促进他在同类的行为过程中不断反省，不断总结，并最终形成他在语文学习中的某种个性，当然这其中也伴随着他的自我认知能力、自我效能感的提升。

也就是说，从这一次的表扬开始，我开始增加我对他运用的激将型评语的内涵，或者说将多种其他的评语方式糅合在激将法中，例如在激将法中渗透了言行激赏型评语的内容，使得他能够获得足够的心理满足感，并且能够将这种心理满足感迁移到其他方面，并在其他方面的学习中保持这种激情与活力。当然，更为重要的是，我试图通过表扬他的这种优点属性激发他在这方面的潜能，形成巨大的学习优势，不知道这种激将是否奏效。不过，我在我的“挑逗性评语”(**你能把它们找出来吗？**)下面看到了一个小小的但干净清爽的字：“能！”

我笑了！

但似乎时间总是在考验着我们的耐心，转眼，期末复习开始，寒假也即将开始。这段时间里，我无法“跟踪检验”他学习的效果，无法用这种独特的方式来促发他的反省。

两个月匆忙地逝去了！

下面是第五次评语，这是第二个学期开初的事了：

“嗨，我亲爱的大小伙子，你今天的作业不太对我的胃口。你上个学期期末前后的那种优异表现彻底把我的胃养刁了，我对你的作业的要求和评价与你上个学期一开始时的表现有着天壤之别。你可不能‘逗我玩’。你还记得我们之间那些‘精彩的往事’吗”

有些时候，学期一开始，男生的懈怠似乎总是没有来由的疯长一段时间。这是令人头疼的问题。但是，我觉得，即便如此，对于他来说，我并不想贸然地去批评他，刺激他。既然我已经在他身上花费了那么多的耐性，那么，再缓慢地从头开始推进又何妨呢？再说，这里的“从头开始”，其实与上个学期的“从头开始”的位置与内涵已经是完全不同了。

我上面的评语旨在唤起他的感觉，唤醒他曾经一度沉睡的内省力，让他自己回忆，让他自己思考，给他足够的时间与空间来对自己的行为进行反省，重新唤起他业已提升过的自我效能感的体验。而且，我相信，这种轻松幽默的调侃应该很对他的胃口，不会让他反感，不会激起他的逆反思维，也许，也许，他真的会回家翻出上个学期的那些作业本，一页一页地翻看着，回顾我们之间的那些“精彩的往事”呢？我知道，那些回顾的思维与过程都是内省的具体表现，都是对自我效能感的一次愉悦回味。

老实说，我感到了一种无法言明的快乐。

下面是第六次评语，又过了三个星期：

“好家伙，你这次的评价着实令我惊喜：你对于《小溪巴赫》中所蕴藏的音乐美的品味是很独到的。当然，更令我感兴趣的是，你自己所写的那段小小的练笔之作，也显示了可与之媲美的文字功力。不过，我想到的是，你的这段练笔能否稍稍扩展一下，用更清新自然的笔调，用一个简练闲适的结构来构造一篇妙悟呢？你仔

细想想吧，然后请在周四或周五的中午来找我谈谈你的想法。你愿意让我分享你的奇妙构想吗？"

其实，我的这些评语终将一点点一丝丝地实实在在地回落在语文学习的坚实泥土上。我也想知道，他是否真的在内心深处开始有了审视自己并奋力向前的一种源动力，他是否真的能利用这样一段较长的时间来浸入到真正的内省境界，他是否能够修正并最终坚持自己的渐有模样的语文学习方式。

事实是，我确实如愿了：我在周四中午 12：25 在办公室门口看到了他略有些"慌乱"的紧张眼神，我内心里热切而且热烈地为他的行为鼓掌。在交流中，他向我真实地介绍了他看到我的评语之后的思想斗争，真实地告诉我他在家里如何"辗转反侧"、苦思冥想那篇文章的构想，并且真实地而真诚地恳请我将他写出来的简单思路梳理一下，便于将那篇文章改写成一篇稍稍像样的"作品"来。

通过与他的这样一番交流，我感觉到，这个评语开始真正地引导他开始走向对于语文工具和人文的真诚分析，这个评语或言语激励对他语文结构方面的触动是极为深刻的。老实说，我觉得，他的语文学习在不远的将来将会产生更大的变化，形成较为稳定的学习思路和学习结构。这才是这样的评语研究的所给人带来的真正的内省期待。

我感觉，引导他深入进行语文学习的春天，终于来到了！这让人感到舒畅与喜悦。

下面是第七次评语，大约过了一个月吧：

"五月，真是一个令人愉悦的月份。呵呵，我的意思是说，你在过去一个多月的语文学习的表现与领悟力很不错，我感觉，你好像已经踏踏实实地在路上了。是的，在路上了。可能这条路还会有

些曲折，但是，我始终相信，每一个拐弯的地方都会有一处很别致的风景。只不过，我在想，每一个拐弯儿，我们都要停下来，想一想。是的，我觉得，一定要想一想。你说呢？”

接着，在他的本子上，我看到了他这样的回答：

“老师，我想，我明白你的苦心，我不能保证不会有反复。但的确如您所言，我会在每一次拐弯儿的地方，停下来想一想。是的，这对于我的语文学习之路而言，的确很重要，很重要。”

我觉得，我不需要再说些什么了。

接下去的时间里，我与他之间语文学习的交流很多，但更多的是局限于直接的语文方面的质疑与解答，他真的不再需要通过其他的评语进行干预与评价了，他在语文方面的进步始终能够见到，尽管有时只是一点点、一点点在增长，但的确是在增长。

后来，由于文理分班的缘故，他不在我班级了，但是，他的语文学习始终是稳定的。

“他对语文学习的兴趣还是很高的。他有一个挺奇怪的特点，比如，有些时候，他第一天白天没有相通的问题，经过一个晚上的‘发酵’，好像就有点东西了，然后他会在本子上写几行东西，用挺谦虚的口气向老师请教。我有时候感觉，他好像是，喝完茶总有一个或短或长的品茶时间似的。呵呵，小伙子，不错……”，他后来的语文老师曾经这样对我说。

我很高兴听到这些东西。是的，真的令人高兴。他似乎已经有了这种内省的习惯，他的潜能的“产物”似乎也在一点点累积着，他的自我认同、自我效能感也得到了极大的提升……

反思小结

评语是教师与学生心灵沟通的一条良好的途径。教师可以变换评语的形式、方法、语言、风格与学生交流，从而能够促进学生的内省，提升其自我。评语需要精心设计，尤其是语文老师而言，这也应该是语文老师展示自己良好语文功底和才能的小窗口。我们不能要求所有老师对所有学生的所有作业都精心设计评语，但是老师可以自己尝试在一定的范围内进行精心构思。要思考促进评语有长久效果的途径，通常可以采用个案跟进法持续进行评价，来巩固已有的评语的内省效果。

从自我效能感提升的角度来看，教师所做评语属于提升自我效能感中最常见的一种方法与途径，即言语激励。青少年的自我意识已经开始形成，但还是比较容易受到"权威"或"长者"的影响的。但从实践体验来看，我认为，言语激励的方法使用要注意分寸、注意阶段性、注意恰如其分，切忌任意夸大或缩小、忽略学生的学习现实体验和阶段属性。后者的言语激励与劝导不仅会失去效用，而且会大大刺激学生更为强烈更为隐性的逆反心理。因此，言语激励，应从正面入手，多用积极肯定的语言，但也要实事求是地指出学生的不足与缺点，总之要恰如其分，恰当其时，恰触其心。总之，缺乏师生经验基础上的言语劝说和言语激励的效果是无效和不巩固的，而在师生双方共同的直接经验或类似的替代经验的基础上的言语劝说与言语激励，可能有意想不到的奇效。

（上海市光明中学　刘吉朋）

第三节　小学数学教学中培养学生良好学习习惯的实践研究

教学中我时常发现这样的情况：有的学生学习成绩很好，但作业字迹潦草、簿本脏乱;有的学生学习成绩像过山车,忽高忽低;有的学生花了很多时间学习,却效果不佳;还有的学生思维活跃肯动脑,但是成绩不理想;最让老师也焦虑的是不少学生当学习遇到困难无法调整自己的状态时直接就选择了放弃。

这些问题的存在,往往是教师在传授知识以外忽略了对学生良好学习习惯的培养。教师如果从一开始就重视培养学生养成良好的学习习惯,教给正确的学习方法,培养学生认真、细致、严谨、求实等良好学习品质,学生的学习效率将大有提高,收到事半功倍的意想不到的效果。

小学数学教学大纲明确提出要通过数学的训练,使学生养成良好的学习习惯,小学生良好的学习习惯,对今后的发展将起着重要作用。学生一旦养成了良好的数学学习习惯,他们也就可谓是学会了学习,教师也就做到了教是为了不教。因此,在小学阶段培养学生良好的数学学习习惯是每一位数学教师的重要职责。

好的数学学习习惯包括预习、倾听、练习、作业等方面的习惯,还包括有利于学生观察力、想象力、思维力的形成,使学生敢想、敢说、敢做,形成主动探究的精神和创造性解决问题的方法。我们都希望学生拥有学习的好习惯,的确这些良好的学习习惯会使学生的努力得到最大的回报,学习起来就没有太大的压力,心理上也就没有过多的负担,这样才不会厌恶学习,学习也就形成了良性循环,才能真正满足小学生发展需求。因此,近年来,我在小学生数学学习习惯的培养上进行了探索。

一、教师提升自身素质,重视良好学习习惯的培养,引领学生养成学习好习惯。

不少教师对“良好学习习惯”的内涵认识不到位,以为习惯养成就是看得见的坐姿、举手、发言等，把“学习习惯”这一概念表面化、肤浅化了，没有把深层次的学习思维习惯培养与自己的教学行为联系起来。如良好的思考习惯、问题意识、合作习惯、预习习惯、复习习惯等。习惯养成应该是蕴含在课堂教学的每一个环节，师生的每一次互动中的。只要通过教师科学合理的引导，学生学会了如何思考问题，如何表达自己，如何从别人的交流中引发出自己的观点，这就是培养学生良好学习习惯的课堂。

培养学生良好习惯的前提是教师自身良好思维习惯和行为习惯的养成，以及教师良好教育思维方式和教育行为方式习惯的养成，也就是教师自身素质的提高。教师在这过程中，要注意以下几点：

1. 要深入到学生。发现个体的问题和普遍的问题，只有在此基础上的教育才是有针对性的，才是有效的。在实践的过程中，也要随时走到学生身边，观察教育的进程与结果，这些第一手的材料是最为宝贵的。

2. 要心中有目标。这个目标是指习惯目标与学科教学目标的整合。在每节课备课时养成这样一个习惯，想一想这个班的学生习惯基础怎样？要巩固哪些常规习惯？在这节课的学习中要重点培养哪些学科学习习惯？怎样通过学科教学活动培养学生深层次的学习习惯？

3. 要眼中有习惯。在上课的过程中，随时观察学生的习惯，关注学生在习惯养成方面有哪些需要解决的问题，尤其要关注的是学生学习思维方面的问题，如思维的条理性、表达的顺畅度、合作的有效度、参与的积极性等，发现问题才会解决问题。发现问题之后，要通过有效的方法，帮助学生纠正坏习惯，养成好习惯。

4. 要事后有反思。反思可长可短，不光要看到现象，还要查找到现象背后的本质，这样的反思才会对以后的工作起到借鉴的作用。

5. 要有恰当评价。对学生的评价要体现及时性和激励性原则，要善于发现学生的点滴进步，而且要在恰当的时间、恰当的地点给学生以恰当的最真诚、最真实的评价，以评价来激励孩子，使之更主动地发展，在不断的习得中养成习惯。

二、培养小学生数学学习习惯重点落实的几个方面

(一) 课堂教学中培养学生喜欢动脑的习惯，助力提升数学思维能力。

我鼓励学生认真观察和思考，观察要求学生不仅能感知事物的外部特征，还要能抓住事物的本质特征。要养成边观察边思索的习惯，勤于观察的同时还要勤于思考。引导学生从身边的生活小事开始观察，经常向学生提出问题并与之讨论，促使他们去观察思索，并能自己发现问题，提出问题，解决问题。同时鼓励学生独立解决问题，学生学习上有困难请求帮助时，不包办代替，一步一步地耐心启发，使学生在不露痕迹地引导下，靠自己的力量完成，让学生尝到胜利的甘甜，对自己增加信心，勇敢地迎接下一个问题的挑战。我在四个方面尝试培养学生动脑的好习惯。

1. 重视培养学生的比较与分类能力。

比较与分类常常是联系在一起的，它往往是抽象概括、合情推理的前提，而正确地进行比较与分类的基础是仔细、深入地观察。

如在教学《垂直》时，其基本过程为：(1)观察几组两条相交的直线(不同位置)。(2)比较每组相交直线的特征并分类。(3)讨论是通过什么方法知道其中一组两条直线相交后所成的角成直角。(4)引导学生利用身边的工具进行验证。(5)建立基本的数学模型：当两条直线相交成直角时，这两条直线互相垂直。其中一条直

线叫做另一条直线的垂线。这个数学模型的建立,其基础是学生学会了进行比较与分类,做到了仔细、深入地观察。

2. 重视培养学生的分析与综合能力。

分析与综合是思维的基本过程,也是重要的逻辑思维方法。根据小学高年级学生的特点,在进行应用题教学时,我引导学生从借助线段图进行分析,综合到根据所给的条件和问题进行分析、综合,重视概念教学,计算教学和几何初步知识教学中培养学生的分析、综合能力,从而帮助其建模。

如在教学《年、月、日》时,有一题:已知 2002 年 5 月 1 日是星期日,问 2002 年 10 月 1 日是星期几? 这道题看似比较难,但却很利于帮助学生学习建模的方法。可以先让学生用自己的办法把日子排一排,可得知 10 月 1 日是星期六。然后请学生仔细观察排好的日期表,发现从 5 月 1 日起,每过 7 天是一周,每周中各天从星期日到星期六的排列顺序完全和第一周相同,最后剩下的 6 天也如此。这样就不难找到解题的方法了。每 7 天做一周,153 天共有几周余几天:153÷7=21(周)……6(天),最后一天(10 月 1 日)与第一周中的第 6 天(5 月 6 日)相同,是星期六。

通过这样的过程,学生在教师的帮助下,先分析题意,然后初步建立了此题的模型,研究以后再把得到的结果加以综合,“有余数除法”的数学模型便清楚地建立起来。同时,学生对于这种算式的理解在已有知识水平上提升了一个层次。

3. 重视培养学生的抽象与概括能力。

在数学学习过程中,抽象与概括是数学能力的核心要素之一,是形成概念、得出规律的关键性手段。

如在行程问题的教学中,有一题:一辆汽 4 小时行 240 千米,从甲地到乙地需 8 小时。甲、乙两地相距多少千米? 解决这类应用题，学生头脑中必须要有“速度×时间＝路程”这一数学模型，不然解题就无从下手。于是在教学中，引导学生用自己的方式来分析题意。先从实际背景中初步建立模型，得出60×1＝60（千米）、60×2＝120（千米）、60×3＝180（千米）、60×4＝240（千米），通过列表的方法列出算式和数据，从而让学生观察和比较时间、速度和路程的关系。通过分析和比较，学生就很容易地抽象、概括出模型：速度×时间＝路程，最后运用数学模型解决上面的问题：240÷4×8＝480（千米）

4. 重视培养学生的猜想与验证能力。

让学生验证自己的猜想。学生在验证过程中，会发现新的问题，并在解决新问题的过程中，完善自己的猜想，发挥创造才能，最终发现规律。这样一个学习过程可以概括为：“实践操作——提出猜想——进行验证——自我反思——建立模型”，这不仅是一个主动学习的过程，更是发现学习、创新学习的过程。

如在教学《圆的初应认识》时，基本过程为：(1)鼓励学生依据生活经验和旧知大胆猜测，圆可能有什么特征。(2)如何知道猜想是否准确，引导学生用各种方法进行验证。(3)交流验证方法和验证的结果。(4)通过活动初步得出圆的特征。(5)建立有关圆的基本数学模型：同圆或等圆的直径、半径相等，有无数条。直径是半径的2倍半径是直径的1/2等。

习惯养成的课堂是落实核心素养的课堂，是助力学生长远发展的法宝，是潜移默化培养的结果，没有一蹴而就的可能，所以必须持之以恒。

（二）数学练习时培养学生规范打草稿的习惯，

达到事半功倍的效果。

《数学课程标准》在基本理念中明确指出：“对数学学习的评价

要关注学生学习的结果，更要关注他们学习的过程；要关注学生数学学习的水平，更要关注他们在数学活动中所表现出来的情感与态度，帮助学生认识自我，建立信心。”非智力因素教育理论已有一系列论著，如沈德立主编的《非智力因素的理论与实践》中对“培养小学生良好的学习习惯”进行了详细阐述，提出培养的方法、措施和建议。学生打草稿的习惯就是数学学习过程中很重要的一环。

“草稿”是指小学生在遇到一些口算不能解决的计算题时所列的竖式，或是遇到一些较难的应用题时，在头脑中还没有形成正确的思路而在纸上所写的一些关系式或线段图等等。一般学生草稿有以下三个特点：一、腹稿多，草稿少。低年级由于知识难度不大，学生心算就能解答数学题。可随着年级升高，知识难度增大，思维层次变多，有相当一部分题光靠心算是不能正确解答的。可有些学生却还在用低年级的方法，试图一下子就能把题解出，以致出现了大量错误；二、计算草稿多，分析草稿少。学生练习后可以发现草稿上密密麻麻，各种计算草稿很多，而很少有分析的关系式、线段图等分析思考的草稿；三、随意打草稿的多，有序规范的少。草稿适当“草”些无妨，但有些学生没有专门的草稿本，有的在橡皮上打草稿，有的在作业空白处、课本上打草稿，更有的在桌面上打草稿等等。

1. 结合学习策略指导，规范草稿本的使用方法

打草稿并不只是列竖式计算，我指导学生可以有很多种数学草稿来解决数学问题。在遇到难以口算的计算题时，在草稿本上列竖式算一算，是使用草稿本最常用的方法；线段图是解决数学问题的又一种好方法，比如在讲解一些有关“路程问题”、“几何问题”等时，用画线段图的方法可以帮助学生理解题意，找到解决问题的突破口，如一辆汽车已经行了全程的 3/5，离中点还有 500 米，问全程有几米？通过画线段图学生容易理解题意，而且有多种解决

方法;在解决如怎样租车、买票最合理等问题时,在草稿本上有序列出各种情况,通过比较得出哪种方法最合理;在解决空间与图形时,可以利用草稿纸折一折,如长方形有几条对称轴,很多学生误认为是四条,让他们用草稿纸折一折,直观的反映了沿对角线折两边不能完全重合,解决了语言难以表述的问题。

2. 制定使用草稿的细则,培养学生规范用好草稿本

(1) 准备专用草稿本。计算中该打草稿的地方一般是为了解决计算中的困难,保证算式的运算正确。解应用题时,要在草稿上写出应用题的条件、数据、作示意图等,以便解答。另外,几何作图一般也要在草稿上考虑好图形的大小、位置、形状等,像这些都需用草稿本。教师上课讲的重点板书有草稿记录,平时自己的收获有草稿记录。

(2) 规范草稿书写要求。保持草稿纸的整洁,按从上往下、从左往右的顺序书写。草稿纸上应字迹清楚,特别要注意容易写错的数字、符号等。草稿上必须注明题号或顺序号,然后再解答。这样复查时可方便查找、核对。

草稿的价值就在于体现学生掌握一些技能所经历的探索、猜想、推理等过程。养成良好的打草稿习惯,计算的正确会大大提高,解题思路也清晰可见,学习效率和学习成绩也提高了。

(三) 课余时间培养学生整理错题的习惯,

学会反思与提升。

我们在教学中常常遇到这样一种现象:学生通常会对于同一个问题,犯不止一次的错误。这里就体现出学生在解决问题后不能很好的进行解题的反思,没有重组自己的知识结构,进而加深、强化。教师应该教会学生在学习成长的道路上不断地进行反思,错题本就是一种好方法。

我指导学生整理错题本，不仅对出错的事实进行改正，同时还要诊断自己出错的详实原因，找出解决办法。从心理学来看，一是可以对头脑中错误的认知联系（结构）进行重组，建立知识间的“非人为的、实质性联系”，防止理解的片面性；二是可以强化对相关知识（结构）的理解和记忆，防止知识模棱两可，从根本上破除自己不正确的思考方式，有利于错误的纠正。这比单纯地订正错误或大量反复模仿雷同的练习要经济、有效得多。指导学生整理错题的方法有如下：

1. 分类整理

将错题分类整理，分清错误的原因：概念模糊类、计算失误类、图形类、技巧类、概念类、数学思想类等等，这样分类的优点在于既能按错因查找，又能按各章节易错知识点查找，也简化了错题集，整理时同一类型问题可只记录典型的错题。

2. 记录方法

指导学生要注意老师对错题的分析讲解，解题切入口、思路、技巧、步骤及小结等等，并在错题的一边注释，写出自己解题时的思维过程，分析自己产生思维障碍的原因，并对此进行分析。

3. 必要补充

对于每一道错题，还必须要查找资料或教材，找出与之相同或相关的题型，并做出解答，久而久之，就能做到举一反三，提高数学素养。

在考试结束后，如果不去认真反思自己的错题，找出产生错误的原因，解决思维定势问题，将会导致类似错误一错再错。

良好的学习习惯一旦养成，它对人一生的发展起着举足轻重的作用。它是一种非智力因素，是新形势下一名学生必须具备的素质，是学生学好数学的基本保证，是学生可持续发展的原动力。教师的教学观念和行为的转变是基于学生发展需求的必然选择，学生素养发展也有了更广阔的空间，师生才能共享教育带来的幸福成长！

（上海市实验小学　孙琼）

第四节　小学自然学科提升学生认知内驱力的实践研究

多年来，我执教的是小学自然学科，这个年龄段的孩子充满着好奇心和探究欲望，但缺乏探究的持久性。针对小学生学习心理，在实践过程中，我体会到了学习活动设计以及教学策略合理应用的重要性，于是主动将学到的教育心理内容在课堂上加以运用，并且针对小学自然学科的学习提出以下教学策略。

一、让孩子对任务感兴趣，激发认知内驱力

奥苏伯尔认为认知内驱力是一种要求获得知识、技能以及善于发现问题和解决问题的需求。它常常以好奇心、求知欲、探索等心理因素表现出来。心理学家们发现低龄儿童很早就开始探索他们周围的世界，他们对环境中的新奇事物特别敏感，这就是儿童的好奇心与求知倾向，我们也可以把它理解为对某件事物感兴趣。

用一句最通俗的话“兴趣是最好的老师”。作为教师重要的任务是指导儿童学习，对于小学生而言，兴趣在这个过程中起着决定性的作用。针对这些认识，在教学中必须设计学生感兴趣的任务。例如在《磁铁游戏》中，为了使学生的注意力始终集中，并产生浓厚的探究兴趣，教师可以设计反复玩磁铁小车的环节，第一次玩小车观察现象，小车互相靠近会怎么样；第二次玩小车发现问题，有时

小车互相推开,有时互相吸引;第三次探究规律,小车互相吸引或推斥与磁铁有什么关系。在实际教学中,由于这三次活动都以玩为主基调,所以学生们的参与热情高,能始终全神贯注,达到了良好的效果。同样在这节课中,作为拓展部分教师设计了把磁圈叠高的游戏,通过竞赛形式让学生用学会的规律解决实际问题。应该说这个环节比较符合学生的年龄特征,他们能充分开动脑筋,为完成有兴趣的目标全心投入。针对小学生,设计以“玩”为主的游戏活动,能紧紧抓住学生的兴趣,产生良好的教学效果。我们可以发现,在这个片段中,认知内驱力指向学习任务本身,满足这种动机的奖励是由学习本身提供的,因而是一种内部动机。

另外教师的语言非常重要,同样一句话对激发学生的兴趣能起到不同的作用。例如在《小水轮》一课中,当学生装配完小水轮后,教师一般的提问是“你准备怎样让小水轮动起来?”在这里,如果作了一下处理,对学生提出“你打算怎样玩小水轮?”的要求,一句话的改变,学生兴致勃勃,用手拨、用嘴吹、用垫板扇、用水冲等多种方法都出现了,探究的热情非常高,而这股热情促使他们想出更多的办法。所以在低年级的教学中,教师可以多一些“玩一下”、“怎么玩”之类的语言,使学生在良好的氛围中激发探究兴趣。

在教学中,要使学生对任务始终有兴趣,目标应该明确,每一次目标要求不要过高,循序渐进,不能操之过急。同样是《磁铁游戏》一课,每一次玩小车我都提出了明确且难度不大的目标,让大部分学生都能完成,随后逐步提高要求,而学生在前一次成功的基础上能够维持兴趣,始终保持注意力。

二、简化任务,厘清过程,帮助学生摆脱繁琐

心理学研究告诉我们,任何超出孩子能力范围的事情都会令他

很快放弃，转而去关注其他的东西。科学活动往往是个丝丝入扣的过程，而小学生却缺乏这种严密的思维，不能做到面面俱到。所以教师要帮助他们简化过程，维持他们的兴趣。特别是教材中的对比实验，有些控制的变量比较多，如果都要学生进行控制，他们经常出现厌烦情绪。例如在《小水轮》教学中，对比各种角度插入的叶片，比较哪种在水的冲击下转得最快，其中牵涉的变量包括水的高度、冲击叶片的位置、冲下的水量、叶片安插角度等。针对教学目标，在此课中，教师可以固定每组的水流高度和水量，统一出水口的大小，并在叶片上画出冲击点的标记，而学生所要控制的变量仅仅是叶片安插角度。简化了实验步骤，使学生能较容易的控制余下的变量，并从观察中得到正确的结论，也达到了教学目标。

另外时间因素对于活动设计非常重要，学生往往容易忽略这一点。在教学中，教师大多都会提出时间要求，但经常事与愿违，学生在规定时间结束后仍未完成任务。在《水和沙的温度变化》一课中，教师在任务布置后，可以通过实物投影仪把计时的秒表放大，每个学生在活动中都能看到时间的变化，自觉地把时间和活动联系在一起，以便在规定时间内完成任务，使下一步的交流汇报得以顺利进行。

三、提高自我效能感，维持学生对目标的追求

小学生的长期科学活动一般是反复长期的观察，例如观察记录一段时间的天气、气温变化并寻找规律，饲养小动物并发现它们的生活习惯和饲养方法等等。小学生在长期观察中缺乏持久性，往往虎头蛇尾，这也令教师困惑和为难。在一般情况下，教师会采取比较强硬的手段规定学生完成任务，虽然可以达到目标，但学生所有的活动是在无兴趣的前提下进行，造成敷衍了事，并视之为一种负担，这种情况可以视为自我效能感的缺失。

提升自我效能感，首先要帮助学生在长期科学活动中不断获得成功的体验，并通过观察学习能力相近者的学习行为来培养自信心。例如创设良好的观察氛围，帮助他们尽可能简单的完成任务。在天气观测中，教师在教室中安放了温度表等观察器具，并请学生把记录表留在学校，使长期观察能在学校中利用短短的课余时间完成。在饲养小动物的活动中，把这些动物安置在教室里，并请小组轮流喂食换水等，加强学生的责任心，也促使他们自觉地去观察记录。再通过经常性的课堂交流和适当的评价，教师可以利用课堂条件组织小组间的交流，由学生和教师一起进行评价，哪些小组做的比较好，好在哪里，一方面能促进小组间的良性竞争，也帮助学生们找到不断修正观察和记录的方法。这样的话，成功和失败的例子都在学生随时可见的状态中，维持他们的探究兴趣。

其次鼓励学生接受挑战性的任务。这就要求教师应积极参与到长期观察中，经常在课间到教室中走走，看看学生饲养的小动物，拿起温度表观察一下等，一方面教师的亲自参与使学生的观察积极性得到提高，使他们感到教师很关注长期观察的情况；另一方面教师作为指导者可以随时根据出现的情况对研究小组提出新的任务，不断增加坡度，这种新的任务具有一定困难，但经过个人或小组的努力是能够解决的任务。如果一味地按照常态来应付同水平的任务，是不会提升他们的自信心。

四、标示出儿童所采用的与理想的解决方法之间的差异的关键特征

在接受一个任务前，学生会对其过程产生自己的假设，由于知识与生活经验的差异，有的学生所作的假设与实际有较大的差距，所以标示出他们所采用的理想解决方法之间差异的关键特征可帮

助他们少走弯路。

在《搭纸桥》一课中，教师提出的任务是哪个小朋友搭出的纸桥承重大，实质是探究哪种形状的结构承重大。如果此时任由学生搭的话那结果呈现的可能是各种各样形状的结构，与“桥”谬之千里。在处理这个环节时，先让学生讨论桥的功能，使让车辆和行人能够通过，如果只是形状各异的结构，那么就失去了桥的功能。在这种充分的讨论下，学生意识到要在上面铺设桥面，即用一张狭长的纸覆盖结构，这样不仅有了桥的功能，也解决了承重实验的接触面问题。从实践中可知，学生的想象和假设有时不够全面或脱离现实，教师必须让学生认知与理想解决方法的关键特征，才能帮助他们以更科学的方法加以思考、活动。

必须指出的是教师不能把理想的解决方法在学生活动前完全地呈现出来，如果这样，科学探究变成了一种简单的模仿，那对于学生将没有太大意义。正如上例，如果老师一上来就出示桥面，学生立刻会知道该怎么做，但他们的意识中是“老师要我这么做的”，而不会出现“这是桥的功能”或“承重接触面问题”的思考，这样就是教学上的失败。所以在对这个问题的处理体现了教师对教材的理解以及对成功方法教学的把握。

科学探究是个复杂的过程，其成功与否受到很多客观因素的制约。遇到挫折和困难时，学生的兴趣必然大打折扣，这与小学生的年龄特征有关。例如在《简单电路》教学中，第二课时连接最简单电路学生们都能成功，兴趣盎然，但到了第三课时进行串联和并联电路连接时，情况却并非那么乐观。这时，教师带领学生克服挫折就尤为重要。爱迪生经过数万次实验发明电灯后，开玩笑地说：“至少我知道了 9999 种不能使电灯发亮的方法。”在课堂上，学生们寻找交流了失败原因后，教师应积极地鼓励他们“这些同学的连接虽然失败了,但他们让大家知道了怎样的连接时不行的,我们一样表示感谢。”在掌声中,每个人再次开始实验,把电路连接成功。

五、多种评价共同作用与探究的整个过程

教学评价的目的是了解学生实际的学习和发展状况,以利于改进教学、促进学习,最终实现课程宗旨,即提高每个学生的科学素养。现行小学自然学科评价以量化评价为主,过多的采取量化评价容易丰富多彩的科学教学变得简单化,容易忽略学生生动活泼别具一格的个性。以质性评价统整量化评价是小学自然探究教学评价努力的方向。在科学探究活动过程中,教师应该变以往单纯的甄别、选拔为导向性、发展性评价。建立多元的个性化评价体系,使评价发挥多方面的积极性。学生自我评价可以达到自我教育的目的,也满足了儿童的内心需求。这样学生就会产生主动学习、主动进取的内驱力。

1. 每课时的评价

每学期开学初,教师可以根据每册教材的重点,向学生提出一个要求,这个要求往往是贯穿在每一课时中的。为了更好地激励小学生养成良好的探究习惯,教师可以设计与自然教学目标相适应的科学实验章:“好问章”、“倾听章”、“合作章”和“坐姿章”,将具体形象的探究章引入课堂教学中,其目的是通过激发小年级学生的争章意识,促进他们养成良好的探究习惯。在探究过程中师生互动、同伴互助,用争章的方法共同记录课堂上的表现。

学期末,根据学生得章的多少来评价他平时的学习情况。例如:第三册教材中是以“发现身边许多事物在变化”为重点,而有许多变化单靠一次观察往往不够,需要在持续观察中才会发现,而长期观察在一星期两节课中是无法完成的。据此,教师就向学生提

出：凡是能在一节课后按要求做好观察、如实记录、查找资料的同学可以得到奖励。学期末，得到最多章的学生都是那些课后能自觉进行探究活动的学生，他们在各方面都得到了比较大的提高。通过这一手段，不仅大大激发学生课后活动的兴趣，而且能从他们自行活动的过程中较为客观地评价一位学生的探究能力、科学态度和获得的科学知识。

例如教师设计的争章指标：

• 评价指标参考

争章名称	争章标准	自评	师评
好问章	敢于提问，乐于探索	☆☆☆	☆☆☆
	善于观察，根据实验现象，善于思考	☆☆☆	☆☆☆
倾听章	认真倾听，实验要求听明白	☆☆☆	☆☆☆
	同伴分享听仔细，眼睛看着说话人	☆☆☆	☆☆☆
合作章	能按要求进行分工	☆☆☆	☆☆☆
	动手实验，和同伴合作融洽	☆☆☆	☆☆☆
坐姿章	不能摇椅子，坐端正	☆☆☆	☆☆☆
	人的身体要面向黑板和老师，不能面向实验桌	☆☆☆	☆☆☆

用“☆”的多少表示学生实现中的表现，3☆、2☆、1☆分别对应“符合标准，基本符合标准和尚需努力”三项要求，获得对应指标的3☆后就可得到相应的争章。

课堂组织片段：

在一年级的第一堂实验课中教师就向小朋友们介绍科学实验章“好问章”、“倾听章”、“合作章”和“坐姿章”及其含义、争章的标准，帮助学生明确努力的方向，养成良好的科学实验的习惯。

师：你们瞧，这些章上有哪些图案？

生：有一只耳朵。

生：有一个问号。

生：有一个笔直坐端正的人。

生：有两个小朋友。

师：是呀！它们都有各自好听的名字：好问章、倾听章、讨论章、坐姿章，想不想得到它们？学生们兴趣盎然“那怎么得到呢？”他们纷纷提出疑惑。

师：瞧瞧他们的图案呀！于是小朋友联想起来。

生：好问章是提问题、敢想问题。

生：倾听章是竖起耳朵，认真听。

生：合作章是两个小朋友一起，像好朋友。

生：坐姿章是人安静地坐端正。

让一年级学生一个个畅所欲言，教师具体介绍科学实验章的含义及争章的方法。

2. 每单元的学习评价

“科教版”自然教材有一本配套的《活动作业》，在《活动作业》中，每个单元都设计了一张“单元学习评价单”。课题组对于这张评价单进行充分的利用，对学生的学习进行每单元的评价。通过使用这样的单元学习评价单，能够使学生体验成功，感受成长和进步的喜悦，并从中受到激励，有利于学生情感态度的培养和正确的价值观的形成。其次，这样的单元学习评价单可以作为不断发展的信息来源为教师和学生双方提供服务，使教师和学生能及时准确地掌握学习进展的实际情况，以便于调整下一步的学习，这样就增强了教师和学生的合作与理解，更有助于改善师生关系。再次，学生在每一次的单元评价活动中，需要对他人、对自己进行评定，而讨论评定也就成为了学生学习的机会，评定由此实现了与课程、教学的整合。最后，单元学习评价单记录了学生发展的过程、成长的历程，提供了学生学习和发展的证据，它开放地、多层面地、全面地评价了学生，客观地反映了学生的“完整”面貌。因此，当学生一学期的学习结束时，单元学习评价单中的记录内容可以使教师、学生、家长等看到学生的进步以及一学期的发展，帮助教师个性化地关注学生的成长，以促进学生间的差异发展，帮助家长了解孩子的努力与进步，以促进家长和学生、学校间的理解，帮助学生看到自己各方面的成长，以增强学生的自信心，提高他们自我评价、自我反思、自我负责的态度和能力。“单元学习评价单”将成为学生成长过程中永久记录的一部分。

教师设计评价设计单：

第二册第三单元“橡筋和弹簧”的单元学习评价单：

<table>
<tr><td colspan="2">试做一个发射装置，使它能把一只乒乓球发射出去，并且能使乒乓球发射得最远。你认为：应该用橡筋（　）　应该用弹簧（　）　两种都可以（　）</td></tr>
<tr><td>交　流</td><td>简要描述你是怎么做这个发射装置的，你选用了橡筋还是弹簧？</td></tr>
<tr><td colspan="2">通过交流你又有什么新的认识？</td></tr>
<tr><td colspan="2">你认为自己的想法是　★★★（　）★★（　）★（　）</td></tr>
<tr><td>教师评价</td><td>学生的自评是　★★★（　）★★（　）★（　）</td></tr>
</table>

此单元的学习评价是使学生在学习本单元的基础上，对学生的动手制作能力、比较能力作评价，同时还评价学生交流的能力和自我评价的能力。

3."自由探究"的学习评价

低年级自然教材中每册都有"自由探究"这一活动。自由探究活动是由教师在课堂中作简单指导启发,课后由学生自行观察、实验、记录或成文。它的特点是探究的时间较长,留给学生的自主探究空间较大。教师可以把这个内容放在学期末留出一节课让学生交流记录或研究报告,并让学生互相进行评价:你觉得他在自由探究的过程中哪些地方值得你学习,哪些地方你还做得不够?为什么?然后综合学生的交流,其他同学对他的评价以及记录、研究报告、结论的真实性再确定给学生一个章、两个章、还是三个章。一般为了激发学生的探究兴趣,只要学生能完成记录的教师都给予两个章,如能写成研究报告的给三个章。由于"自由探究"活动持续时间一般是一到两个月,活动的内容与本册某一单元紧密相关,也是这一单元的科学知识的延伸。因此它能更客观地评价学生的探究能力和科学态度,而学生也能在这样的活动中将获得的科学知识和方法运用于日常生活中。

在以上对学生评价的三个方面中,教师可以把每课时、每单元的学习评价作为学生的平时成绩,"自由探究"的学习评价作为期末成绩,三者结合是总评成绩,填写在"学生学业评价记录表"中,分两个等第:通过与不通过。在"学习情况综合分析表"中,综合这三个方面给予学生更为细化的评价,分:优、良、中、合格、须努力,并从五个等第中分别选出 3 至 4 位学生给予相适应的学习建议。

一、二年级:

得章数	25～30	16～25	10～15	1～9	0
等第	优	良	中	合格	须努力

每位学生结合自己学科章和练习星的数量对照这张评分标准表后就非常清楚自己的情况。

(上海市黄浦实验学校　方华)

第七章　基于学生成长需求的学习心理辅导个案研究

第一节　学校适应不良学生个案研究

学校适应不良是中学生群体中较为常见的现象，学生本身具有学习的主观愿望，通常比较用功，但由于心身因素或不适应的影响，表现出三方面的症状。①情绪障碍，如抑郁、焦虑、强迫、恐惧、退缩、厌烦等不良情绪状态。有些学生甚至表现为害怕或回避上学，或有恐惧反应，或呈萎靡状态。②行为障碍，表现为能力抑制，无法集中精力去做一件事情，上课注意力涣散，思考乏力，听不进课，做不好作业，但又一心想提高学习成绩，于是产生焦虑。或表现为社会退缩，同伴交往减少，各类活动减少，课堂不愿发言等。还有学生表现为品性紊乱或行为倒退等。③生理功能障碍，伴随情绪障碍发生，突出表现为上课头昏脑涨，入睡困难，失眠，食欲不振等。以上三方面的症状可单独存在也可同时存在。

学生对学校的适应是一个动态过程，适应不良产生的原因也是多方面的。一些具体的生活事件都可能导致学校适应不良。比如，在校内，学习压力增大、考试失败、同学师生间的矛盾、受到批评或训斥等；在家里，亲子矛盾、家长的不理解、不尊重、冷漠、过分严格、期望过高等，以及父母关系紧张、争吵频繁或长期冷战会使子女对家庭产生失望、厌倦和无助感，学生在校受到的挫折不能在家庭中获得理解和支持。另外，生活环境和社会地位的变迁也是重要的应激源，通常发生在“小升初”、“初升高”的过渡时期，或是中途转学等。提高学生的适应能力，调整其认知，加以教育配合，都有助于提高学生对学校的适应性。

【来访者信息】

来访者一般身份背景

小曹，女，寄宿制高中高一年级学生，17 岁。家族中无精神病史，本人无重大疾病史。小曹是家中的独生女，与父母共同居住，父母都是公职人员，家庭条件一般，父母感情较好。

来访者主诉和个人自述

一个月以来，情绪低落，烦躁焦虑。晚上睡眠不好，白天上课注意力很难集中，听不进课，尤其是英语课，害怕英语老师点名回答问题，其他各科的学习都提不起兴趣。

我初中就读于当地一所不错的初中，成绩在班里名列前茅，父母对我的学习寄予厚望。考进现在的高中，父母还是比较满意的，但是随之而来的是对我更高的要求。于是，在学业上我更加严格要求自己，期望在新环境中有更好的表现。初中的学习对我来说很轻松，可是到了高中之后，学习进度加快了，一开始我就学得很吃力，初中的学习模式根本无力招架。我不再是班里的优等生，成绩相较初中的水平一落千丈，特别是理科成绩常常是班级倒数，无论我多么努力多么用心学习，成绩就是不见起色，我可能根本不适合学习理科。就在一个月前的期中考试，我唯一还不错的英语也考砸了，英语考试的失利对我的打击很大，之后科目的考试我根本不在状态，期中考试成绩退步明显。进入高中后，我的成绩频频令父母失望，我感到很愧疚。三天前的英语课，英语老师点名我回答问题，我答错了，老师一定对我失望透顶了，一定觉得我很差，不会再喜欢我了，同学们也一定觉得我很笨，我感觉自己是个彻彻底底的失败者，我再也不可能取得好成绩。

咨询师的观察和他人反映

咨询师的观察：小曹是主动来咨询的，第一次来咨询时小曹身着校服，衣着干净整洁，神情却略带疲倦，很有礼貌，语言表达清晰，自知力完整，主动谈及不适，但当谈及学习时，情绪显得消沉而且低落。

班主任的反映：小曹初中学习成绩优秀，语文、英语竞赛曾获区级奖项，进入高中后，成绩在班里始终处于中下游，因为对自己要求非常高，小曹起初接受不了成绩不理想的情况。另外，小曹的父母对她期望很高，学习上自然也非常严厉。小曹的英语成绩非常好，父母特别想让她参加学校的"模拟联合国"社团，但据社团负责老师反映，小曹在社团的表现并不理想。小曹在班里的人际关系还不错，与班级同学相处融洽。参加班级活动的积极性较高，特别是艺术类活动，古筝十级的小曹是班歌比赛的领唱之一。小曹的理科成绩在班里几乎垫底，英语成绩名列班级前茅。但是，最近一次期中考试，她的英语没有考好，失去了英语的优势，成绩下滑得厉害，自那之后就有老师反映说小曹上课注意力不集中，课后作业完成情况不理想。

【简要分析】

通过与小曹的咨询，以及与其班主任的沟通，了解到"初升高"给小曹带来了一系列的变化，主要表现为：情绪低落、焦虑烦躁；学习兴趣减弱，学习动力不足；存在"我是个彻彻底底的失败者"、"我再也不可能取得好成绩”等非理性信念;晚上的睡眠质量受到影响,致使白天没有办法集中注意力听课。

1. 原因分析

(1) 生物学原因

小曹17岁,身体发育良好,未发现器质性病变,正处于青春期,是自我意识迅猛发展的时期,自尊心强,比较敏感。

(2) 社会原因

① 环境的改变

小曹在原来的初中,学习轻松,成绩优秀。升入高中后,由于初中和高中学习模式、教学进度和知识难易程度不同,高中教学进度加快、难度增强,由于学习方法方面的欠缺,小曹学得非常吃力,学习压力变大,初高中成绩的悬殊落差,学习环境的巨大反差都让小曹无所适从。英语考试失利这一负性生活事件直接打破了小曹心里原有的平衡,问题进一步激化。

② 家庭的压力

小曹的父母非常重视她的学习,对她的学习寄予厚望。初中,小曹曾是父母的骄傲,但是进入高中后一落千丈的成绩让小曹辜负了父母的期望,这时候父母的期望无形中成了小曹内心巨大的压力,加之对于父母的愧疚,也成了小曹的烦恼。

(3) 心理原因

① 个性因素

父母的高期望和初中长期优等生的优越感形成小曹过高的自我期望和要求。

② 心理准备不足

小曹初中学习可谓顺风顺水,成绩优秀的她是同学老师眼中的优等生,学习上并未遇到过大的挫折和挑战。初升高使得小曹从原来熟悉的环境一下子进入一个陌生的环境，小曹显然没有做好充分的心理准备，更没有设想过高中学习可能面临的困难和挑战，一时无所适从。

③ 认知出现偏差

进入高中后，小曹存在许多非理性信念，比如“我是个彻彻底底的失败者”、“我再也不可能取得好成绩”等。这一系列非理性信念让她体验到的是失落、焦虑、烦躁、自卑。

【评估与诊断】

根据小曹的临床资料，综合其相关因素，家族中无精神病史，本人无重大疾病史，来访者小曹知、情、意是统一一致的，人格相对稳定，本人对自己的问题有自知力，并且主动寻求心理咨询，无逻辑思维的混乱，无感知觉异常，无幻觉、妄想等精神病的症状，根据精神活动正常与异常的三原则判断，可排除重性精神病。

小曹目前的心理和行为问题主要是“初升高”后由于学习期待与现实情况之间的明显落差引起的，其冲突具有现实意义，持续时间为一个月左右，未泛化，没有严重影响社会功能。

综合以上分析，可诊断为一般心理问题：学校适应不良。

【辅导过程】

1. 咨询目标

通过咨询师与来访者小曹共同协商，制定了以下的咨询目标：

(1) 近期目标

① 改善小曹的负性情绪；

② 识别并改变小曹的非理性信念；

③ 分析小曹学习方法方面的欠缺，给予指导和建议，帮助其制定合理的短期学习计划和目标；

④ 改善其睡眠情况。

（2）长期目标

① 提升其环境适应能力和挫折应对能力，小曹能够顺利适应高中乃至未来的学习生活。

2. 咨询方案

（1）主要咨询方法和适用原理

咨询方法：根据来访者的实际情况与具体的咨询问题，采用“认知行为疗法”。

咨询原理：艾利斯的“理性情绪疗法”，其核心观念：个体最终形成的情绪障碍和行为问题，其实并不是由某一外在诱发事件所引起的，而是经历了该事件的个体对该事件的解释和评价引起的。即，不是个人遭遇的事件，而是个人的非理性信念造成了情绪和行为上的困扰，通过认知改变能改善情绪和行为问题。

（2）具体方案

第一阶段（第1、2次咨询）：通过运用倾听、共感、自我暴露等咨询技巧，引导来访者宣泄负性情绪，建立良好的咨访关系，制定咨询目标。

第二阶段（第3、4、5次咨询）：主要运用认知技术，帮助小曹识别并改变非理性信念。另外，分析小曹学习方法上的欠缺，给予指导和建议，并制定合理的短期学习计划和目标。

第三阶段（第6次咨询）：基本结束咨询，对来访者的进步给予正面反馈与强化，帮助来访者把咨询过程中学到的认知方式、学习方法和技巧运用到日常生活中。

3. 过程记录

第一阶段（第1、2次咨询）

（1）目的

① 了解来访者基本情况；

② 建立良好的咨访关系；

③ 确定咨询目标，制定咨询方案。

(2) 方法：会谈法、共感技术、自我暴露等。

(3) 咨询过程

① 填写咨询登记表，询问基本情况，介绍心理咨询的性质、保密原则等相关事项与规定；

② 运用摄入性会谈，收集临床资料，探寻来访者的求助动机和改变意愿，同时引导来访者宣泄负性情绪；

③ 确定咨询目标

小曹的第一次咨询是在高一第二学期第二次月考前的周一，中午午休时，她主动来到心理咨询室，情绪低落，神情略带疲倦。

(咨询对话摘录)

来访者：黄老师，我能找你聊聊吗？(小曹轻扣咨询室门，低着头轻声询问我)

咨询师：当然可以，请进。(我微笑着说道，起身将她带到座位示意她坐下)

来访者：黄老师，我的学习出现了问题，我不知道该怎么办。(说到学习，小曹不由露出满面的愁容)

咨询师：具体是什么学习上的问题，能和我说说吗？

来访者：最近，我上课没办法集中注意力。

咨询师：这样的情况大概是从什么时候开始的？持续了多久？

来访者：差不多是从上次期中考试之后吧，快有一个月的时间了，那次期中考试，我的英语考砸了。我的英语成绩一直不错，可是这次期中考我竟然只考了 68 分，我的英语成绩从来没有跌出过 80 分(小曹的情绪有点激动)。我的理科成绩本来就差，这次英语还考砸了，班级排名下滑得厉害。自从进入高中后，我的成绩总是一次次辜负父母的期望，我不知道该如何面对他们。我很想取得好成绩，但不管我怎么努力，理科成绩总是不见起色，我可能根本不适合学习理科。上周五的英语课，英语老师点名我回答问题，我答错了……（说到这里，小曹短暂停顿了一会儿，慢慢地眼眶红了）我真是太笨了，那么简单的问题都会回答错误，老师肯定觉得我很差，不会再喜欢我了，同学们肯定也会笑话我笨。自那之后，我每节英语课都在担惊受怕中煎熬着，特别害怕英语老师点名我回答问题，我怕自己再答错。上课时，每当我想集中注意力听讲，却怎么也没办法集中注意力了。（越说小曹的神情越显落寞，慢慢低下了头，声音也哽咽了。）

咨询师：小曹，看得出你的学习确实出现了一些问题，你希望我怎么帮助你呢？

来访者：我觉得进入高中后一切都变了，我的成绩一落千丈，学习变得异常吃力，高中的学习压力好大，我晚上睡不好，白天也就打不起精神。

咨询师：嗯，听下来，进入高中后，成绩的下滑让你感到失落，学习的不得法使得你烦躁，课业的压力还令你焦虑不安，影响了睡眠。是这样吗？

来访者：是的，我觉得我就是个彻彻底底的失败者，只会让父母、老师一次次失望，我觉得我再也不可能取得好成绩了，但是，我不甘心！

咨询师：我能感觉到你希望提升你的学习成绩，摆脱焦虑烦躁的负性情绪，对吗？

来访者：对。

咨询师：曾经的我刚进入高中也一时无法适应高强度的学习，

我也在学习上遇到过挫折和挑战，当时的状况简直糟糕透了，但是，我及时做出了一些调整，后来情况渐渐好转了。现在你面临的状况也同样需要你做出一些努力，你愿意和老师一起努力调整吗?

来访者：我愿意。

就这样，第一次的咨询用了将近四十分钟的时间，小曹把最近学习上遇到的问题、不开心的事情倾诉了一遍。因为时间有限，小曹要赶去上课，于是，我们预约了第二次心理咨询的时间。

第一阶段的两次咨询，主要是运用倾听、共感和自我暴露等技术，积极引导小曹宣泄负性情绪，建立信任的咨访关系，最后和小曹共同确定咨询目标。通过和小曹的面谈，发现了小曹的非理性信念：我是个彻彻底底的失败者，我再也不可能取得好成绩等。

第二阶段(第3、4、5次咨询)

第3次咨询

(1) 目的

① 加深咨访关系；

② 向来访者宣讲艾利斯“理性情绪疗法”的基本原理；

③ 帮助来访者检查非理性信念，与非理性信念辩论，得出理性信念。

(2) 方法：会谈法、认知行为疗法。

(3) 过程

在和小曹的交谈中，我发现她存在着一些非理性信念，比如“我是个彻彻底底的失败者”、“我再也不可能取得好成绩”等一些绝对化的、以偏概全的非理性信念。我采用艾利斯的“理性情绪疗法”，帮助小曹检查她存在的一些非理性信念，并且，这些她所秉持的非理性信念背后是非理性的思维方式，这与困扰她自身的情绪密切关联。协助她识别非理性信念，并与这些非理性信念辩论，重新建立理性信念。

为了让小曹更好地理解艾利斯的“理性情绪疗法”，我们进行了以下操练。

1. 课堂操练

换个角度想想

事件	我的想法	心情	换个角度想想	哪种想法更好
上英语课被老师点名回答问题，回答错了。	我真是太笨了，那么简单的问题都会回答错误，老师肯定觉得我很差，不会再喜欢我了，同学们肯定也会笑话我笨。	上课担心再被点名回答问题，害怕再回答错，很自卑。	或许老师和同学根本不在意，回答错很正常，其他同学也有回答错的情况，而我的当务之急是认真听老师讲解。	换个角度想想更好，不至于让我全盘否定自己，我知道该如何去做。

2. 布置家庭作业

完成《RET 自助表》。

第 4 次咨询

(1) 目的

① 巩固咨访关系；

② 帮助来访者检查非理性信念，与非理性信念辩论，得出理性信念。

(2) 方法：会谈法、认知行为疗法。

(3) 过程

① 家庭作业反馈。

对来访者的《RET 自助表》进行讨论，帮助来访者准确地识别出其中的非理性信念，并与之辩论，最后来访者的理性信念取代了非理性信念，重新建构新的理性信念，体验不同的感受。

第 5 次咨询

(1) 目的

① 分析来访者学习方法上的欠缺，给予指导和建议，制定合理的学习计划和目标。

② 学会用积极暗示方法来增强自信心，提高挫折的应对能力。

(2) 方法：会谈法。

(3) 过程

① 分析自己的学科优势以及学法上的欠缺；

② 讨论如何制定切实可行的学习目标和计划，并达成“行为契约”；

③ 布置家庭作业：找出自己能被同学和老师接受的 5 个优点，并确认就是自己的优点，意在提升来访者的自信；记录一周中每天完成学习任务的情况。

第 6 次咨询

(1) 目的

① 巩固咨询效果；

② 咨询结束。

(2) 方法：会谈法。

(3) 过程

① 家庭作业反馈：分析来访者的作业，鼓励来访者时刻积极暗示自己能行，提升自信；

② 巩固学习方法，通过讨论分析，找到以后需要努力的地方，树立目标。

③ 基本结束咨询，做好咨询的回顾和总结，对来访者的进步给予正面反馈和强化，帮助来访者把咨询过程中学到的认知方式、

学习方法和技巧运用到日常学习生活中。

【评价与反思】

1. 咨询效果评估

① 来访者自我评估

情绪问题有了很大的改善，睡眠质量也提升了。现在上课。我能够集中注意力听讲，课后作业效率也大大提高了。之前的月考，我的英语成绩终于恢复了正常水准，我很高兴，我会继续努力。

② 班主任评估

小曹情绪明显好转了，比以前开朗了，理科成绩有了少许起色，慢慢找准了自己在班级中的定位，心态平衡了许多。

③ 咨询师评估

通过回访，了解小曹的情绪状态和精神面貌较之初次来访时有较大的改善，之前的负性情绪基本消除，恢复正常学习，并且在学习上对自己有了准确的认识和定位，变得更自信了。咨询基本上达到预期目标。

2. 反思

在本案例中，来访者小曹由于“初升高”后的学校适应不良，引发了一系列的情绪和行为问题。咨询师在第一时间与来访者建立起了良好的咨访关系，为咨询师能够进一步详细了解小曹的情况打下了基础。针对来访者具体的咨询问题和现实情况，在咨询过程中采用艾利斯的“理性情绪疗法”，辅以倾听、共感、自我暴露等咨询技术，从充分尊重来访者的立场出发，认真倾听，积极引导来访者宣泄负性情绪，协助其检查、识别非理性信念，建立理性信念，从而取得良好的咨询效果，这是我在整个咨询过程中做得比较成功的地方。

但是，我也有有待改进的地方。虽然小曹在我的辅导下，学校适应不良的情况有所改善，但是，在整个咨询过程中，我还是深感自己的咨询技术的运用还不够熟练，这是一个理论结合实践的过程，我会继续努力。另外，在本次咨询过程中，我主要解决了小曹的情绪问题以及非理性信念，对于小曹的学习成绩并没有显著改善，但是学习并非一蹴而就的，小曹对于理科的学习还是有些自卑和失落。我鼓励小曹主动向身边的老师和同学讨教学习经验和一些好的学习方法，改进学习策略。

（上海市格致中学　黄佳音）

第二节　学习拖延学生个案研究

拖延症，英文 Procrastination。意思是“将之前的事情放置明天”。拖延的行为会表现在处理各种事物上，日积月累，当形成行为习惯，很容易影响个人的发展。然而“拖延症”并不是严格的心理学或医学术语，而是被用于描述人们拖延的行为和状态。无论是青少年、还是成年人，在面对学习、生活或者工作时拖延的状况都时有发生。

国内外对于拖延症的研究也是近十几年才开始兴起，关于拖延症的成因有很多，心理层面大致可归纳为三类：一是特质论，研究者把拖延视为个性特质的反映，受个体尽责性、特质焦虑、懒惰、低自我效能感等个性根源影响；二是动机论，研究者认为期望水平、恐惧失败、完美主义倾向、自我妨碍和自律需求都会影响到个体的拖延行为；三是调节论，研究者将拖延视为行为自我调节的失败，是个体不能很好地协调个性、动机、认知与情境因素的结果。而也有研究发现拖延症的生理学成因，特别是针对大脑前额叶皮层区域展开了系列研究。这个脑区负责大脑的执行功能，比如计划、冲动的控制和注意力，还起到过滤器的作用，降低来自其他脑区分散注意力的刺激。如果前额叶皮层发育没有完善、损伤或者活动性降低，会导致过滤杂扰刺激的能力降低，进而使处理任务的组织能力变差。

消极的学业拖延会影响学生的身心健康，也会影响学生的学业能否顺利完成。拖延常常会引起紧张和焦虑，影响情绪。学习拖延的学生往往会在截止日期的最后时刻加班加点，或者选择考试前面一天才着手复习，有的甚至熬夜通宵。通常这样赶出来的作业质量或者复习效果并不理想，有时还不能及时完成作业，长此以往影响学业成绩还容易陷入焦虑之中。对于处在生长发育高峰期的学生来说，长期熬夜缺乏充足睡眠也容易影响身体发育与身心健康。当然还有一种积极的拖延状态，即有些学生很享受拖延之后带来的结果，产生行为得益。也可能更喜欢在紧迫和压力下完成作业，这样他们可以有更高的学习效率从而故意“拖延”。而本案例这一学生看到了拖延的好处，通过做作业拖拉这一外在行为表现对父母的教育方式提出了无声的抗议和挑战。

【基本信息】

1. 背景情况

小 T，男，预备年级，11 岁。身高 1 米八左右，身体很魁梧，人高马大。小麦色的皮肤，浓眉大眼，在陌生人面前略显害羞。成熟的外表下，感觉比较稚嫩。给人感觉比较听话，没什么脾气，也很懂礼貌。他很喜欢阅读，特别是科幻类小说，篮球也打得不错。与妈妈的访谈中了解到他的家庭情况：母亲 42 岁，外企公司财务，朝九晚五。父亲企事业单位职员，朝九晚八，经常双休日也在单位加班。家庭经济条件还不错。孩子的起居饮食从小由母亲照料，父亲在家时间相对较少，陪伴孩子不多。

2. 问题症状

小T对学习没有什么动力。每天作业都要做到十一二点才睡。上课听课效率不高，特别是上英语课的时候，觉得没什么意思，打不起精神来。现在在理科班学习，年级排名前50。然而学习各科总成绩在班级处于中下游，英文成绩在班级里是倒数前五。为此，他也有点担心。

【评估分析】

小T语言表达流畅，有逻辑，智力正常。辅导时情绪比较平静，行为符合场景。初步评估为一般心理问题，由学习倦怠产生的做作业拖拉行为。

家庭环境因素。母亲很热心，能干，手脚麻利，很有思想和主见。对孩子有很高的期望，希望其高中能考入四校。父亲比较随和，对孩子的态度是顺其自然。在孩子教育方面主要由母亲负责。母亲对于孩子学习方面抓得很紧，也很严厉。在孩子五岁也就是幼升小的那一年，母亲给他报了门星级英语三级(相当于小学五年级至初一水平)，对当时还在上幼儿园的他来说难度很高。虽然最终考试通过了，但是那次之后，对英语就失去了兴趣。因为平时要参加补习班，还有妈妈布置的家庭作业，哪怕做完学校功课他也没有自己可支配时间，所以他会选择做得慢一点。可能是与父亲平时接触时间比较少的原因，觉得爸爸身上少了男子该有的魄力，而妈妈身上很有魄力和感召力。

自身人格因素。性格较温和，很听妈妈的话，很少对妈妈的安排说“不”。长期在很高的期望下学习，有些学习难度已经大大超出了他这个年龄阶段的能力。他很有毅力，也很孝顺，一直在坚持，然而如果长期努力但是没有成效，也得不到妈妈的理解与认可，很容易学习倦怠，甚至到最后索性放弃努力。随着自我的不断成长，他逐渐有了自己的想法。然而他不敢正面顶撞妈妈，所以用“做作业拖拉”等方式来表达自己的抗议。

【辅导过程】

1. 辅导目标设定

由于现在作业拖拉已经影响到他和家人的正常作息以及其听课效率，本着先解决当下最紧迫问题的原则，在与小 T 共同商讨之后拟定的辅导目标为提高其作业效率，早点睡觉。

2. 辅导过程

辅导分三个阶段。第一阶段（第一、第二次辅导）建立咨访关系，收集来访者信息。第二阶段（第三、第四、第五次辅导）设定辅导目标，制定并实施行动方案。第三阶段（第六次辅导）巩固辅导成果，结束辅导。

第一次辅导　建立可信赖咨访关系，收集小 T 家庭相关资料

因为这是他第一次接触心理辅导，为了增加他的信赖建立更好的咨访关系，开始时我对心理辅导的形式以及遵循的保密、自愿原则做了简要的介绍。当他得知我们的谈话内容不会告知其父母、班主任之后，他挺愿意和我聊聊。我选择了先从了解他的兴趣爱好着手。他非常喜欢看小说，这一点和他父亲很像。上厕所也要带着 Kindle，母亲对看小说这事本身不反对，还给他买了好几代 Kindle，但是当他作业没有做完在看小说时妈妈就会火冒三丈，对他发脾气。然而他对看书真的很着迷，于是他只能偷偷摸摸见缝插针地看。他很害怕妈妈发火，觉得妈妈很凶，对他太严厉，同时他也能理解这是妈妈对他的爱。当提及他父亲时，他内心很渴望能有父亲的陪伴。但是爸爸是做工程项目的，平时很忙，能留给儿子的时间很少，平时交流也不太多。大多数时间他是与母亲两个人吃饭的，父亲单位里提供伙食，所以父亲平时上班都是在单位吃完饭回来。每天晚上他做功课做到很晚，爸爸回家会打个招呼，可能是怕影响他，之后就在房间里看书或者干点其他事情，而妈妈则看看手机玩玩游戏等他弄完，有时候也会把单位的工作带到家里来干。他觉得爸爸妈妈没有必要等他到那么晚，也就这件事和妈妈争论过好几次，但是妈妈不放心，也睡不着。这让他很痛苦，因为作业就是要做到这么晚。

第一次我和他建立了初步良好的关系并了解了他家庭的一些信息。总的来说，虽然有摩擦，但是和父母之间的关系他认为还是很亲密的。

家庭作业：回去记录下平时放学回家到完成作业这段时间具体做了哪些事情，各用了多少时间。

第二次辅导　建立可信赖咨访关系，了解他的学习状态

续上一次辅导，他总结了自己平时放学到家直到睡觉的时间安排，发现其实很多时间是被磨蹭掉的。回家之后先休息下，有时候看书，有时候玩 IPAD，等妈妈做完饭吃好，差不多七点半到八点开始做作业。八点半吃水果或者妈妈做的奶昔再休息一会儿。九点继续做……家里有一点风吹草动就会停下来，一会儿吃水果，一会儿喝牛奶，一会儿上厕所，很容易分心。当问他是不是每天都有那么多作业时，他说也不是。其实是有时候故意做得比较慢，因为做得快妈妈也要布置很多其他课外作业。与其这样，还不如做慢一点。他还提到妈妈不允许自己玩手机游戏，但是她自己每天下班路上要玩“开心消消乐”，回家还要玩，有时候一关过不去，打好几遍。妈妈一直自己在打游戏，还不让他玩游戏，他心理有点不平衡，当然有时候他也会帮妈妈打通关。问起他对学习的看法，他觉得学习很没劲。第一次有这样的感觉是从幼升小之前的那段时间，母亲给他报了星级英语的培训班，还参加了考试。当时学的内容就像天书一样，每天就是反复背默背默，很恐怖，就是硬背。虽然考试成功了，而且很让母亲引以为傲，因为在他之前的几个人口试都没有通过。但是在这之后，他就开始觉得学习特别是英语很没有意思。妈妈会不断给他报各种补习班，现在是周三晚上加上双休日两个上午，周五晚上是打篮球。他觉得其实上不上都无所谓，但其他同学也都在上，所以他也不反对。而且有些东西外面都学过了，所以上课再听就很无聊，很没意思。

第二次辅导，他表达了对学习真实的感受、失去学习兴趣的原因以及一次重要的过往经历。

第三次辅导　商讨辅导目标，制定行动计划

这周体检，妈妈带他去医院检查身体时发现他缺锌。然而从平时他的饮食摄入来说他并不缺少牛羊制品。医生给他开了点补充剂，然后告诉他睡眠不足也会影响到微量元素的吸收。所以他下定决心要每天早点睡觉。于是，经过商讨，我们辅导的重心和目标就放在如何提高完成回家作业的效率上。针对上一次他观察到的他平时做作业的状态，他自己对作息表先从计划上做了一定的调整。回家利用妈妈烧菜的时候先做掉一部分简单不需要动太多脑筋的作业，例如语文和英语的抄写等。减少吃点心与上厕所的时间。当与他讨论什么情况下，他会把作业快速做完时，他列举了几种情况，给他自由时间看书、打游戏或者带他出去玩等。然而行为上的一些小奖励需要父母的配合来实施，而且他几乎所有的学习安排都是由母亲来安排的，他很缺乏自主自愿自发的安排自己学习的机会。他长期被动接受着母亲要他学习的状态，所以这本身让他承受了很多压力，也让他自主学习的动力无法被激发。就如幼升小的星级英语的培训，他一直在努力达成母亲的高要求，然而有很多要求已经超过了他跳一跳能达到的高度，但是他依然在不断努力去实现母亲的愿望。但是对他来说实在是很吃力的一件事，哪怕是成功带来的喜悦和成就感已经远远小于过程给他留下的痛苦了。他的很多学习压力是来自于母亲，所以和小 T 建议是否可以让妈妈也一起参与辅导，这样可以帮助他更有效地提高学习效率。小 T 欣然同意了。

实际情况		计划改进	
18:15—19:00	到家休息	18:15—19:00	做简单作业
19:00—19:30	晚餐	19:00—19:30	晚餐
20:00—20:30	作业	19:30—21:00	作业
20:30—21:00	水果	21:00—21:20	水果
21:00—21:30	作业	21:20—22:00	作业
22:00	父亲回家	22:00—22:30	父亲回家、喝牛奶洗漱、十五分钟自由安排时间
22:30	喝牛奶	22:30	睡觉
22:30—00:15	作业		

第四次辅导　母亲参与给予孩子更多自主空间

邀请妈妈参与辅导后，了解了妈妈的更多情况。妈妈家里是本地人，重男轻女思想很重。在家里她是老大，她有个弟弟。家里能干的活都是她干的，从买菜烧菜洗衣服，到下田种地修电灯，而她弟弟就被全家人宠着，放在手心里，但是一辈子没有什么出息。她很喜欢读书，但是因为家里需要人干活，所以她自己读到高中就不读了，后来是工作之后自己再读了大专，专升本。现在还在读注册会计师。她意识到知识改变命运，不想儿子像自己一样，过了读书的年龄再反过来去读走了很多弯路，所以她很希望儿子能读好书，也竭尽全力为他创造好的学习环境。另一方面受了弟弟的影响,她的教育理念是男孩子不能太宠,就是要吃得起苦。并且面对父亲在教育上的缺席,母亲承担了双份的责任与压力。更希望儿子能出人头地,以后能有出息。母亲很能干,为孩子铺好了很多路。然而很多路终究是要他自己走的,所以该放手时还得放手。给母亲的建议:1、让孩子逐步学会自己支配时间,相信孩子的能力,他会自己管理好自己;2、让父亲也参与到孩子的教育中来;3、紧张焦虑会“传染”,留点空间给自己。母亲的情绪会影响一家人的心情。四、当孩子有进步时及时给予肯定。言出必行,遵守与孩子之间的契约。

第五次辅导　计划落实情况与效果的反馈

小T根据自己的计划时间在逐步改进,告诉我感觉比以前轻松不少,也开始想要把作业做快,学习似乎比之前有了动力。每天节省出来的时间他可以自由分配,包括看自己想看的书,玩一会儿手机游戏,甚至是看一会儿电视。当坚持了一个星期后,妈妈在周五的晚上带他去看了场电影,小T特别开心和充实,会想办法在学校也多做掉点作业。小T的作息时间比之前平均早了差不多一个小时,虽然不能每天像计划中安排的十点半睡觉,但一周里面至少可以有一两天做到,基本控制在十一点能睡觉了。离计划还有半小时的差距,问他是否要再根据实际情况调整计划,他还是愿意按照原先订的计划继续提高自己的速度。他发现为了做作业速度加快,他的听课效率以及专注度也有所提升。

第六次辅导　结束辅导

延续上周的状态,这周他做作业的速度又有了提高,做作业时抗干扰能力也增强了,不会因为一些小事被打断。现在双休日上完补习班后,如果爸爸加班,会把小T接到单位里去做功课,中饭也一起在爸爸单位里吃。小T感觉与爸爸在一起的时间多了,很开心。这两个下午其实也是小T尝试自己安排时间的机会。妈妈多了两个半天的自由安排时间，去美容或者购物，她也感觉轻松了很多，对小T说话的语气也温柔了许多，让小T在母亲面前不再那么紧张和害怕。爸爸也会周五的时候偶尔抽空陪他打篮球。这个改变是小T的努力，更看到父母为此的改变。提高作业效率，早点睡觉的辅导目标已经达成。简单的告别仪式之后，结束了对他的辅导。

【辅导成效与反思】

这次辅导在小T与其父母的努力下基本达成了设定的辅导目标。用行为强化的方式，对于初中阶段的学生还是颇有成效。关键在于设定合适的小目标，以及奖励必须符合他自己的需要。另外学生自身改变的意愿也非常重要，如果不是体检之后医生的建议，或许他不会有这么强烈的改变意愿。最后，很多学生的问题都和家庭教育息息相关，让学生家长一起参与辅导，家长改变的意愿以及行动力是这个案例能够顺利改变的重要因素。作为学校的心理教育工作者，学会让家长联手一起工作可能比仅仅对孩子进行个别心理辅导会更有成效。

（上海市大同初级中学　陈剑超）

第三节　学习策略不良学生个案研究

自主学习(Self-Regulated Learning)是指学习者在一定程度上从元认知、动机和行为方面积极主动地参与自己学习活动的过程，其核心为学生积极主动控制调节自己的学习[1]。有关研究表明，学习自主性强的学生能系统地运用元认知、动机和行为策略，其学习成绩一般要好于学习自主性差的学生；许多在智力、社会环境、受教育质量方面占优势而在学习上却失败的学生，其一个共同的特点是学习缺乏自主性[2]。此外，有关“专家”学生和“新手”学生的研究也指出，二者之间一个重要差别是“专家”学生倾向于用一种更为自主的方式进行学习[3]。

我们和华东师范大学心理学系王婷婷博士曾对高中生的自主学习状况进行了调查。研究结果表明，高中生自主学习的总体状况处于中等水平，学生在学习结果自我评价与检查方面的自主性相对较差，成绩好的学生自主学习能力较高。这可能是因为目前从小学到高中的学习中，仍然以教师主导学习节奏为主，学生面临大量的作业和练习，没有时间没有机会更没有意识进行自我检查和评价，因此他们这方面的自主性并没有得到真正的培养和发挥。成绩好的学生往往具有较强的学习动机，并能在学习过程中主动地选择学习内容，采用有效的学习方法，根据自己的目标对自己的学习进行不断地调节[4]。这一状况近年来仍有上升趋势。

在我二十多年的心理辅导工作中，学业困惑的来访者超过三分之二，而在这些来访者中，绝大部分的困惑都是“理想很丰满而现实很骨感”的学业成绩不理想。经过面谈，我发现这些学生学业不理想的症结几乎都在于或是一味的“蛮学”“苦学”，或是“脚踩西瓜皮”的“漫学”，没有根据自己的实际情况构建起“聪明”的有效自主学习模式，从而导致了低效、失望、疲惫、缺乏自信的恶性循环。S同学就是其中的一位。

【S同学的困惑】

S同学是高三第一学期期中考试结束后来到心理辅导室的。当时她觉得自己的学习状态不太好，心里非常苦闷，觉得自己付出了很多的努力，但是一点成效都没有。离高考只有半年的时间，但是自己还没有找到最佳的学习状态，几次考试结果都离自己的理想学校太远，虽然很着急却又不知道要怎么努力，感到很迷茫，也很无助。

1. 每天光是完成作业就已经晚上 11 点多了，再洗洗弄弄基本都是夜里十二点过了，虽然有自己的复习计划，但是基本没有时间实行；

2. 自控力不是特别好，平时做作业会开小差(尤其是做文科的阅读理解、材料题的时候)，完成作业的速度属于中下；双休日学习效率比较低下，基本都要周日赶作业；

3. 比较循规蹈矩，即便上课老师讲的东西都懂，也不敢不听讲，总是觉得这样会错过老师强调的知识点，因此自主复习的时间几乎没有。

【辅导阶段】

经过面谈，我们总结了一下 S 当前面临的两大问题：一是缺乏有效的时间管理，动作慢学习效率低；二是一味地跟着老师走，不了解自己的薄弱点，没有针对自己的实际情况进行有效学习提升。所以我们探讨了如何根据自己的实际情况进行时间管理和制定复习方案。

第一阶段的调整策略和效果(2015.11——2016.1)

1. 分门别类统计失分原因，寻找相应的改进措施。

S 对自己的考试成绩不满意，但每次试卷发下来以后，除了在伤心失望中听老师评讲订正试卷以外，对自己的失分情况并没有思考分析过。我给 S 提供了一张考试失分反思表，根据自己每门的试卷情况，通过分析统计失分原因，进行针对性的改进。

表1　考试失分统计表

失分原因		失分值	失分百分比	主要题型	改进措施	效果
知识技能						
粗心						
心态						
技巧						

每一次测验或考试结束后都应进行失分分析和统计，通过失分原因、比例的变化，S可以看出自己前一阶段改进的效果如何，是否又有新问题，还是老毛病顽固不化，这一阶段自己应采取什么对策等，从而不断完善自己的学习模式。

2. 平常进行“定时定量定效果”训练，优先完成能巩固提升知识薄弱点的作业。

不少学生在平时的学习和作业过程中，以完成为目标，并没有对学习内容、时间和效果有要求，这就容易造成两个后果：一是每天用在学习作业上的时间很多，但投入产出比不高，而且时间拖沓，影响睡眠时间；二是平时学习做题很笃定，考试却来不及发挥。其实考试测试的不仅仅是掌握知识的程度，还包括单位时间提取相关知识的速度和熟练度。所以在平时的学习中就要让学生注重时间管理，形成有效学习的习惯，既能把有限的时间用于高效的学习，又能避免考试时前松后紧，不能从容答题的情况发生。

我们根据S注意力能够集中的情况尝试制定每天的学习计划表。她决定以半小时为一个学习单元时间，根据考试时间和题目分值的比例，安排半个小时左右能够做完的作业量，并且尽可能在这段时间内保持注意力集中。半小时结束以后休息十分钟，在休息时间去做一些以前专门要安排时间来完成的零散事情，如吃水果、跳绳、整理书包、洗漱等等。遇到作业比较多的情况，优先完成能巩固提升自己知识薄弱点的作业，把有限的时间用在对自己更有效的学习上。

本阶段的效果：

S的自述：咨询了之后，我觉得自己的学习有点糊里糊涂，打算彻底改变自己的学习方法。起初其实是很艰难的，失分分析和制定学习单元都没问题，主要是要克服自己不好好完成作业的愧疚感。我属于那种比较乖比较听话的学生，老师布置的所有作业都会认真完成，不管这个作业是不是真的对提升成绩很有帮助(比如抄写这种也会认认真真做完)。而且也很犹豫如果试了一段时间以后没有效果，那么这段时间因作业没全部完成而失去的还能不能够补救回来。所以我当时设想，如果试了一个月以后效果不大的话，就还是继续原来的学习方法，或者再找其他方法。

不过，一星期以后，我就尝到了甜头。从原来的一刻不停地一边走神一边写作业，到以半个小时为一个单位时间集中注意力学习。这样“定时定量”做以后提升最明显的是英语，速度和正确率都提高了。所以在考试的时候我也沿用了回家作业的方式，考试时候的心情就比较笃定，不太会像以前一样担心最后一篇阅读是不是有时间认真做完了。

改变学习方法一个月以后，我的英语成绩就进步了 10 分，这给我带来了很大的鼓舞，增加了很多信心。之后，数学成绩也因为粗心的减少而渐渐稳定在班级前列。第一学期结束的时候，整个人的学习状态渐入佳境，对于高考考上理想院校还是充满希望的！

第二阶段的调整策略和效果(2015.2——2016.4)

当S的学习节奏逐步走上正轨以后，我们把学习方法调整的重心转向了巩固查漏补缺的效果，梳理构建自己的知识结构。

1. 整理错题，巩固反思的结果使之长效化

几乎每位同学在教师讲评好试卷以后都会订正错误，觉得错的地方自己也都能做对了，所以极少有人会在后面的时间里再去复习这些错题。其实这种会做并不一定等于自己真正会做，因为在教师刚讲解时，学生的印象是比较深的，短时记忆的效果也比较好。但若没有及时将这些知识真正理解、掌握，使之进入长时记忆系统的话，它们就会迅速遗忘，还给教师。心理学研究告诉我们，遗忘的速度是先快后慢；若无及时复习，机械学习的知识，其遗忘是迅速和大量的；而真正理解和掌握了的知识不太容易遗忘。

在进行错题分析时，应当问自己以下几个问题：

✦这道题考察的知识点是什么？

✦知识点的内容是什么？

✦这道题是怎样运用这一知识点解决问题的？

✦这道题的解题过程是什么？

✦这道题还有其他的做法吗？

✦这个知识点还有相关错题吗？

我建议S将错题定期整理复习，隔一段时间把它们拿出来，看看自己是否能做对。如果会做并能讲得出道理，如此两三次，那说明自己是真的掌握了，它已经牢固地成为自己知识结构中的一部分。如果不会做，那么一方面要及时把它弄懂，另一方面要在该题前做上记号。当某题前的记号已达到两三个时，那就得引起警惕，说明自己这方面的知识很薄弱，自己需要系统地再学习。S专门准备了“错题本”，一有空就拿出来做，既夯实了薄弱环节，又可以利用零碎的时间来及时复习，不失为一个补缺补短的好办法。

2. 整理知识结构，控制隐性失分

学生在复习时往往是看着书复习，这种“再认式”的复习容易让学生忽略知识结构中的隐患。例如，当看到“饕餮”二字时，几乎所有的学生都能准确拼读；但将二字隐去，让学生把它们写出来，能完全写准确的只有部分学生，这就是“再认”和“回忆”的区别。对曾经感知过的事物再度感知的时候，觉得熟悉，认得它是从前感知过的，叫做再认。经历过的事物不在面前时，也能够在头脑中浮现，这种现象叫做回忆。一般而言，再认比回忆容易。能回忆的必能再认，可以再认的却未必能回忆。针对这种情况，我让S尝试在复习时一边看书，一边在纸上书写关键词结构，然后根据关键词结构进行回忆复习，最后利用思维导图的形式整理出有关知识结构，再和书本两相比较，从而尽量避免隐性的知识盲点。

本阶段的效果：

S的自述：在这个阶段我开始尝试新的学习方法，我觉得最大的收获是找到了适合每门科目不同阶段的不同学习方式，并且改变了以前那种比较被动的学习模式。

表2　学习模式前后对比

学科	之前的学习模式	调整后的学习模式
语文	完成作业	整理各种题型的答题套路； 找老师修改作文。
数学	刷题、刷题、刷题	分析每道错题的错误原因； 整理模糊知识点； 时常翻阅错题本。
英语	上课听讲＋做完回家作业	有选择地听讲，上课整理不认识的单词； 回家规定时间做作业； 没有价值的作业不做，改做自己的练习。
政治	之前和之后变化不大，主要就是背书＋做题＋掌握答题基本格式＋看新闻，但引入了利用思维导图的整理复习方式后，知识结构更加清晰了。	

其次是效率。因为以前英语都是强项，但是高三的时候英语成绩下滑严重，所以最后还是决定有选择地听英语课。不听英语课的时候，我就在课上整理整张试卷中不认识的单词，渐渐地词汇量就扩大了，阅读做起来就比较得心应手。但是同时也出现一个问题，就是听力。因为整理单词之后我只是知道这个单词的中文，但不知道怎么读，造成听力经常听不懂。所以，我就利用每天上学放学路上的碎片时间听英语单词，并且训练在做听力的时候集中注意力，听力部分也逐渐得以提升。

第三是试卷分析，这个办法对于数学最适用。通过分析错误原因（粗心、知识点不清晰、完全不会做、来不及做等），寻找有效对策。同时整理形成自己的知识结构，时常翻阅错题本，编制错题试卷并批阅。到了一、二模的时候，因为粗心而扣的分基本为零，不清晰的知识点也很少了。虽然这个时候也遇到了一个瓶颈，就是难题的突破。但因为减少了非实力的失分，总体成绩还是有了不小的进步。

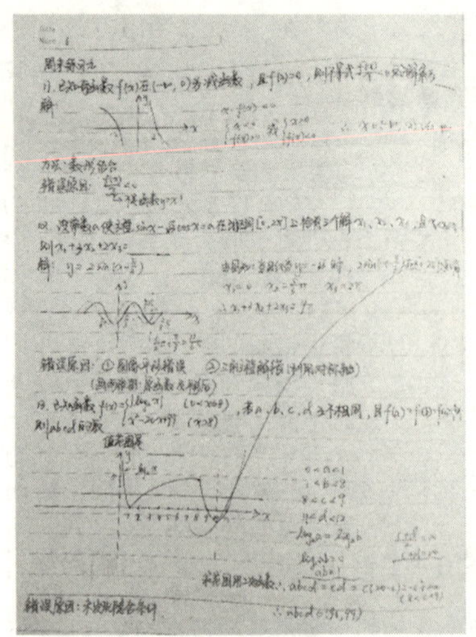
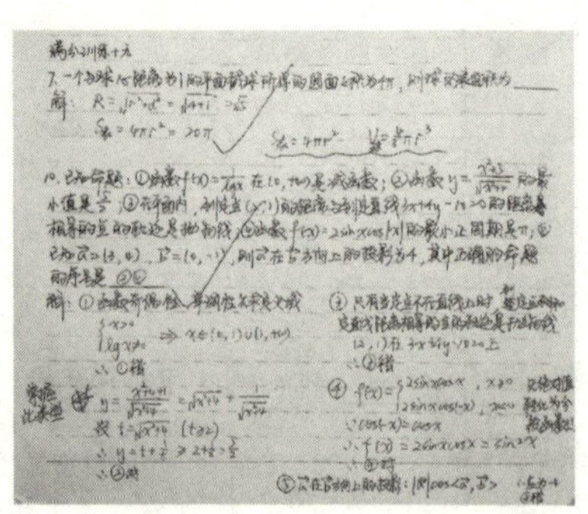

图 1　数学错题分析整理举例

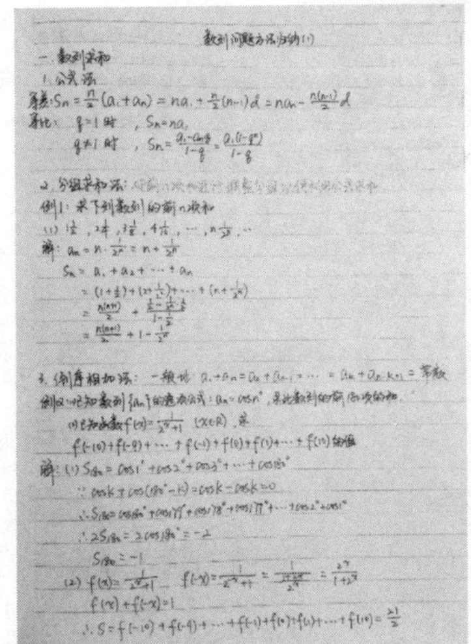

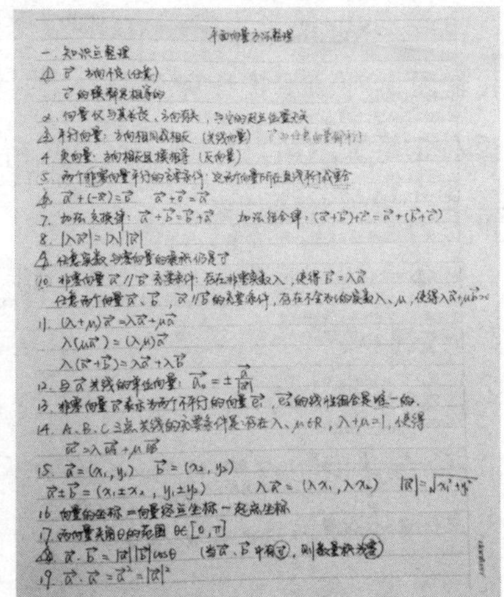

图 2　数学知识整理笔记举例

第三阶段的调整策略和效果(2016.05—2016.06)

五月上旬,S 又来到了心理辅导室。当时 S 自述自己状态很差,在接连的熬夜之后,出现了疲劳期,经常整个人晕晕乎乎的、精神萎靡。在这种状态下,平时的各类大小测验都接连出现严重失利,当时整个人其实是很崩溃的状态。尤其是在二模考完,得知自己又发挥失误的那一周时间,一回家自己就边做作业边哭,又回到了第一次咨询之前那种焦急、迷茫、无助的感觉,并且程度远远超过当时。

由于离高考只有不到一个月的时间,我觉得这阶段保证大脑晚上的休息和白天的兴奋度是首要任务,于是和 S 沟通以后,确立了最后一个阶段的调整策略。

1. 增加睡眠时间,确保每天 11 点前睡觉;

2. 有选择地上课和练习,制定复习计划、全面自主复习;

3. 加强运动,适当放松。

本阶段的效果:

S 自述:咨询完之后,我打算调整状态,放弃牺牲睡眠时间的疲劳战术，即使每天少做点作业，也要尽可能睡满8个小时。所以我就跟老师商量把作业先放一放，多睡一会儿觉，把精神养养好。睡眠充足了之后，整个人的心情、精神状态就好了很多，也不再纠结于之前的考试结果了。

状态调整过来之后，大概就到五月中旬了。这个时候学校其实不强制要求学生来学校了，但是我还是每天都来，只是我并不去教室上课，因为我觉得对我来说上课得到的帮助实在是微乎其微，我开始泡学校图书馆，制定每天每门功课的计划。晚上回到家，我会坚持跳绳，看看综艺节目，放松1—2个小时，然后再看看英语单词、政治书，就睡觉了，这样第二天的精神和心情都比较好。

5月份中旬一直到高考前自主复习的那一段时间，整个人的心情一直是非常平静且愉快的，和同学每天一起在图书馆复习，爸爸妈妈也没有施加什么压力给我，每天定的复习计划都基本能够完成，还有一两个小时可以运动，看一会儿喜欢的电视节目，每天的睡眠质量都很高。对于高考结果虽然偶尔会有点小担心、小焦虑，但是总体上来说还是抱着尽我所能、把会做的题目都做对的心态，感觉每天过得非常安稳、踏实。

经过五个多月的调整，S同学的成绩从大概一本中上水平上升到本校高考文科第一名。她对最后的结果很满意，因为她觉得自己把会做的题目都做出来了，基本没什么遗憾，也考上了心仪的C9大学（注：C9是“985”大学中第一批九校联盟的简称）。

【思考与展望】

在这个案例中，S同学的智力水平并没有发生变化，但因为调整了学习方法和策略，保证了大脑劳逸结合，通过有效的自主学习模式，获得了高效的学习结果。

因此,在我的心理教学中,《学习心理》这单元的目标主要是让学生学会如何根据自己的特点、材料与学科的特点、学习的任务与要求,自主地选择学习内容和练习材料,灵活地制定相应的学习计划,采取适当的有效策略,并在学习活动中积极地进行反省、评价、监控、反馈和调节,及时修正学习策略和进程,以便尽快和有效地达到目标。其实质就是培养学生对自己学习的责任意识,掌握学习的自由,学会如何自主有效地学习。我们在这里所说的“学习”是广义上的学习,是持续人一生的学习。虽然心理课只能概括性地讲述学习习惯方法和策略,但是当学生对此有了一定的了解后,可以在学科学习中自己加以培养和锻炼。因为尽管各门学科有各自不同的特点和结构,但都有共同的地方。

具体操作而言,我主要是通过培养学生的反思习惯探索构建自主有效的学习模式。反思就是在学习或解题以后,对自己认知和思维的方式策略和所得结论进行回顾与评价。它是认识中强化自我意识,进行自我监控,自我调节的有效形式。在反思过程中,不但元认知能力可以得到实践锻炼和提高,而且通过反思后的总结、提高,可以使元认知能力不断得到丰富和完善。反思一般分为两类:(一)总结性反思,也就是对经验与教训的反思。解题时,要考虑解题的关键步骤用到了哪个原理、方法、知识点;若解题错误,也要找出导致错误的原因,究竟是粗心,知识点缺陷还是心理紧张或是时间来不及等。无论是经验或是教训,都从不同的方面强化了元认知知识和元认知体验。这种反思应是每节每章学完后都要进行的,及时总结哪些学习材料印象最深,最感兴趣,最受启迪,自己采用什么方法最有效等,让学生将注意点从学习结果转移到认知过程上。这样,既培养了学生主动学习的习惯,又有利于锻炼他们自我调控的能力。(二)提高性反思。这种反思是对所讨论的问题进行发散性扩展或是收敛性的概括。如这个问题还可能有哪些解法和变化,这个原理或定理还有哪些形式和方面的应用等等,也就是我们常说的通过一题多解,一题多变,举一反三,多题归一等形式,引导学生积极进行归纳概括和发散性的思维,从而不断提高自己的学习能力。

因此,教师在学科教学中应有意识地给学生提供对自己学习进行自我评价和自我反思的时间和空间,培养和加强学生构建自主有效的学习模式。学生也要逐步提高对学习过程和结果的评价与反思的意识和能力,增大自己对学习内容和练习材料的选择性,而不只是僵化地刷题刷题再刷题。

(上海市格致中学 周隽)

第四节 学习焦虑学生个案研究

高速发展的社会需要大量优秀的人才,而在当下社会,考试仍然是选拔人才的重要方式。随着社会竞争的加剧,父母、师长乃至自我的期望值不断上升,学业压力有增无减,考试更成为了触动压力危机的扳机。尤其是青少年学生群体,随着年龄的增长和对竞争态势的认知,较易夸大考试成绩与升学机会、就业发展的关系,从而产生焦虑情绪。

除了多方面的外在因素,引发考试焦虑情绪的最直接原因莫过于失败的考试经历。不少个案中,当事人仅仅因为一、两次的考试失败,就自信心受挫,引发了对考试的深深恐惧。考前睡不好吃不香,即使焚膏继晷仍感觉自己没有复习好,考试时记忆和思维受阻,明明掌握的知识变得一片空白。焦虑加剧了考试失败的重演,如此恶性循环，影响到整个学习状态。

在过度焦虑背后常常会看到对考试的非理性认知。相比于过去的“一考定终身”，当前的升学途径已然更为多元，考生的心态也本该更加豁达。但由于外界错误的引导，或是完美主义的个人倾向，使得部分学生产生了“考考皆定终身”的错误逻辑，如大大小小的考试只要考得不好就会影响学年评优或是决定升留级，考得不好就会被老师、父母、同学看不起，或是对不起父母的期望与付出等等。此类考生往往在潜意识中夸大了考试结果产生的效应，忽视了人的状态会有起伏，而不能正确认识到考试只是对某一段学习历程的一次检验。这些非理性的认知造成了考试焦虑的加剧。

适度的焦虑情绪有助于考生考出好成绩；但过度焦虑一定会影响考生的正常发挥。因此，要采取科学方法帮助考生缓解考试焦虑。除了以充足的睡眠消除由于考前突击复习而造成的睡眠缺失、过度疲劳，通过兴趣迁移、游戏运动和情绪宣泄等方式来释放焦虑，保持良好的应考心理以外，调整考生关于考试的非理性认知是一个重要的途径。

【基本信息】

叶ＸＸ，男，18岁，高中三年级学生，父母均为公务员，对子女期望值较高。叶ＸＸ进入高中以来学习努力，上进心强，成绩属中上水平。

在高三第一学期的摸底考试当中，由于情绪过度紧张，前一天晚上还记得牢牢的东西，看见考试题目时却怎么也想不起来了。结果，几门功课考试成绩都很差。从此，他就对考试产生了特别的恐惧心理。月考前总担心自己没有学懂、复习不够全面，在忧虑、焦躁的情绪中夜以继日地学习，搞得精疲力竭，有时晚上也睡不好，吃饭也不香。上考场的时候，情绪紧张万分，记忆与思维受到严重抑制，考出的成绩很不理想。在一段时期内形成了恶性循环：越紧张，就越考不好；越考不好，就越害怕考试，在考场上就更紧张，成绩也就越差。期末考试还是没有考好。想到马上就要面临的高考，如果以上情形继续发展下去，必定会严重影响高考，那将是令人难以承受的结果。于是，他来到我这里，请求帮助他调整情绪，设法控制、消除这种有害的紧张。

【评估分析】

我接待他后发现叶同学叙述情况条理清楚，回答问题能抓住要领，语调适中，在整个叙述过程中肢体动作较多，不停地摇摆腿和翻弄衣角。

根据判断正常与异常心理的三原则，求助者的心理活动在内容与形式上与客观环境是统一的，也就是其焦虑情绪是由客观的社会事件（考试）引起的；求助者的知、情、意等心理过程是协调的，与他的焦虑情绪和注意力不集中、学习效率下降、运动性不安和有时睡眠障碍是一致的，内容没有泛化。持续的时间有1个月；他的心理问题反应的强度不甚强烈，思维合乎逻辑；自知力完整，人格也无异常。

此外，他的问题对其身心影响主要表现在以下方面。情绪方面：焦虑、烦躁、紧张明显；感知觉方面：注意力难以集中；意志行为方面：有时来回无目的走动性不安增多；躯体方面：植物神经功能轻微变化，如食欲下降。生物节律（生活）方面：有时失眠；社会功能方面：学习效率有所下降。

在我的建议下，他通过焦虑自测量表（SAS）作进一步的量化测定，其结果为65分，属于中度焦虑。

在综合收集求助者的多方面资料后，初步确定求助者的主要问题在性质上属于一般性的心理问题，在种类上是属于因考试引起的过度紧张焦虑情绪。

【辅导过程】

1. 咨询目标

我和求助者共同商定了咨询目标。

首先设定了具体目标：缓解焦虑情绪；基本恢复正常的学习、生活规律，能以正常的心态应对考试；

最终目标：调整对考试的认知方式，学会自我调节和缓解情绪，能承受挫折和困难。

2. 咨询方案

根据求助者的身份特征，强烈的改变动机，所以我这个案例采用认知改变为主，调整其对考试的认知方式，用理性情绪疗法对其进行调适。

3. 咨询过程

第一阶段：建立关系

在第一次辅导过程中，我首先运用倾听、同感等技术与求助者建立起良好的、相互信任的咨辅关系。

诱发事件是考试失利。他对考试有一些不合理信念：成绩必须超过别人才算好成绩；考试成绩代表了自己的价值；自己应该门门都得好成绩；如果考不好，自己就没面子了，别人都会笑话自己；一次考不好，就证明自己能力差，以后也同样会失败；不管对知识熟记到什么程度，也是靠不住的，到了考场上仍然会忘记；父母受苦受难，自己就一定得学得好等。以上的不合理信念，有的对自己提出了过分完美的要求，有的歪曲了考试分数对人的意义，有的是缺乏根据的自我怀疑、自我挫败的想法；有的是无理推断，有的倾向于夸大负性事件的危害性等等。这表明，他的认知是缺乏理性的，有绝对化、以偏概全、主观臆测和自我贬低的倾向。

由以上不合理信念导致的不良情绪和行为后果是：小叶考前害怕、担忧、焦躁不安，考场上紧张万分，导致身心疲惫，考试成绩下降。

我进而向求助者解释运用“ABC”理论来帮助他，启示求助者运用这种理论去思考、解决自己的问题。

第二阶段：干预阶段

在其后的四次辅导过程中，我重在进一步明确求助者的不合理信念，并注意将不合理信念同求助者对问题的表面看法区分开来。帮助求助者达到三种领悟：①使其认识到是信念引起了情绪及行为后果，而不是诱发事件本身；②他们因此对自己的情绪和行为反应应有预测和准备；③只有改变了不合理信念，才能减轻或消除他们目前存在的各种症状。

来访者：……我一到考试，就特别紧张，复习过的东西都想不起来，明明会做的题也做不出来了。

咨询师：这种情况是从什么时候开始的呢？

来访者：高三第一次摸底考试。考试前我就特别紧张，很担心自己考不好，结果考试的时候脑子就像被枪打过一样，背的东西都忘记了，成绩出来很糟糕。

咨询师：高二期末考试出现过这种情况吗？

来访者：没有，就是从高三这次考试开始的。

咨询师：这次考试前发生过什么事情吗？

来访者：（停顿，想了一下）没有什么事。

咨询师：你觉得高三第一次考试和高二期末考试有什么不一样吗？

来访者：当然不一样了。

咨询师:你能说说有哪些不一样吗?

来访者:这是高三的第一次考试,考得好的话就是一个很好的开端,而良好的开端就是成功的一半。现在搞成这个样子,我算是完结了。

咨询师:完结了?

来访者:是啊,一次比一次考得差,照这样下去我连一本都考不上了。

咨询师:听上去你对自己的情况不是很满意,也对后面的学习信心不是很足。

来访者:是的。

咨询师:可不可以跟我说说平时做功课或者测验的情况?

来访者:平时还可以,作业都会做,有两次测验我还考到过120分。但是一到考试,成绩就又不行了。

咨询师:平时做作业或者测验时你的情绪会出现考试前和考试中的那种紧张吗?

来访者:当然不会了。

咨询师:为什么?

来访者:平时有什么好紧张的,又不看分数和排名的。

咨询师:你的意思是说因为考试要看分数和排名,所以考试的结果对你来说意义就大不一样了。

来访者:是的。

咨询师:你觉得考试的结果对你意味着什么?

来访者:我不知道。

咨询者:好,那现在请你闭上眼睛,回想一下当你考试时回忆不出来,做不出题目时,你脑子里出现的情景是什么?然后我们一起来完成这张表格。

ABC 简表

事件(A)	自动想法(B)	情绪(C)
考试考不好	真没面子,大家会看不起我。	气愤,自怨
	我真没用	沮丧
	考大学没希望了	绝望
	……	……

针对小叶填写的内容,我逐条和他分析这些想法,求证其真实性。例如针对其"考试考不好,大家会看不起我"的自动想法,我通过提问"你能明确一下'大家'具体是哪些人吗?""他们看不起你的表现是什么,你能举例子说明吗?""班级成绩比你差的同学是不是也被其他人看不起"等等,引导他意识到这些想法的不合理,并使用逻辑的、经验证实的方法与不合理观念进行论辩。当小叶原有的不合理观念发生动摇后,我又和他一起发展新的合理的观念,并且在发现合理观念后及时地巩固,并给他留下"作业"(见下表),使他对自己的认知和情绪进行有意识的自我调节,以使其能更习惯地采用合理的思维方式。同时我还向他介绍了放松训练的一些方法,帮助他缓解紧张和焦虑的情绪。

认知、情绪、行为自我认识调整表

日期	事件	自动想法	情绪	行为	调整后的认知(想法)	情绪	行为
X月X日	考试没考好	我真没用	沮丧	不想看书	这次虽然没有很大的进步,但我上次没做对的地方这次做对了。	有点平和	寻找改进的方法

第三阶段:评估阶段

求助者的自我评估:通过几个阶段咨询,他能逐渐用更为理性的态度去看待考试,情绪与行为也随之产生了明显的变化。不再担心自己考不过别的同学,也不再把得高分看得那么严重。复习时能集中注意力于学习本身,不再焦躁不安。对于已经掌握的知识,不再反复复习,而是重点复习难点与自己的薄弱环节。焦虑情绪有了明显缓解,学习起来劲头足了,睡眠也好了不少。特别是最近一次模拟考试时心情平稳,头脑清晰,遇到难题时能调动所学的知识,考试的结果令自己感到满意,对考试的害怕情绪被有效地遏制了。

通过 SAS 复测,求助者的所获分值为 50,基本恢复正常,其焦虑水平有了明显下降。

咨询师的评估:咨询的近期目标基本实现,求助者基本消除或缓解了焦虑情绪,由此而产生的注意力不集中、学习效率低下、睡眠等问题已逐步好转。最终目标方面:求助者对考试的认知方式和对考试结果的态度均有一定的领悟,并已经能自觉进行了初步调整。

当咨询师询问求助者咨询是否还要继续时,他表示有信心自我调节情绪、合理应对考试。至此,心理辅导暂告一段落。

此后,周围人都感到小叶变得更自信、成熟了。他顺利地参加了高考,当时考场内外的紧张气氛也没有扰乱他的情绪。最终,他如愿以偿地考上了理想中的大学。

【评估反思】

在此辅导过程中,我能有效运用理性情绪疗法,改变了求助者对考试的认知,并帮助他学会了自我情绪的调适,获得了令人满意的效果。当然,在咨询过程中,也有不少需要反思的地方,如我在推进咨询的同时也要给予求助者充分的时间和机会宣泄情绪以更好地缓解压力，我还可以调动任课老师和家长等支持系统来帮助达成咨询目标等等，这些都将在今后的辅导中予以改进。

（上海市格致中学　周雯婕）

第五节　学习敌对情绪学生个案研究

学生在学习的过程中，常伴有各种情绪，这些情绪会在很大程度上影响着他们学习的质量和效率。学生的学习不仅是他们个体的行为，更需要在特定的环境中，在与他人连接、沟通、互动中去习得、巩固。因此，拥有并营造一个和谐、安全、平等、友好的人际学习环境是很重要的。

因为特别的生活经历，在个别学生身上，会出现与他人心理不相容的敌视、对抗他人的消极心态。学生如果对他的学习合作者抱有敌对态度的话，很可能怀有戒备，不能以开放、愉悦的心态去接纳对方给予的帮助。那么，彼此合作交流的效率不可能达到最大化，也许还会起到反作用，很大程度上会影响他学习的效率和质量。

因此，对于与他人相处时经常会以敌对情绪应对的学生来说，帮助其化解这种情绪，拉近他和同伴以及老师间的距离，建立良好的关系，增加其学习的助力，就有可能提高学习效率。同时，良好的人际氛围还能帮助学生提升学习的主动性和积极性。

【基本信息】

1. 身份背景介绍

小郭，男，小学四年级学生，年级中的“大名人”。接受能力较强，但由于课堂上不听讲，又懒于完成作业，导致学业水平总是处于群体下游，平时测验、考试经常出现不合格的情况。同时，经常去欺负同伴，有很强的攻击性，让老师非常伤脑筋。

父亲和母亲都是从外地到上海打拼的新上海人。父亲是一家律师事务所的律师，为人能言善辩，在家庭中处于较为强势的地位，且很宠爱小郭。母亲是一名教师，想按照自己的一套比较传统、严厉的方法教育小郭，可是每次都遭到父亲的反对，在家中处于弱势，没有什么话语权。

2. 问题呈现

班主任老师总是苦口婆心地对其进行教育，可是收效甚微。小郭经常在课堂教学时间离开座位去干扰周围伙伴，不是把同伴的文具丢弃在地上，就是走到同伴身边去拍打对方一下。老师批评教育他，他就故意怪叫，常会导致课堂教学无法正常进行。

故班主任老师将小郭送至咨询室，请心理教师对其进行辅导、帮助。

心理教师与其交流时，小郭总是表示自己没有错，自己的行为都是有原因的，不是因为同学在拿着笔做小动作，自己把笔丢掉是在阻止对方的这种行为，就是同学坐的姿势难看，因而自己去拍打他，是想提醒。至于怪叫是因为老师不分青红皂白批评自己，自己觉得不服气，想表示不满。

对于自己的不当行为，小郭不但没有意识是错误的，还愤愤不平地觉得大家对他不公平，同学和老师都对自己有成见。

【评估分析】

小郭同学在大家眼中是一个行为问题非常明显、严重的学生，但是他自己却根本没有意识到。与心理教师交流时也是心怀不满，交流的语气很不友善。

在与其父亲的沟通中，心理教师从郭父的话语中经常听到的是:“小男孩,调皮捣蛋是难免的,你们老师不要这样紧盯着他,孩子自尊心容易受挫。也不需要一有情况就找他,他的积极性都要被磨损了。”郭父的宠溺使小郭更是有恃无恐,问题行为出现的频率逐渐增多。

与小郭的母亲沟通,母亲很坦诚地告诉心理教师,自己一批评儿子,郭父就会数落妻子,让妻子好好给孩子讲道理。但母亲如果给儿子讲道理,郭父就替儿子向母亲辩驳。因此,常常起因是为了教育孩子,但最终以夫妻争吵收尾,母亲因此“不敢”管孩子。

矫正小郭的行为问题,想要依托家庭教育做出改变是很困难的。心理教师与小郭本人的交流也不容易,孩子对他人敌意很重,觉得找他谈话的人都是想批评他,因此,不是以不断的辩驳,极度不满地为自己的行为找理由,就是索性根本不搭理心理教师,使谈话无法继续下去。

想要帮助小郭使用惯常的谈话来调整认知是行不通的,但是用沙盘也许可以在轻松、愉悦、孩子不设防的情况下帮到他。

【辅导目标】

心理教师借助沙盘游戏,在陪伴小郭探索的过程中,引导他与外界建立较为合适的关系。

【辅导过程】

一个惬意的午后,心理教师邀请小郭来到咨询室,并向他展示了沙盘桌和沙游物件。小郭的眼睛都发亮了。在心理教师简单介绍了沙盘游戏的规则后,他迫不及待地投入了游戏,丝毫也没有牵强和抵触的表现。

在小郭建立着他的沙世界的同时,心理教师则站在一旁陪伴,同时记录下物件的排放顺序。完成沙盘后,心理教师表示了好奇,轻声询问:“这是什么?”或者“这是谁?他在干什么?”小郭的回答

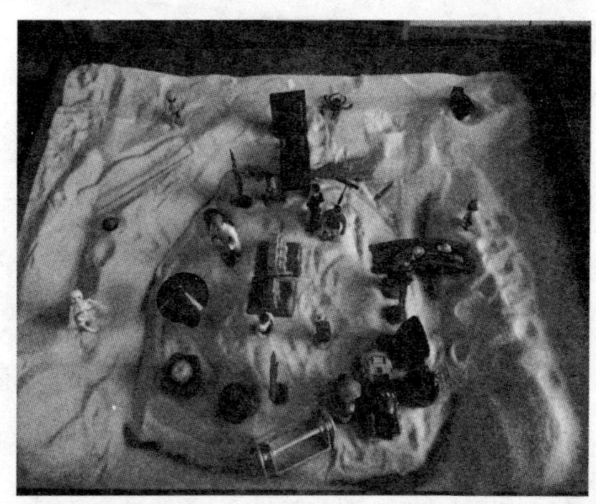

与以往所有的谈话的态度都截然不同，是温和的、自然的、愉悦的。有时会说上一小段，平和地向心理教师做着介绍，丝毫也没有流露不耐烦的情绪和语气，看得出他很投入，乐在其中。

小郭在沙盘正中用“河流”分割出一座孤岛，然后在里面摆放上一些小物件，有秋千、有人物、有凉亭、有蔬果。接着在孤岛外的陆地上放上了一圈蜘蛛、怪兽、鬼怪等。而且摆放的时候动作很重，是将这些物件重重地插入沙中。其中有一个外星人放歪了，他还花了一些时间把它扶正，摆放到自己满意的角度才继续下一个物件的摆放。最后他在沙盘的正前方，也就是孤岛靠河流的北端，阿童木的脚边放上了一个十字架后就停了下来，用时大约二十三分钟。

接着，心理教师平静、面带微笑地请他介绍一下自己的作品。

小郭娓娓道来：小岛是一个世外桃源，是个很舒服的地方。岛外到处有危险，所以岛上的居民就留在岛上，他们很安全。新婚夫妇是自己的父母，阿童木是自己，自己是一个能力很强的战士，负责保卫小岛。岛上一个老人是一个邻居。十字架是奶奶的墓地，奶奶前几年去世了，想让奶奶的墓就在自己身边，这样就可以在保护父母的同时也保护奶奶了。

小郭的沙盘作品中,心理教师感受到他很想封闭自己的世界,且外界对于他来说充满了危险,是一个极不安全的存在。他更愿意在自己构筑的安全岛上与家人在一起。这和小郭的班主任老师介绍的,因为学习成绩较差,又影响同学和课堂教学,因此经常被老师和伙伴批评,有个别同学甚至会用冷嘲热讽的方式对待他,极个别男孩偶尔还会因矛盾和他打闹,他时时需要防卫的情况相吻合。而家人中,父亲的宠爱和母亲的"不敢管"对于他来说是安全的,不用防备。

如果采用谈话改变认知的方式,小郭的这种防御性的敌对意识很难作出改变。所以心理教师想到了借助自发性动态沙盘帮助他作出转变。

心理教师问小郭:这座岛四面环水,上面的人吃的、穿的、用的东西从哪里来呢?

小郭想了一下,从物件架上找了一座桥,架在了孤岛和陆地之间。随后,他又立刻找了一扇紧闭的门,放在陆地通往孤岛的桥的一端。看得出,因为这座桥,给他带来的紧张,所以需要一扇门来

防护。放下门后，小郭又把阿童木往桥边挪了一挪，让他更加接近桥。心理教师问：为什么这么做？小郭说：保护小岛呀！

虽然还是有很强的不安全感和敌对意识，但他架起了“一座桥”，尝试与危险的外界连接，跨出了改变的第一步。

心理教师又问小郭：“关着门，要出去怎么办？”小郭说：“到时打开就行。”心理教师问：“门必须出去一次开一次吗？”小郭想了想，回答：“那就开着好了，反正我有能力保护。”说着，把紧闭的门打开了。

这个变化过程，显示出小郭防御性在减弱，愿意打开心门去和外界接触。

心理教师问：“你的这座桥有台阶，人能走，那车怎么办？”

小郭犹豫了一会儿，在沙盘的右侧加了一座桥，说是让汽车从那里通过，这次没有在桥的另一头安置门或其他任何阻拦物。

这次的举动，显示他与外界的连接又进了一步，敌对的防备意识不如第一次架桥的时候。小郭的想法在逐渐转变。

心理教师接着说：“陆地上有那么多鬼怪和可怕的东西呀？小郭，我前几天听说，你体育课上摔倒，蹭破了皮，班上两个同学帮了你，是吗？”

“对的，小忆来扶我，小伍帮我拍灰，放学时还帮我拎书包。”

“我还听说，你们班上周得到了流动红旗，班主任老师奖励每个同学一颗五角星，你因为做操特别认真，还多奖励了三朵小红花。有这回事情吗？”

“不是三朵，是五朵。”小郭喜滋滋地说。

“哦，这么棒呀……这些鬼怪数量挺多的嘛！而且样子挺吓人的。”心理教师话题一转，指了指陆地上的几个鬼怪。

小郭思索了一会儿，他把几个鬼怪撤走了，剩下四个，然后又想了一想，把那几个剩下外星人或怪兽换成了一头狮子、一只狐狸和两只老鼠。

小郭的这个举动表明，心理教师看似无心的闲聊，帮助到他觉得外界的危险程度虽然还是存在，但是在降低，小郭的安全感在增强。

“小郭，跟我说说你最近在学校有啥开心事或有什么好事吧？”

“我的钢笔字在进步，前天语文老师表扬我了。昨天我订正完了作业，还帮值日生关了窗。他们个子矮，窗把手只有我才够得到。今天中午的猪排很好吃，我吃得很干净。小谢用筷子不在行，他的猪排就吃得没有我的干净……”小郭说着自己得意的事情，脸上笑意盈盈。

心理教师故意看了看手表，说：“时间还有多，小郭，如果你想继续玩沙盘的话，还有充裕的时间。那么，你想继续玩吗？”

小郭点头笑了，他很愉快地来到物件架子前寻找需要的小摆件。他在小岛里添了一些蔬果，增加了三个人，还把阿童木换成了小狗。心理教师问：“你怎么把阿童木换了？”“小狗很聪明，也很可爱，还能干很多事情的。阿童木是机器人，不能吃东西，而且断了

电就动不了了。”

“这小狗真可爱!”心理教师不失时机地夸小狗。

小郭笑了,接着,他把原本放在孤岛上的两个人挪到了陆地上。

“他们怎么出小岛了?”心理教师故意问。

“外面没有怪兽了,所以他们可以在那里踢球。”

最后,小郭把十字架放回了物件架。

“奶奶去哪里了?”“她不需要在岛上,应该到老家三清山的公墓里去,那里空气好,风景也很美,岛上地方太小了。”……

【效果评估】

小郭的行为问题既是源于家长不当的教育和言谈中给孩子的暗示——老师总紧盯着小郭,对他的问题反应过度了,也是因为小郭在校的经历,让他觉得别人都不喜欢自己,甚至是在跟自己作对,而引发的强烈敌意和防御,所以对老师的教育非常排斥,不愿意接受,使谈话教育陷入了死胡同。

与成人相比,儿童更倾向于借助有形的物体来表达自己。沙盘游戏是一个强大有力的媒介,它能帮助儿童表达出无法理清的有意识和无意识的内容。通过沙游,也可以帮助他们重新调整无意识层面的想法,以此起到治疗的作用。

小郭在沙游过程中的变化显示,他的内心渐渐打开了,变得能够比较信任外在世界,敌意也在逐步消除。

【个案反思】

根据德.多美尼克的理论,动态沙世界的游戏者实际上是在不断破坏旧的,建造新的,不断建造着一个接着一个的静态沙世界。在探索的过程中,游戏者关注的是过程。就如小郭,在沙游的初期,表现出的是极度的自我封闭和防御姿态,内心充斥着不安全感和满满的敌意。

而随着沙游的进行，心理教师的一个个问题，让他不断在挑战原先的意识与感受，也帮助他一步步卸下了敌意，能较为客观地看待自己周围的处境。同时心理老师看似无意的闲聊，也在引导小郭客观地回忆他人对自己的真实态度和自己的成功经历，以此帮助小郭建立与外界较为合适的关系。动态沙游协助心理教师在游戏中不露痕迹地引导小郭做出了改变，有效弱化了他的敌对意识。这也为心理教师在后续的辅导中引导小郭改变问题行为打下了基础。

（上海市实验小学　陈光宇）

主要参考文献

1. 沈德立.高效率学习的心理学研究[M].教育科学出版社,2006.

2. 何东涛.学习问道——中学生高效学习的心理学视角[M].浙江大学出版社.2009.

3. 桑青松.非智力因素造成学业不良学生的学习心理辅导[J].中国教育学刊,2001,(5).

4. 刘毅玮,闫广芬.中小学生学源性心理障碍与学习心理辅导[J].教育研究,2004,(7).

5. 刘志伟,张兰英.学习心理辅导的内容与价值[J].辽宁教育,2001,(5).

6. 龚建英.浅谈学业不良学生的学习心理辅导[J].中小学教学研究,2006,(7).

7. 徐崇文等主编.义务教育阶段学生学习潜能开发研究(上、下)[M].上海三联书店出版,2007.

8. 宋专茂,陈伟.心理健康测量[M].成都:四川大学出版社,2003.

9. 戴斌荣,刘正萍.千名农村重点高中学生学习心理的调查研究[J].教育理论与实践,2004(2).

10. 王震.高中生学习情况与学习心理的调查分析[J].科学教育,2002(4).

11. 耿德英.学习自控力与学习动机、自信心、责任心的相关研究[J].大理学院学报,2006(5).

12. 鲁伟明.城郊初级中学学生学习心理的调查与分析[J].宁波教育学院学报,2005(3).

13. 张亚玲,杨善禄.中学生的学习动机与学习策略的研究[J].心理发展与教育,1999(4).

14. 廖晶、王光明、黄倩、王兆云.高中生高效率数学学习策略特征及对数学学业水平的影响路径,数学教育学报,2016(5)

15. 黄淑芳.新课改中高效率学习的重要性及方法指导.新课程(上)2011(1).

图书在版编目(CIP)数据

基于学生成长需要的学习心理辅导实践研究/梅洁,魏耀发主编.
—上海:上海三联书店,2020.5

ISBN 978-7-5426-7028-1

Ⅰ.①基… Ⅱ.①梅…②魏… Ⅲ.①学习心理学—
研究 Ⅳ.①G442

中国版本图书馆 CIP 数据核字(2020)第 077663 号

基于学生成长需要的学习心理辅导实践研究

主　　编　梅　洁　魏耀发

责任编辑　钱震华
装帧设计　陈益平

出版发行　上海三联书店
　　　　　(200030)中国上海市漕溪北路 331 号
印　　刷　上海昌鑫龙印务有限公司

版　　次　2020 年 5 月第 1 版
印　　次　2020 年 5 月第 1 次印刷
开　　本　700×1000　1/16
字　　数　250 千字
印　　张　21
书　　号　ISBN 978-7-5426-7028-1/G·1557
定　　价　78.00 元